Bernd A. Mertz

DER WEG ZUM HOROSKOP

Bernd A. Mertz

DER WEG ZUM HOROSKOP

Astrologie für Einsteiger

mvg

Die Deutsche Bibliothek – CIP-Einheitsaufnahme

Mertz, Bernd A.:
Der Weg zum Horoskop : Astrologie für Einsteiger / Bernd A. Mertz. –
2. Aufl. – München ; Landsberg am Lech : mvg-verl., 1995
(mvg-Paperbacks ; 494)
ISBN 3-478-08494-6
NE: GT

Das Papier dieses Taschenbuchs wird möglichst umweltschonend hergestellt und enthält keine optischen Aufheller.

Umschlaggestaltung: Gruber & König, Augsburg
Zeichnungen: Gruber & König, Augsburg
Satz: Fotosatz H. Buck, Kumhausen
Druck- und Bindearbeiten: Presse-Druck Augsburg
Printed in Germany 080 494/795802
ISBN 3-478-08494-6

Inhalt

Wozu dieses Buch?

Die Entwicklung ist der Sinn unseres Lebens.

Daher wandelt sich alles – auch die Astrologie.

Wandeln heißt nicht umstürzen, nicht das Alte revolutionieren.

Wandel heißt: Die Tradition erhalten und trotzdem das Neue aufnehmen und in die Tradition einbinden. Ohne Erhalt der Tradition gibt es keinen echten Fortschritt. Fortschritt wächst aus der Tradition heraus, denn auch die Tradition hatte einst mit dem Neuen begonnen.

Ein praktisches Beispiel.

Vor Jahrzehnten erschien das erste Astrologie-Lehrbuch des Autors. Gleichzeitig begann eine intensive Unterrichtsschulung, aus der viele Astrologen hervorgegangen sind, die heute Deutungen und Beratungen machen und mit der Astrologie ihren Lebensunterhalt verdienen.

Der Autor unterrichtet heute jedoch nicht mehr wie damals! Die Erfahrungen zeigten, daß manches besser, klarer dargebracht werden kann, und daß manche frühere Annahmen heute revidiert werden müssen.

Vor Jahrzehnten begann der Unterricht mit den Tierkreisabschnitten, ohne das Astronomische zu berücksichtigen. Heute stehen die Planeten im Mittelpunkt – sie sind das Herz der Astrologie und nicht der Tierkreis. Und die Beziehung zwischen Astrologie und Astronomie wird in die Schulung eingeschlossen, weil so die Deutung einsichtsvoller zu handhaben ist. Auch in anderen Punkten haben neue Erkenntnisse und Erfahrungen zu Änderungen des Lehraufbaus beigetragen, ohne daß die klassische Astrologie irgendwie vernachlässigt wird. Im Gegenteil: Erst durch die praktischen Erfahrungen des Unterrichts und der begleitenden Deutungen kommt sie wieder zu den Ehren, die sie verdient.

Selbstverständlich hat sich in den Jahrtausenden, seitdem die Astrologie betrieben wird, mancher Staub auf Aussagen gesetzt, hat der Aberglaube häufig das Regiment geführt, wurden etliche Einzelerkenntnisse pauschalisiert, und manche Banalisierung schadete dem Ruf der astrologischen Erfahrungswissenschaft.

Dies alles (und mehr) sind die Gründe, warum hier ein neues Buch für „Einsteiger in die Astrologie“ vorliegt. Es soll helfen, den Lernenden aber auch den bereits erfahrenen Astrologen manche Umwege zu ersparen. Es soll helfen, die astrologischen Gesetze und Regeln leichter zu verstehen und anzuwenden.

Das ganze Gebiet der Astrologie werden wir hier nicht aufzeigen können, dazu ist diese Erfahrungswissenschaft zu umfassend, aber die Interessierten werden nach dem Studium dieses Buches ein Grundhoroskop lesen und deuten können.

Eine persönliche Bemerkung des Autors:
Er gebraucht häufiger das Wort „wir" und möchte damit alle Leser in seine Überlegungen einbeziehen.

Kapitel 1:
Die Anfänge

Vor Tausenden von Jahren

Wie alt die Astrologie ist, das kann niemand genau sagen. Eher nachweisbar ist, daß die individuelle Astrologie, also das sogenannte Individualgeburtsbild, zirka 3000 Jahre alt ist. Die Astrologie selbst begann jedoch in grauer Vorzeit. Es ist anzunehmen, daß der Mensch, sobald er in seiner Entwicklung so weit war, erste Gedanken zu haben, seine Augen zum Himmel emporrichtete, um von dort Rat und Hinweise zu erfahren. Denn eines verstand man recht schnell: Alle Hilfe, alles Heil kam vom Himmel, aber auch alle Not und alles Leid.

Der Unterschied von Tag und Nacht war das erste, was ergründet werden mußte. Und die Erkenntnis war, daß die Sonne das Licht, die Helle und die Wärme aber auch die Hitze brachte. Die Bibel nennt die Sonne das große Licht, das das Leben überhaupt erst ermöglichte. Damit wurden die ersten menschlichen Handlungen begründet: Bei Licht konnten die Männer auf die Jagd gehen, konnten die Frauen die ersten „Hausarbeiten" verrichten.

Aber das große Licht kam und ging. Es kam aufsteigend aus der Dunkelheit und stieg bald wieder in die Dunkelheit hinab. Doch auch die Dunkelheit kannte ein Licht, das kleine Licht, wie es die Bibel nannte, welches das Dunkel erhellte. Damit wurde ein wichtiger Lehrsatz der Astrologie gefunden, wie wir noch sehen werden.

Und beide, das große und das kleine Licht, beeinflußten das Leben. Ihre Wirkungen waren unverkennbar – im Gegensatz zu allen späteren Lichtern, die entdeckt wurden.

Die Sonne, so wurde das große Licht bald genannt, wärmte und bräunte. Doch sie tötete auch durch ihre Hitze oder machte das Leben unerträglich, wenn Lebewesen ihren gnadenlosen Strahlen ungeschützt ausgesetzt waren. So begann man den zu starken Einfluß der Sonne zu fürchten, obwohl die Sehnsucht nach ihrer Wärme alles andere überwog.

Das kleine Licht, wie man den Mond nannte, hatte auch einen meß- und spürbaren Einfluß. Es bewegte die Wasser, alle Flüssigkeiten außerhalb des Menschen aber auch die Flüssigkeiten im Menschen. Der Mond machte müde oder schlaflos, je nachdem, ob er groß oder klein war.

Diese beiden Lichter wurden bald mit dem Wort *GESTIRNE* belegt, die dem Menschen Zeichen geben. Sie sollten ihm später helfen, die Zeitmessung zu finden, doch das dauerte noch!

Zuvor gaben diese Lichter oder Gestirne den Menschen Vertrauen in das Leben. Die Sonne ermöglichte das Dasein. Und der Mond – wie seltsam – war mal größer, mal kleiner, mal voll und rund, so daß er so groß schien wie die Sonne, aber er verschwand auch für eine kurze Zeit ganz vom Himmel.

Doch – und das war eine sensationelle Entdeckung – er kam stets wieder! Er wurde aus der Dunkelheit immer wieder neu geboren. So gab dieses Licht den Menschen die Hoffnung, daß das Leben immer wiederkehrte, auch wenn es durch den Tod scheinbar ausgelöscht schien.

So wurde das kleine Licht der Dunkelheit zum Symbol des sich stets erneuernden und damit ewigen Lebens.

Jahrtausende hindurch kamen die Menschen mit diesen beiden Lichtern gut zurecht. Vor allem war es der Mond, der sie faszinierte. Dieses Auf und Ab, dieses Werden und Vergehen beeindruckte sie und sie identifizierten sich mit diesem Gestirn. Sein Wachsen machte einen tiefen Eindruck, und bald wurde der Mond mit der werdenden Mutter gleichgesetzt, zumal sein Rhythmus mit dem Regelzyklus der Frau ziemlich identisch war.

So wurde der Mond zur obersten Gottheit.

Denn daß Sonne und Mond Symbole für Gottheiten am Himmelszelt waren, das war für die Menschen in aller Welt eine Selbstverständlichkeit. So fühlten sich bald die Anführer der Völker und später die Pharaonen oder Könige als irdische Stellvertreter der Lichter am Himmel.

Es war besonders die Sonne, mit der sich die Fürsten gerne identifizierten. Aber auch die einzelnen Völker sahen ihre Fürsten oder Könige als die Stellvertreter der Gottheiten an, denn von ihnen erwarteten sie Heil und Glück auf der Erde. Der Mond regte dann die Betreiber der Landwirtschaft, die Bauern und Gärtner, an, ihre Zeiten für das Pflanzen und das Ernten zu finden; und dies vor über zehntausend Jahren, denn im mittleren Osten wurden vor über 15.000 Jahren die ersten landwirtschaftlichen Systeme geschaffen!

Da wußte man schon etwas vom Höchststand der Sonne im Süden, und der Zeit vor und der Zeit nach diesem Höchststand. Heute sprechen wir vom Vor- beziehungsweise vom Nachmittag. Für den Tagesablauf wurde also der Sonnenlauf schon grob eingeteilt.

Die Zeit zwischen Sonnenaufgang und Sonnenuntergang wurde – wie in der Bibel beschrieben – der Tag genannt, da die Sonne herrschte.

Wenn wir heute davon sprechen, daß es die Sonne an den Tag bringt, dann ist dies eine Regel, die dem Himmel nachempfunden wurde, denn mit dem Licht wird das erleuchtet und erkannt, was im Dunkeln unerkannt, weil unsichtbar war. Die Lichter am Himmel sollten Tag und Nacht scheiden, wie Gott es in der biblischen Historie aussprach. Und am Tag tat man seine Taten. In der Nacht dagegen zog man sich (in sich) zurück, und holte sich Kraft für die Zeit der Helligkeit.

Später nannte man jedoch die Zeit vom Sonnenaufgang bis zum nächsten Sonnenaufgang einen Tag, da die Helligkeit das Wichtigste war. Auch hier spricht es die Bibel klar aus, wenn wir lesen:

„Es wurde Abend, es wurde Morgen: Erster Tag!"

Wir dürfen nicht vergessen, daß die uralte Himmelsbeobachtung, die für uns maßgebend ist, in den Kulturländern rund um das Mittelmeer stattfand, wo eine viel geringere Bewölkung als bei uns eine umfassendere Himmelsbetrachtung erlaubte, die fast 24 Stunden lang durchgeführt werden konnte.

Und da beobachtete man etwas Schreckliches:

Die Lichter verfinsterten sich hin und wieder.

Daß die Sonne unterging, daran hatte man sich gewöhnt und wußte ja auch, daß sie wieder aufging. Aber mitten am Tag in der höchsten Helligkeit wurde es urplötzlich dunkel!

Beim Sonnenhöchststand blinkten Sterne vom Firmament, die man sonst nur des Nachts sah! Die Sonne verschwand, war unsichtbar. Wohin verschwand sie? War es ein Ungeheuer, ein Drache, der das Licht, welches alles Leben spendete, auffraß? Sollte die Welt untergehen?

Und des Nachts, da das kleinste Licht das Dunkel ein wenig erhellte, verschwand auch dieses hin und wieder langsam, wie von einem Drachen verschlungen!

Angst überfiel die Menschen, wenn ihre inzwischen geheiligten Lichter starben, und es war allen klar, das hatte etwas zu bedeuten. Nur was? Und wenn die Finsternisse schon unausweichlich waren, wie kamen sie, was war die Ursache? Es war ein Zeichen, gewiß. War es eine Mahnung? Konnte man die Zeiten der Mahnung errechnen?

Gerade diejenigen, die sich als Stellvertreter der Lichter betrachteten, waren voller Angst. Wenn hoch droben die Lichter starben, hieß das nicht, daß auch sie zu sterben hätten? Konnte man sich denn nicht auf den Tod vorbereiten, oder Ersatzopfer darbringen?

Es mußte doch möglich sein, hinter das Geheimnis dieser Finsternis zu kommen. Aber wie? Vielleicht durch eine ganz systematische Himmelsbeobachtung und Messung? Man mußte es ausprobieren! Man mußte etwas unternehmen! Aber wer sollte dies ausführen? Natürlich diejenigen, die mit den Göttern oben vertraut waren: Die Priester. Und so wurden diese die Himmelsbeobachter und sie waren – um dies vorwegzunehmen – Astronomen und Astrologen zugleich.

Die beiden Schwestern: Astronomie und Astrologie

Mit der genaueren Himmelsbeobachtung waren die beiden Schwestern Astronomie und Astrologie geboren.

Anfangs waren beide noch eins. Sie waren – bildlich gesprochen – eineiige Zwillinge. Aber mit jeder Himmelsmessung entfernten sich die Zwillinge weiter voneinander, bis sie sich sogar feindlich gegenüberstanden und stehen. Vereinfacht kann man den Unterschied der beiden Schwestern wie folgt bezeichnen:

Astronomie beobachtet den Himmel und mißt. Mißt über unser Sonnensystem hinaus, um reale Erkenntnisse zu sammeln, was auch der Eroberung des Weltraumes zugute kommt.

Astrologie schaut den Himmel und versucht die eher hintergründigen Aussagen seiner Zeichen zu erfassen. Dabei beschränkt sich die Astrologie auf unser Sonnensystem, was dazu führt, daß Astronomie und Astrologie heute den Himmel verschieden messen und auch voneinander abweichende Folgerungen ziehen. Zuerst maß man die Sonnenbahn. Und schon hier setzte die beiderseitige Entfremdung der Schwestern ein.

Die Astronomie stellte schnell fest, daß sich die Sonne – als ein Fixstern – kaum, und wenn, mit dem gesamten Himmel bewegt, das heißt: Die Erde bewegt sich um die Sonne.

Die Astrologie geht dagegen von dem Standpunkt des Schauens aus, und sagt: Von der Erde betrachtet sieht es aus, als wenn sich die Sonne um die Erde bewege.

Also wird die Sonne auf der sogenannten Umlaufbahn gemessen, (während die Astronomen auf derselben Bahn den Umlauf der Erde um die Sonne messen). Um die Messung genauer zu differenzieren, muß die scheinbare Sonnenbahn (die Erdbahn) jedoch eingeteilt werden. Man nahm einst die Umlaufbahn als einen Kreis an. Ein Kreis hat 360 Grad. Diese Kreisbahn mußte unterteilt werden. Aber wie?

Dazu bot sich der Mond an.

Eine der ersten Messungen stellte fest, daß sich die Sonne scheinbar einmal um die Erde bewegt, während dies der Mond zwölfmal tut. Das war keine sehr korrekte Messung, aber Grund genug, die scheinbare Sonnenbahn (um es zu wiederholen: in Wahrheit Erdbahn) in zwölf Abschnitte zu gliedern.

Da aber der Himmel einst kein Rechenbuch, sondern ein Bilderbuch war, gab man den einzelnen Abschnitten der Ekliptik Namen. Ekliptik kommt vom Wort Eklipse, und Eklipse heißt Finsternis. So wählte man den Namen Ekliptik, denn die Menschen wollten ja nichts anderes als die Finsternisse messen und berechnen. Für die Namen der Abschnitte wählte man Bilder, Bilder, die man am Himmel sah. Es waren Sternbilder, die sich aus Fixsternen geformt hatten, die alle eigenständige Sonnen waren.

Das griechische Wort Zodion heißt das kleine Bild, so nannte man einst die Ekliptik auch den Zodiak.

Die Erdbahn um die Sonne hieß also Ekliptik oder Zodiak, und bot die Möglichkeit, über die zwölf Abschnitte den Sonnen- oder Erdstand zu messen. Nur vermochte man noch nicht, auf dieser Bahn auch die Finsternisse auszurechnen.

Um den Finsternissen auf die Spur zu kommen, genügt es nicht, die Sonnen- oder Erdbahn genauer zu messen, sondern es muß dazu die Mondbahn untersucht werden.

Die Mondbahn ist zweifach interessant. Der Mond, der heute auch auf der Ekliptik gemessen wird, ist das schnellste Gestirn. Er wandert – von Stern zu Stern gemessen – in genau 27,32166 Tagen (folglich in 27 und 1/3 Tagen) um die Sonne oder durch die Ekliptik. Das nennt man den siderischen Umlauf des Monats oder man sagt, dies stellt einen siderischen Monat dar. Das Wort siderisch kommt vom lateinischen Wort „sideral“ und bedeutet soviel wie „die Gestirne betreffend“.

Aber diese Messung erfaßt nicht die zweite Mondmessung, die sich nach der Gestalt des Mondes richtet. Also etwa die Zeit von Neumond zu Neumond oder von Vollmond zu Vollmond.

Woher kommt nun diese Messung?

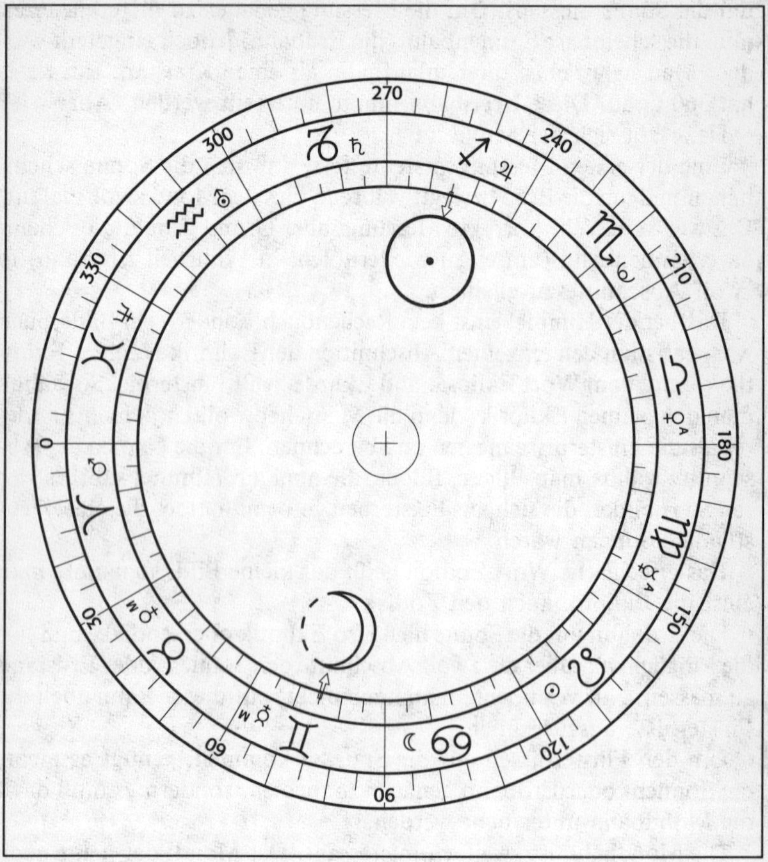

Abbildung 1: Vollmond - Sonne steht gegenüber Mond

Vollmond ist nur, wenn der Mond der Sonne genau gegenübersteht. Während der Mond einmal durch die ganze Ekliptik wandert, wandert die Sonne durch ein Zwölftel der Ekliptik, genauer: Nicht ganz 30 Grad. Diese 30 Grad muß nun der Mond auch noch wandern, ehe er der Sonne als Vollmond genau gegenübersteht. Dazu braucht er zu den 27 1/3 Tagen noch einmal etwas über zwei Tage.

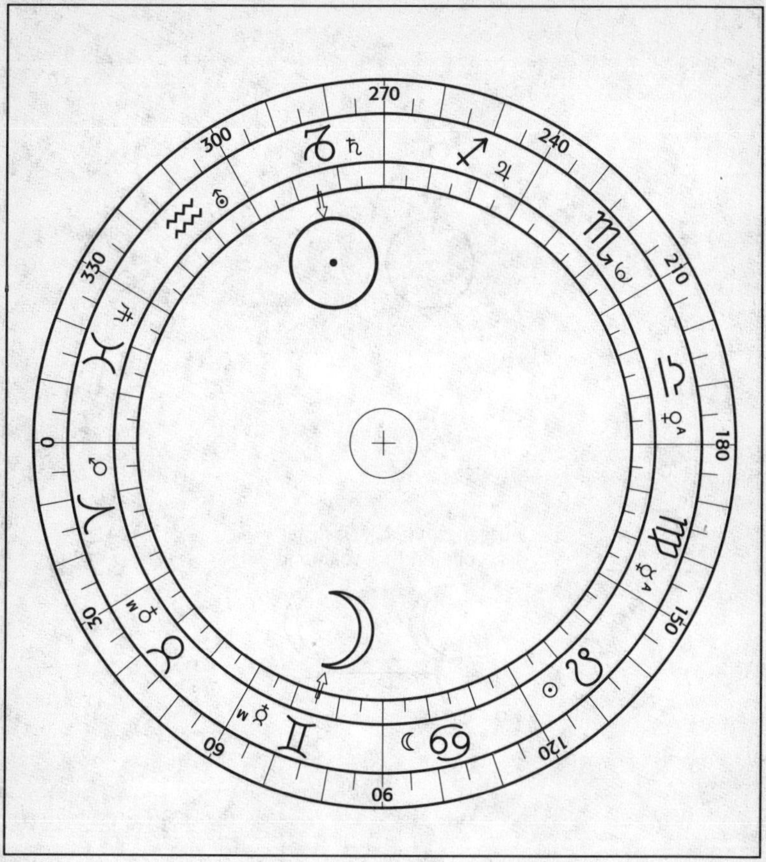

Abbildung 2: Nach einem Monat. Sonne ist um fast 30 Grad weitergewandert. Mond ist noch kein Vollmond.

Vollmond wird der Mond also erst wieder, wenn er insgesamt 29,531 Tage gewandert ist. Genauso lange rechnen wir den „synodischen Monat". Der synodische Umlauf ist die Zeit zwischen zwei Oppositionen oder Konjunktionen. Das Wort Synode kommt aus dem Griechischen und bedeutet soviel wie Zusammenkunft.

Beim Neumond stehen – von der Erde aus gesehen – Mond und Sonne zusammen.

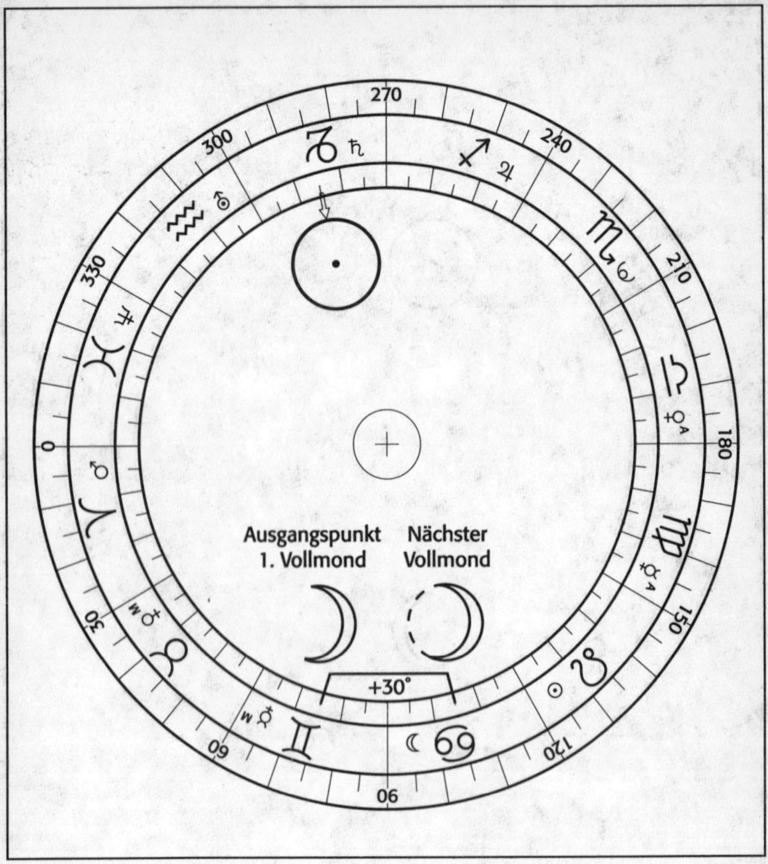

Abbildung 3: Mond steht Sonne wieder als Vollmond gegenüber.
Die Grafik zeigt, er ist 390 Grad gewandert.

Wir betonen die Phasen des Mondumlaufs deswegen so sehr, weil die Menschen sehr früh gemerkt haben, daß Finsternisse nur bei zwei Konstellationen zwischen Sonne und Mond auftreten: Bei der Konjunktion oder der Opposition.

Eine Mondfinsternis kann nur dann stattfinden, wenn Vollmond ist, also wenn der Mond der Sonne gegenübersteht. Das ist die Opposition.

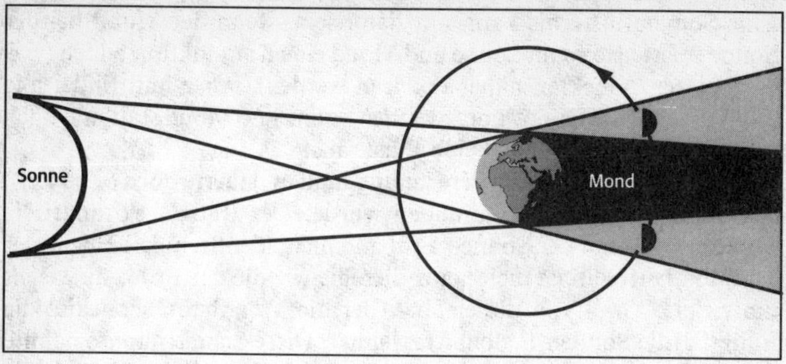

Abbildung 4: Wenn von der Erde aus gesehen Sonne und Vollmond sich gegenüberstehen, dann haben wir eine Mondfinsternis, weil der Erdschatten auf den Mond fällt.
Von der Erde aus müssen wir einmal die Sonne und dann in die andere Richtung zum Mond schauen, das ist die Opposition.

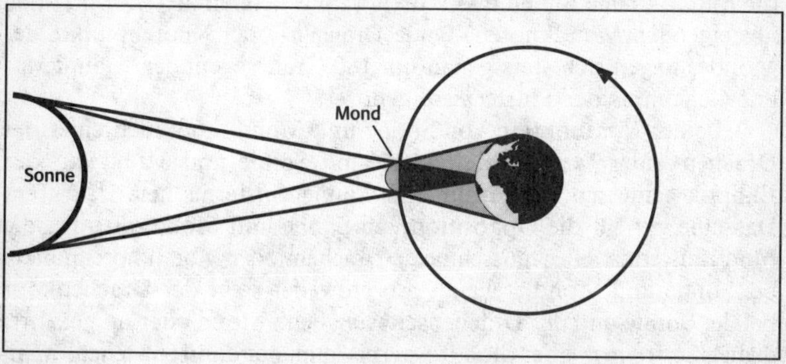

Abbildung 5: Wenn von der Erde aus gesehen Sonne und Vollmond zusammenstehen, dann haben wir eine Sonnenfinsternis. Von der Erde aus müssen wir bei einer Konjunktion von Mond und Sonne nur in eine Richtung schauen. Dann steht der Mond zwischen Sonne und Erde, und er kann die Sonne meist nur partiell, aber manchmal von manchen Standpunkten der Erde aus auch ganz verdecken, wenn er genau vor der Sonne steht. Dann haben wir eine Sonnenfinsternis.

Eine Sonnenfinsternis kann nur dann sein, wenn der Mond bei der Sonne steht, also wenn Sonne und Mond eine Konjunktion bilden (was wir bei den Aspekten näher erklären werden). Aber nun findet alle 29 – 30 Tage eine Opposition zwischen Sonne und Mond statt und auch eine Konjunktion. Aber keine Finsternis!

Es fehlte also etwas zur Berechnung, und es dauerte doch seine Zeit, ehe das fehlende Glied gefunden wurde. Des Rätsels Lösung: Die Mondbahn ist mit der Sonnen-Erdbahn nicht identisch. Die Ebene der Mondumlaufbahn ist nicht ganz dieselbe wie die der Erde, sie weicht um zirka 5 Grad von dieser ab. Aber die Mondbahn schneidet die Ekliptik (die Sonnen-Erdbahn) zweimal. Diese Schnittpunkte nannte man Drachenpunkte, weil die Ansicht existierte, daß ein Drachen Sonne oder Vollmond frißt.

Der Drachenkopf ist der Drachenpunkt, bei dem der Mond – von Süden kommend – die Ekliptik nach Norden überschreitet. Wir nennen diesen Punkt heute den aufsteigenden Mondknoten. Genau 180 Grad gegenüber liegt der Drachenschwanz. Der Drachenschwanz ist der Drachenpunkt, bei dem der Mond – vom Norden kommend – die Ekliptik nach Süden überschreitet. Wir nennen diesen Punkt den absteigenden Mondknoten. Beide Drachen- oder Knotenpunkte des Mondes liegen sich stets genau um 180 Grad gegenüber. Damit war das Geheimnis der Finsternisse gelüftet.

Bei einer Konjunktion von Sonne und Mond muß auch einer der Drachen- oder Mondknotenpunkte mit Sonne und Mond auf der Ekliptik gemessen stehen, um eine Sonnenfinsternis hervorzurufen. Dasselbe gilt für die Opposition von Sonne und Mond, also für die Mondfinsternis. Hier müssen beide Drachen- oder Mondknotenpunkte bei Sonne und Mond stehen. Also entweder steht der Drachenkopf bei der Sonne und der Drachenschwanz beim Mond oder umgekehrt, denn eine Sonnen- oder Mondfinsternis kann nur dann entstehen, wenn die Drachenpunkte auf der Ekliptik gemessen bei Sonne und Mond stehen.

Da eine Verfinsterung als sichtbares Himmelszeichen galt, wurden diese beiden rein rechnerischen Punkte als Achse (denn sie stehen sich haargenau gegenüber) sehr wichtig.

Die rechnerischen Punkte sieht man zwar nicht, aber die Finsternisse, die nun für die Astrologie bedeutsam wurden. Man kann sagen: Die Astronomie rechnet die Punkte aus, die Astrologie deutet sie. Dies gilt für alle astrologischen Faktoren.

Manche Astronomen haben dem Autor erklärt, daß sie es ja noch gerade tolerieren könnten, wenn Finsternisse als Zeichen des Himmels gesehen und gedeutet wurden, daß es ihnen aber völlig unverständlich sei, wenn zwei rein rechnerische Punkte wie Drachenkopf oder Drachenschwanz (also die Mondknotenachse) zu Deutungen entscheidender Art herangezogen würden.

Die Astrologen haben dagegen seit zirka 2000 Jahren mit der Mondknotenachse ihre positiven Erfahrungen gemacht. Der Autor, der einst den Standpunkt der Astronomen mit vertrat, also die Mondknotenachse als Deutungsfaktor ablehnte, mußte sich korrigieren, und er arbeitet jetzt auch mit dem „Drachen" des Himmels und zwar mit sehr guten Resultaten.

Die Gestirne kommen und gehen

Aber es gab ja noch weitere Fragen, die die Menschen früher zu beantworten hatten.

Eine heute scheinbar unwichtige Frage bewegte die Gemüter einst immens: Warum geht die Sonne auf und unter, wie sind diese Erscheinungen zu berechnen?

Antwort: Die Erde dreht sich in fast genau 24 Stunden um ihre eigene Achse. Durch die Schwer- und Anziehungskraft der Erde merkt das jedoch keiner! Daher dauerte es eine lange Zeit, ehe dieses Phänomen begriffen wurde.

Diese Achsendrehung bringt uns nicht nur Sonnenauf- und Sonnenuntergang, sondern – was entscheidender ist – Tag und Nacht, beziehungsweise eine helle und eine dunkle Tageshälfte.

Diese tägliche Achsendrehung – vorstellbar als Kreisel – löst eine zweite Bewegung der Erde aus. Nämlich die fast kreisförmige jährliche Bewegung der Erde um die Sonne. Beide Bewegungen sind gegeneinander gerichtet.

Der scheinbare Aufgang der Sonne sollte nun von den Astrologen begrifflich erweitert werden. Sie arbeiten nämlich mit dem Begriff des aufsteigenden Ekliptikgrades im Osten – egal, wo die Sonne steht. Obwohl nichts aufsteigt, wie die Astronomen bewiesen haben, nennen die Astrologen diesen Punkt den Aszendenten.

Das Wort Aszendent kommt vom Wort ascendere, was aufsteigen bedeutet. Dem Aszendenten genau gegenüber liegt der Deszendent,

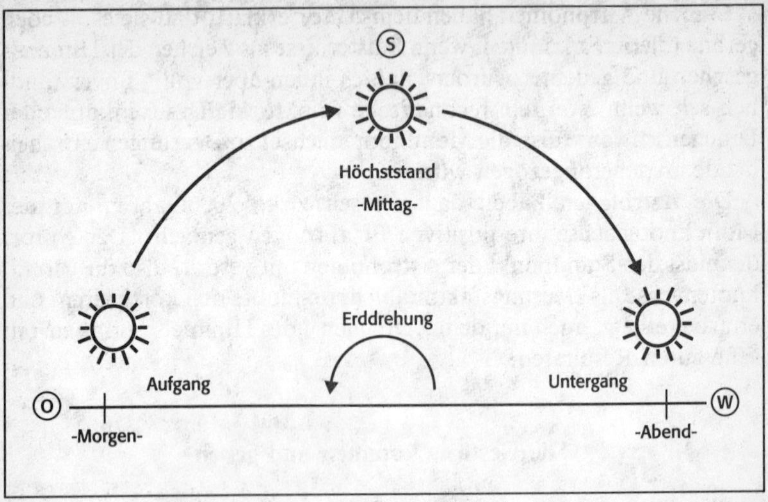

Abbildung 6: Da sich die Astrologie allein nach der Sonne ausrichtet, ist Süden - im Gegensatz zu unseren Landkarten - immer oben. Damit ist der Osten links, der Westen rechts, und der Norden unten. So ist auch die Horoskopanordnung. Die Erde dreht sich folglich von West nach Ost. Der Pfeil zeigt deutlich, wie sich die Erde dem Aufgang zudreht. Dadurch scheint es so, als würde sich die Sonne von Ost nach West bewegen.

was vom Wort descendere kommt und absteigen bedeutet. Die Astrologen arbeiten also mit dem Bild, was – von der Erde aus gesehen – uns so scheint, auch wenn dies nicht den astronomischen Erkenntnissen entspricht. Kein Wunder, daß sich Astronomie und Astrologie immer weiter voneinander entfernten.

Die Punkte Aszendent und Deszendent werden auf die Ekliptik oder den Zodiac berechnet. Die Verbindungslinie zwischen Aszendent und Deszendent nennen die Astrologen die Horizontlinie, die Tag und Nacht scheidet. Wir kommen darauf noch zurück.

Und auf diese Ekliptik bezogen, berechneten die Astrologen die Himmelsmitte, das Medium Coeli, und die Himmelstiefe, das Imum Coeli. Himmelsmitte und Himmelstiefe klingen nach dem höchsten und dem tiefsten Punkt am oder im Himmel, was aber nicht stimmt.

Da diese beiden Punkte auf die Ekliptik bezogen sind, entsprechen sie nicht der wahren Himmelsmitte, dem Zenit, oder dem Oppositionspunkt des Zenits, dem Nadir.

Zenit heißt Scheitelpunkt und ist der höchste des Himmelsgewölbes, er steht senkrecht über dem Beobachter. Dementsprechend ist der Nadir im geschlossen gedachten Himmelsgewölbe der tiefste Punkt, der senkrecht unter dem Beobachter liegt.

Hier gehen also Astrologie und Astronomie völlig getrennte Wege.

Nun machten die Menschen aber eine andere Entdeckung. Sie wußten zwar, daß die Sonne täglich im Osten aufgeht, aber sie bemerkten an Hand von Messungen über einem Berg, einem Seefelsen, einem Baum, daß die Sonne durchaus nicht immer am gleichen Ort aufging. Mal verschob sich der Aufgang mehr nach Süden hin, mal mehr nach Norden.

Und das hatte Folgen. Je nordöstlicher der Sonnenaufgang war, um so länger blieb es hell, um so länger blieb es warm. Lag der Aufgang aber eher südöstlich, dann war der helle Teil des Tages kurz, dann war es weniger warm.

Woher kam dies?

Die Astronomen gaben die Antwort.

Die Erdachse ist geneigt. Doch gibt es noch ein Problem, das allgemein als die Schiefe der Ekliptik angesehen wird. Zu welcher Linie liegt aber nun die Ekliptik schief?

Die Astronomen denken sich einen Himmelsäquator, indem sie den Erdäquator gedanklich verlängern. Zu diesem Himmelsäquator liegt die Ekliptik um 23 Grad und 27 Bodenminuten schief. Die beiden Punkte, wo die Ekliptik den gedachten Himmelsäquator schneidet, nennen wir den Frühlings- und den Herbstpunkt. Die beiden Punkte erreicht die Sonne bei ihrem scheinbaren Weg am 21. März (Frühlingspunkt) und am 23. September (Herbstpunkt). An diesen Tagen sind Tag und Nacht gleich lang. Man nennt die Punkte auch die Frühlingsbeziehungsweise die Herbst-Tagundnachtgleiche. In den Schaltjahren kann sich das Datum verschieben.

Hier finden wir bereits die Erde als Mittelpunkt. Die Erde als Beobachtungsstand- oder Ausgangspunkt der Astrologen. Für die Astronomen bleibt dagegen immer die Sonne der Mittelpunkt des Sonnensystems.

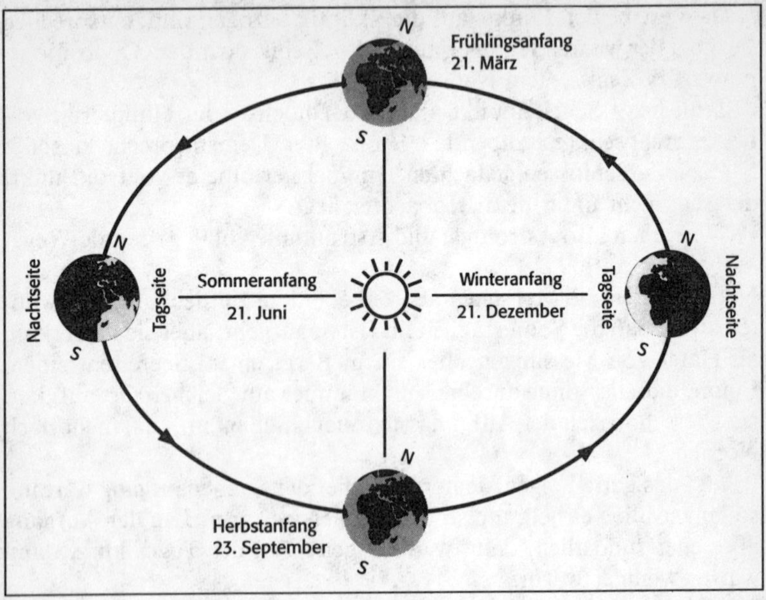

Abbildung 7: Diese verschiedenen Jahreszeiten mit unterschiedlichen Sonnentagen führten dazu, daß die Astrologen die einzelnen Abschnitte der Ekliptik differenziert betrachteten.

Die Messung der Ekliptik beginnt übrigens immer beim Frühlingspunkt, der mit null Grad Widder gleichgesetzt wird. Der Herbstpunkt liegt bei 180 Grad der Ekliptik und ist identisch mit null Grad Waage. Doch dies wird unter dem Stichwort Deutungsfaktoren noch klarer und ausführlicher erklärt. Es ist gesagt worden, die Astrologen messen alles auf der Ekliptik, der Erdbahn um die Sonne. Um alles zu messen – also auch die Planeten – wurde die Ekliptik jedoch verbreitert, denn wie wir schon beim Mond gesehen haben, deckten sich Mond- und Erdbahn keineswegs.

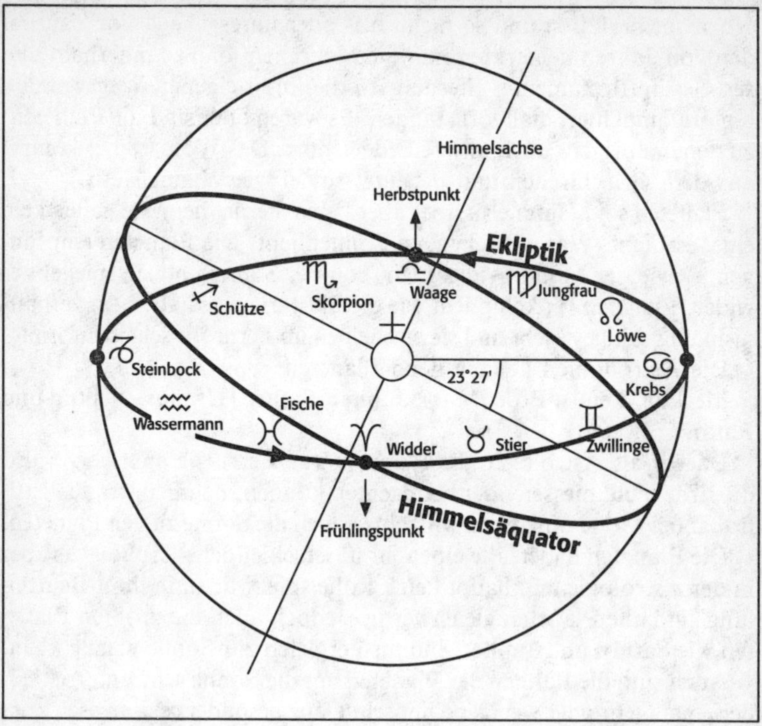

Abbildung 8: Da, wo die Pfeile eingezeichnet sind, finden wir den Frühlings- und den Herbstpunkt, also die Tagundnachtgleichen.
Die eingezeichneten Abschnitte der Ekliptik entsprechen nicht den Sternbildern beziehungsweise den Fixsterngruppen, die die Sternbilder darstellen. Das kann nicht oft genug wiederholt werden, denn hier gehen die Astrologen und die Astronomen völlig verschiedene Wege.

Die Planeten

Der Himmel geht – wie die Sonne – auf und unter. Wenn nicht am Tag die Sonne schiene, dann würden wir den Sternenhimmel auch am Tage sehen. Die ganzen Fixsterngruppen oder Sternbilder gehen in ihrer Ordnung im Osten auf und im Westen unter. Nur an den Polen dreht sich der Himmel scheinbar um seine Achse, da diese Sternbilder den

Horizont berühren und so nicht auf- oder untergehen. Vor Tausenden von Jahren bemerkten nun die Menschen, daß es innerhalb dieses Gesamtfirmamentes Sterne gab, die ihren eigenen Weg wandelten, und mal hier, mal dort standen. Es waren oder sind die Planeten, zu denen übrigens auch unsere Erde gehört. Das Wort Planet kommt aus dem Griechischen und bedeutet soviel wie Wandelstern.

Planeten sind Himmelskörper aber keine Sterne, denn sie haben kein eigenes Licht. Was wir sehen, ist Sonnenlicht. Die Planeten empfangen – wie der Mond – das Licht von der Sonne und sie spiegeln es wider. Planeten funkeln nicht wie die Fixsterne, sie haben ein verhältnismäßig ruhiges Licht und sie erscheinen im Fernrohr scheibenförmig.

Die Astronomen kennen neun Planeten:

Merkur, Venus, Erde, Mars, Jupiter, Saturn, Uranus, Neptun und Pluto.

Da wir als Astrologen die Planeten von der Erde aus sehen, also die Erde nicht messen oder beobachten können, nehmen wir den Erdtrabanten Mond hinzu und wir zählen auch die Sonne zu den Planeten.

Die Planeten haben alle eine sehr unterschiedliche Größe, was aber in der Astrologie überhaupt keine Rolle spielt, denn in ihrer Beurteilung sind alle Planeten gleichwertig. Jedoch auch die größten Planeten wie Saturn und Jupiter sind im Vergleich zur Sonne winzig klein.

Auch sind die Bahnen der Planeten um die Sonne sehr unterschiedlich, mal mehr oder weniger elliptisch. Ganz besonders exzentrisch zeigt sich der erst 1930 entdeckte Planet Pluto.

Die Abstände der Sonne zu den Planeten weisen große Differenzen auf (auch die Abstände der Planeten untereinander), so daß sehr unterschiedliche Umlaufzeiten um die Sonne zu registrieren sind.

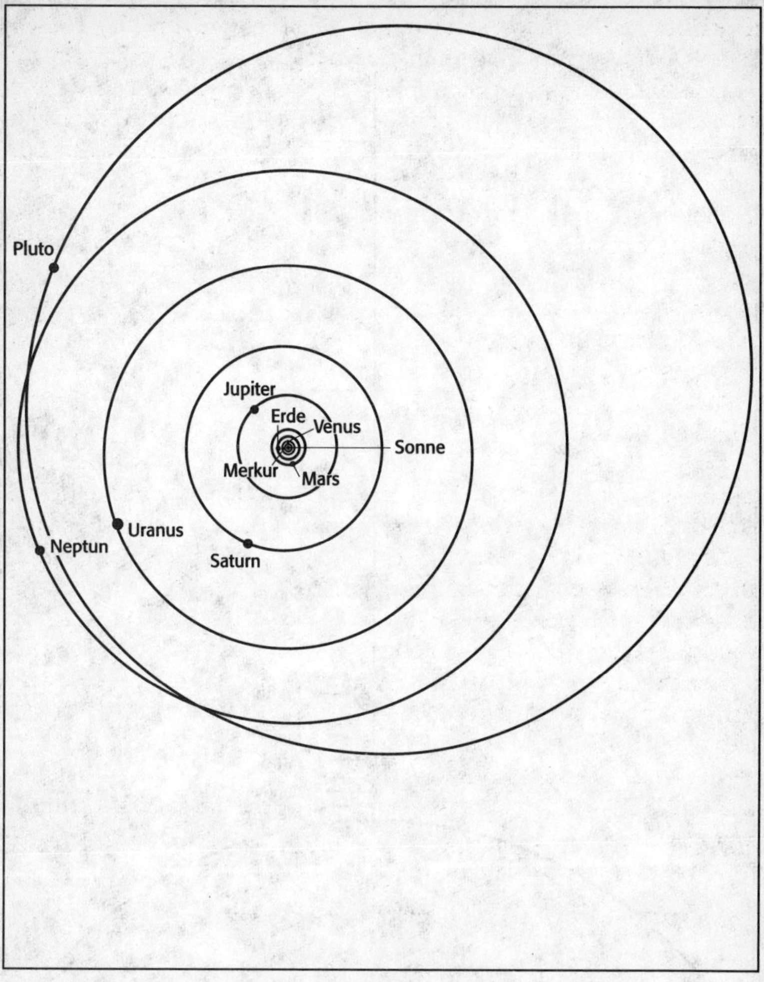

Abbildung 9: Übersichtskarte unseres Sonnensystems
Die Kreise von Venus und Merkur sind in der Abbildung 10 besser zu erkennen.

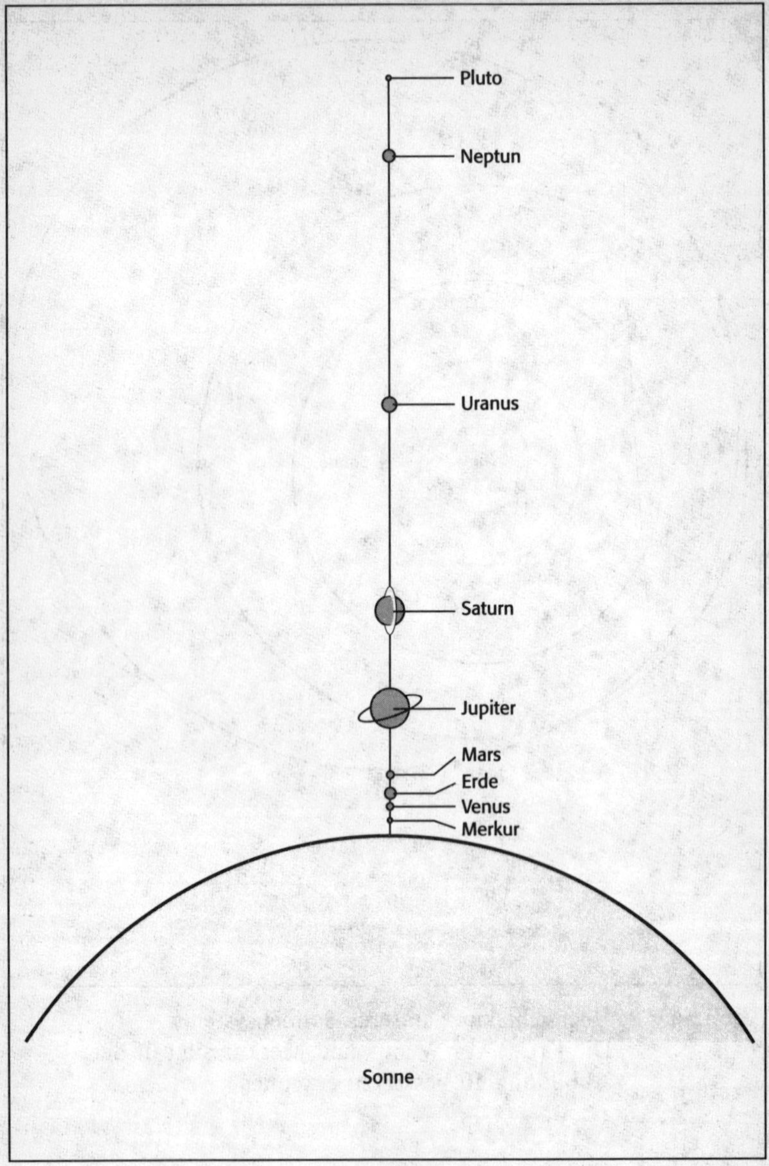

Abbildung 10: Die Abstände der Planeten von der Sonne und ihr Größenverhältnis zueindander.

Die Astrologen teilen die Planeten in drei Gruppen ein. Die erste Gruppe stellen die sogenannten inneren Planeten dar. Das sind die Planeten, die zwischen Erde und Sonne die letztere umkreisen. Dieser Gruppe gehören an: Merkur und Venus und teilweise der Mond.

Die zweite Gruppe sind die Planeten, die man stets als äußere Planeten bezeichnet hat, weil sie außerhalb der Erde diese und die Sonne umkreisen. Dazu gehören: teilweise der Mond, Mars, Jupiter und Saturn.

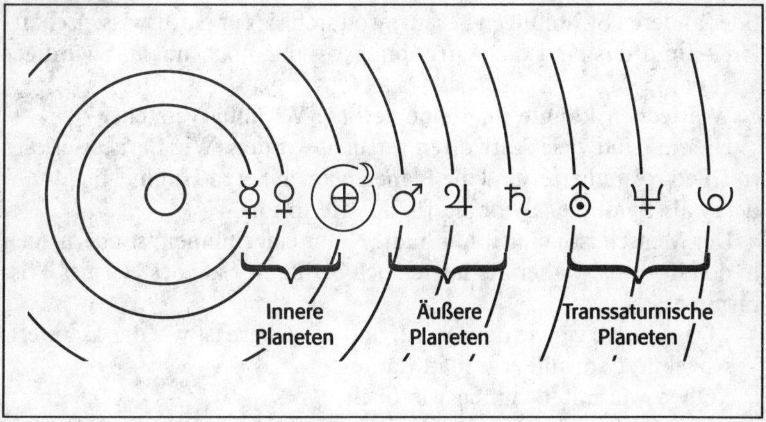

Abbildung 11: Die drei Gruppen der Planeten in schematischer Einteilung

Die Planeten jenseits des Saturn nennen wir die Transsaturnier: Uranus, Neptun und Pluto. Es sind auch die Planeten, die erst in letzter Zeit entdeckt oder wiederentdeckt wurden. Uranus kannten die Griechen sicher, wie bei Euripides nachzulesen ist. Neptun kannten sie wahrscheinlich auch, denn Bilder aus Kreta scheinen dies zu belegen.

Diese Einteilung nehmen sowohl die Astronomen wie die Astrologen vor, sie ist unbestritten. Aber in der Beurteilung des Wertes eines Planeten spielt diese Einteilung keine Rolle, alle Planeten sind gleichwertig, nur daß bei den Planeten, die weiter weg von der Sonne am Himmel wandeln, ein kleinerer Orbis genommen wird. Orbis heißt Umkreis. Wir gehen noch darauf ein.

Astronomen ist es nun völlig unverständlich, daß die Astrologen annehmen, von den Planeten und dem Tierkreis ginge auch nur irgendeine Wirkung aus. Auch zählen sie die Sonne nicht zu den Planeten, womit sie recht haben; jedoch in der Astrologie geht es auch bei Sonne und Mond nicht um die Wirkungen, die wir auf der Erde von den beiden Gestirnen erfassen und naturwissenschaftlich messen können.

Es ist das Problem der meisten Astrologen, daß sie keine schlüssige Antwort auf die Frage nach der Wirkung geben können. Die meisten reden sich dann immer mit angeblich elektronischen oder magnetischen oder anderen Strahlungen heraus, wodurch sie für Naturwissenschaftler – und das sind die Astronomen – nur noch unglaubwürdiger werden.

Wie jedoch könnte man eine gewisse Wirkung verstehen?

Hierauf sind viele Antworten versucht worden. Wie Paracelsus dies treffend formulierte, sind die Planeten am äußeren Himmel nichts anderes als Symbole. Symbole für Kräfte in uns.

Der Mensch ist ja nicht nur in die Natur eingebunden, sondern auch in den Kosmos. Daher der heute noch berühmte Satz des Hermes Trismegistos:

„Das Untere ist wie das Obere, und das Obere ist wie das Untere".

Abgekürzt formulierte man daraus:

„Oben wie unten, unten wie oben".

Dies ist das wichtigste astrologische Gesetz. Die Planeten oben am Firmament leben auch in uns. Vor allem ihre Zeitgesetze, ihre Rhythmen.

Beim Mondrhythmus wird dies besonders deutlich, denn er entspricht genau dem Rhythmus der Frau. So genau, daß man einst vom Schwarzmondtabu sprach, wenn man die Zeit meinte, da eine Frau nicht berührt werden durfte.

Auch die Zeitgesetze und Rhythmen der anderen Planeten prägen uns, besonders der siebenjährige Rhythmus, den wir außer von Mond und Saturn auch noch von Uranus kennen. Dem Menschen sollte nun daran gelegen sein, im Rhythmus mit den Planeten zu leben, um seine Kräfte richtig einzusetzen, und um zu seiner Mitte zu finden. Der Astrologe kann ihm dabei helfen, und nicht ohne Grund gibt es sehr erfolgreiche astrologische Beratungen.

Der richtige Zeitpunkt für eine Handlung, eine Tat, aber auch für Ruhe, Bilanz und Regeneration ist meist das Wichtigste. Natürlich auch die Erkenntnis: Was hat mich aus meinem Rhythmus gebracht, welche Schuld trage ich daran, welche Ereignisse haben mich aus der Bahn geworfen, so daß ich meine Mitte oder Harmonie verloren habe?

Schon Paracelsus meinte: „Das Gestirn und die Zeit sind eng miteinander verbunden. Der Himmel herrscht nicht zeitlos".

Und an anderer Stelle:

„Und das ist das Große: Nichts ist im Himmel wie auf Erden, das nicht im Menschen ist. Und Gott, der im Himmel ist, ist auch im Menschen". An anderer Stelle:

„Der Mensch weiß nicht, daß er das Gestirn auch in sich trägt, daß er der Mikrokosmos ist und so das ganze Firmament mit all seinen Wirkstoffen somit auch in ihm lebt".

Und zum Schluß ein entscheidender Satz dieses Genius:

„Daher kommt es, daß er (gemeint ist der Mensch) in sich einen eigenen, besonderen Himmel auch hat, der wie der äußere ist und eine gleiche Konstellation aufweist. Daher empfindet er die Zeit nicht von den äußeren Planeten – von den inneren aber". Zusammengefaßt: „Der Planet im Himmel regieret nicht Dich noch mich, der in mir aber".

Selbstverständlich hat es Jahrtausende gedauert, ehe die Menschen die Zuteilungen der Kräfte und Eigenschaften zu den Planeten erkannt hatten. Das fing oft über Äußerlichkeiten an, wenn man etwa den „roten" Mars mit dem Blut gleichsetzte. Mars schimmert rot vom Himmel, wenn er der Sonne gegenübersteht und ihr sozusagen Paroli bietet, wenn er mit der Sonne zu kämpfen scheint.

Natürlich mußten diese Beobachtungen und die ersten vorsichtigen Feststellungen dann durch langwierige Erfahrungen bestätigt werden. (Diesen Lernprozeß machen jetzt die Astrologen nach der 1930 erfolgten Entdeckung des Pluto durch, dessen Zuteilungen als am wenigsten gesichert gelten können).

Manche Aussagen der Astrologen waren daher widersprüchlich, ja oft gegensätzlich, doch mit der Zeit kam man zu seinem Bild, wobei natürlich auch die Erkennung und Erfassung der Zeitgesetze sowie die archetypischen Beziehungen und mythischen Aussagen eine wichtige Rolle spielten. Gerade die Mythen waren gute Lehrherren, zumal ihre Motive ja letztlich auch auf historische und reale Fakten zurückgingen.

Man kann sagen: Im astrologischen Gedankengut liegt soviel psychologisches Wissen, daß jede gleichartige Wissenschaft nur davon lernen kann. Nicht ohne Grund griffen und greifen unzählige Psychologen – wie C.G. Jung – auf das uralte Erfahrungsgut der Astrologie zurück. Dies gilt es zu erhalten, wenn auch manche astrologischen Aussagen überprüft, abgestaubt und zum Teil verbannt werden sollten. Davon handelt der nächste Abschnitt.

Am Tierkreis scheiden sich die Geister

Der Tierkreis ist wahrlich die Achillesferse der Astrologie!

Daß sie heute so umstritten ist, daß oft sogar Verbote gefordert werden, verdankt sie dem Tierkreis. Und schuld daran sind die Astrologen selbst. Wir haben geschildert, wie alles begann. Man wollte neben Sonne und Mond auch die Finsternisse messen und kam so zur Ekliptik. Da damals das Bilddenken überwog, suchte man nach zwölf entsprechenden Namen von in der Nähe stehenden Fixsterngruppen, die alle als Bilder gesehen wurden!

Aus der Ekliptik wurde der Zodiac, nach dem griechischen Wort Zodion, was ,,kleines Bild" bedeutet.

Und nun begann das mehrfache Unglück. Weil sieben der zwölf Sterngruppen nach Tieren benannt waren, nannte man den soliden Meßkreis Tierkreis! Damit war jeder Banalität Tür und Tor geöffnet. Und noch ein gravierender Fehler wurde begangen: Die Alten hatten die Namen des Meßkreises nach den am Himmel gesehenen und in der Nähe stehenden Sternbildern gewählt.

Damit war die Verwechslungsgefahr zwischen Sternbildern und Sternzeichen vorprogrammiert. Noch heute werden Zeichen und Bilder gleichgesetzt. Jeder Angriff auf die Astrologie beginnt damit, daß vorgetragen wird: ,,Die Sternbilder stehen nicht mehr da, wo sie einst standen, als die Namen geprägt wurden. Folglich ist die Astrologie falsch".

Als ob in der Astrologie je von Einflüssen der Sternbilder gesprochen worden wäre. Richtig aber ist, daß sich die Sternbilder verschoben haben. Warum?

Durch die Präzession verschieben sich die Sternbilder alle 72 Jahre um zirka ein Grad.

Präzession nennt man die Bewegung der Erdachse in ca. 25.000 Jahren um den Pol der Ekliptik. Dies ist das sogenannte Platonische Jahr! Ausgelöst wird die Präzession durch die Gravitationswirkung von Sonne und Mond auf den massereichen Äquatorwulst.

Wegen dieser Präzession rückt der Frühlingspunkt pro Jahr um ca. 50 Bogensekunden vor.

Das führt dazu, daß die „astronomischen Tierkreissternbilder“ und die „astrologischen Tierkreiszeichen“ auseinanderdriften, und sich heute nicht mehr, und wenn, auch nur in etwa decken.

Aber die Sternbilder und Zeichen haben sich nie gedeckt!

Zeichen und Bilder waren nie das gleiche!

Die Namen der Tierkreisabschnitte waren geborgte Namen, Patennamen. Die Einteilung der Ekliptik erfolgt in genau 12 mal 30 Grad, weil dies dem Verhältnis Sonne und Mond am nächsten entspricht. Die Sternbilder jedoch sind verschieden groß. So ist das Sternbild Widder nur 24 Grad groß, das Sternbild Jungfrau dagegen 46 Grad, während das Sternbild Fische einen Umfang von 38 Grad hat, und sich das Sternbild Krebs nur über 21 Grad erstreckt. Die Namen der Zeichen sind also nur geborgte Patennamen, und egal wann und wo einst das Sternbild Widder stehen mag, Frühling wird es bei uns immer, wenn die Sonne in das Zeichen Widder geht, und das tut sie jedes Jahr um den 21. März herum.

Sternbilder und Zeichen sind also nicht identisch, dies müssen wir uns ein für allemal einprägen.

Der Mißbrauch des Tierkreises geht noch viel weiter. Weil man schnell zu Ergebnissen kommen wollte, banalisierte man.

Man erhob den Tierkreis zum Charakterbildner.

Sicher, es wurde beobachtet, daß sich die Natur im Laufe eines Jahres nicht unbeträchtlich verändert. Im Frühling blüht es, im Sommer hängen die Früchte an den Bäumen, im Herbst wird geerntet und im Winter zeigt sich die Natur kahl.

Daraus schloß man auf den Charakter der Wesen und Menschen.

Ein Sommermensch hatte eben einen anderen Charakter zu haben als ein Wintermensch. Aus – Ende der Diskussion!

Ja, man diktierte sozusagen Berufe. Jemand mit der Sonne im Abschnitt Steinbock hatte Schornsteinfeger oder Knecht zu werden. Jemand mit der Sonne im Abschnitt Widder sollte sich im Soldatendress am wohlsten fühlen.

Der Tierkreis vereinfachte und banalisierte. Der Mensch blieb auf der Strecke und mit Recht wurden die Astrologen ausgelacht und abgelehnt.

Dabei hatten die Astrologen alles nur äußerlich gesehen.

Der Baum trägt zwar im Laufe des Jahres verschiedene Kleider, aber er bleibt immer ein Baum. Eine Birke oder eine Kastanie oder eine Eiche. Der Charakter verändert sich nicht. Und der Charakter ist auch nicht davon abhängig, wann und wo der Baum gepflanzt wurde oder wird.

Die Tierkreisastrologen sagen: Stiere sind stur. Als wenn es keine sturen Fische oder Krebse gäbe! Widder sind kämpferisch, als wenn es keine stets kampfbereiten Steinböcke gäbe! Man könnte viel davon aufzählen. Neugierig und vorlaut wären die Zwillinge und die Wassermänner stets progressiv. Ja, die Verballhornung ging noch weiter. Auf den Tierkreis bezogen sollte die Sonne im Zeichen Wassermann „vernichtet" stehen. Damit hätten alle Wassermänner eine schwache Gesundheit und ein kurzes Leben.

Anderen Zeichen wurden „Würden" zugeteilt, oder Herrschaftsqualitäten, so als würden die einzelnen Abschnitte des Tierkreises reale Veränderungen bewirken. Das tun sie nicht. Aber was dann? Der Tierkreis ist nichts als eine mechanische Einteilung der Erdbahn, die auch als scheinbare Sonnenbahn bezeichnet wird. Es stimmt, daß die Sonne – steht sie in verschiedenen Zeichen oder Abschnitten – in der Natur äußere Veränderungen bewirkt. Trotzdem: Eine Berglandschaft ist keine Seelandschaft, aber beide Landschaften zeigen sich im Lauf eines Jahres in zirka zwölf verschiedenen Färbungen.

Auch Menschen und viele Tiere kleiden sich in den Jahreszeiten jeweils anders. Kein vernünftiger Mensch, der auf einem unserer Breitengrade lebt, wird im strengen Winter mit einem leichten Sommerkleid herumspazieren. Aber der Charakter des Menschen verändert sich dadurch nicht! Sicher, im Frack benehme ich mich fast automatisch anders als in Bluejeans, was aber nicht auf meinen Grundcharakter schließen läßt.

Der Tierkreis hält verschiedene Kleider oder Färbungen bereit, aber er prägt keinen Charakter. Natürlich gibt es Menschen, die sich in dieser oder jener Kleidung am wohlsten fühlen, und dann ihre besten Qualitäten entwickeln. Und genau dies wollen wir auch berücksichtigen. Wir sprechen dann davon, daß dieser Charakter in diesem oder jenem Zeichen seine verwandte Kraft findet.

Wenn wir so beginnen, den Tierkreis neu (und damit gleichzeitig alt) zu sehen, dann werden die astrologischen Aussagen sehr viel freier von Verstaubung und Oberflächlichkeit. Man vergesse nicht: Astrologie ohne Tierkreis ist jederzeit möglich. Ohne Planeten und Gestirne dagegen wäre keine Astrologie denkbar.

Statt des Tierkreises könnten wir die Ekliptik in 360 Grad einteilen und das genügte. Jetzt teilen wir den Tierkreis ja auch bereits in 360 Grad, wobei jeder Grad 60 Bogenminuten und jede Bogenminute 60 Bogensekunden hat.

Kommen wir zurück, was schon Ebertin, der alte deutsche Astrologe, und andere Astrologen sagten: Der Tierkreis ist ein Meßkreis – nicht mehr und nicht weniger.

Was wir aus dem Tierkreis noch herausinterpretieren wie die Elemente und Hinweise zur Motorik, das können wir mit jedem anderen Meßkreis auch.

Der Tierkreis verführt zudem zu einer Pauschalisierung. Menschen werden in zwölf große Gruppen eingeteilt und aus! Ob meine Sonne auf ein Grad oder auf neunundzwanzig Grad im Zeichen Löwe steht, bleibt völlig gleich. Löwe bleibt Löwe, auch wenn zwischen beiden Geburtsdaten bis zu 30 Tage liegen, und der eine hoch im Norden, der andere tief im Süden geboren sein mag. Aber nur einen oder zwei Tage später geboren, kommt ein völlig anderer Mensch mit einem völlig anderen Charakter zur Welt, der als Jungfrau betitelt wird.

Es ist doch fast selbstverständlich, daß die Astronomen und andere intelligente Menschen darüber lachen, und die Astrologie als Humbug abtun. Aber Astrologie ist kein Humbug.

Was ist denn nun Astrologie?

Menschenkunde bester Art.

Denn Astrologie vermag – richtig angewandt – echte Lebenshilfe zu sein. Durch die über ein Horoskop gewonnenen Erkenntnisse kann ein Mensch wieder zu seiner Mitte, zu einer Einheit hingeführt werden. Astrologie kann zu einer allgemeinen Toleranz verhelfen, eben weil erkannt wird, daß jedes Horoskop eine ganz einmalige und persönliche Visitenkarte darstellt. Astrologie, wie wir sie verstehen, führt zu Erkenntnissen, mit denen dann die kommenden Ereignisse gemeistert werden können. Astrologie erweitert den Horizont, weil in ihr das Wissen von jahrtausendalten Erfahrungen lebt, und weil hier zusätzlich die Einsichten großer Köpfe und Geister immer wieder mit eingearbeitet wurden.

Astrologie zeigt auf, wie sehr der Mensch in den Kosmos eingebunden ist, und sie vermag zu einem Glauben (egal zu welchem) hin- oder wieder zurückzuführen.

Astrologie läßt größere Zusammenhänge erkennen. Hier gelten keine Rassen, Parteien oder Sekten. Hier steht der individuelle Mensch im Mittelpunkt – jedoch eingebunden im Kosmos.

Nun können wir uns den Deutungsfaktoren zuwenden, wobei wir viele Deutungsgrundlagen schon aufgezeigt haben.

Kapitel 2:
Das Geburtsbild

Es kommt auf die Minute an

Das Wort Horoskop leitet sich von zwei Wörtern ab. Einmal vom Wort „Hora" (griechisch) gleich Stunde und vom griechischen Wort „skeptomai" gleich schauen. Horoskop heißt daher „Auf die Stunde schauen".

Wir benötigen also für die Erstellung eines Horoskops, das auch Radix (gleich Wurzel) oder einfach Geburtsbild genannt wird, die möglichst minutengenaue Geburtszeit. Zumindest sollte diese Zeit auf fünf Minuten Differenz begrenzt bleiben.

Um jedoch den Beobachtungspunkt der Erde zu erkunden, ist der genaue Geburtsort notwendig. Über dessen Breiten- und Längengrad läßt sich der Punkt der Erde festlegen, von dem aus der Himmel betrachtet wird. Mehr ist nicht notwendig.

Also: Name . . . (kann auch ein Pseudonym oder Deckname sein).

Geburtszeit . . . (die vom Computer auf Greenwich-Zeit umgerechnet wird).

Geburtsort . . . (oder größerer Ort in der Nähe).

Zur Berechnung:

Noch vor wenigen Jahren mußte jeder die Horoskope, die er stellen wollte, selbst berechnen. Im Anfängerunterricht wurde oft die meiste Zeit damit verbracht, den Schülern beizubringen, wie ein Horoskop zu errechnen sei.

Heute gibt es unzählige Computerprogramme, die diese Arbeit in Minuten ausführen und die wenig kosten.

Eine Adresse mit Angabe der Computerbestellung für ein Horoskop nach der Art, wie sie der Autor seit Jahrzehnten gebraucht, finden Sie am Ende des Buches. Der Computer liefert nicht nur alle Daten, sondern auch gleich eine farbige Zeichnung mit.

Warum die minutengenaue Uhrzeit, so wird immer wieder gefragt.

Antwort: Weil der Himmel immer in Bewegung ist.

Abbildung 12: Alles im Weltall ist stets in Bewegung: Der Mond umkreist die Erde. Diese dreht sich um die eigene Achse und wandelt um die Sonne. Obwohl die Sonne ein Fixstern ist, rotiert sie auch um ihre Achse und kreist durch die Milchstraße. Die Milchstraße umfaßt in etwa einhunderttausend weitere Sonnen und rast mit anderen Galaxien (Milchstraßen) durch das All. Der Umfang der Milchstraße beträgt in etwa einhunderttausend Lichtjahre.

So verändert sich in spätestens vier Minuten oft schon etwas im Radix, was sich auf den ersten Blick zwar vielleicht noch nicht so entscheidend zeigt, es aber dann doch ist.

Selbstverständlich ist jede Uhrzeit überprüfbar und korrigierbar, denn Ereignisse oder Erkenntnisse, die sich seelisch in einem Menschen tief eingegraben haben, geben für die Korrektur die notwendigen Hinweise.

Entscheidend ist nun der Sprung zur Deutung. Am meisten lernt jeder an seinem eigenen Horoskop.

Zuerst erscheint die Deutung noch recht schwer. Das ist sie aber nicht. Astrologie ist im Grunde sehr einfach, wenn die Horoskopie (so kann man die Astrologie auch nennen) nicht zu kompliziert dargeboten wird.

Die Deutung beruht auf 5 Säulen:

I. Zuerst betrachten wir uns die Planeten als Symbole für unsere Kräfte und Eigenschaften.
II. Dann wird danach geschaut, in welchem Kleid oder in welcher Färbung die Planeten zusammen mit der Stellung auf der Ekliptik auftreten.
III. Wir sehen, in welchen Interessengebieten diese Planeten stehen (das Häusersystem wird noch erklärt).
IV. Wir registrieren, welche Planeten einander – und wenn wie – anschauen (siehe Kapitel Die Kräfteverbindungen).
V. Die rechnerischen Punkte werden als Wegweiser benutzt.

Das ist schon alles.

Das Schwerste ist dann die Kombination, aber hier sagt die Erfahrung, daß allein Übung den Meister macht.

Es empfiehlt sich, in der oben angegebenen Reihenfolge vorzugehen, wobei sich jeder später seine individuelle Deutungsart aussuchen sollte.

Es gibt keine astrologische Schule, die alleingültigen Gesetzen nachgeht oder sie anbieten kann. Gerade in der Astrologie muß jeder seinen ihm entsprechenden Weg wählen. Entscheidend ist stets nur das Resultat. Mit der Zeit merkt der anfangende oder fortgeschrittene Astrologe, ob er auf dem richtigen Weg ist. Es führen immer viele Wege nach Rom, allerdings auch viele um Rom herum.

Mancher packt es schnell, mancher langsamer, die Erfahrung zeigt, daß der, welcher Umwege macht, letztlich doch schneller zum Ziel kommt. Also Geduld und Übung! Wenden wir uns jetzt der ersten Säule, den Planeten, zu.

Kapitel 3:
Die Symbole unserer Kräfte im Horoskop

Die Planeten der Astrologie sind Symbole. Symbole für Kräfte und Eigenschaften in uns. Sie stellen das Herzstück der Astrologie dar. Ohne Planeten gäbe es keine Astrologie. Im Gegensatz zur Astronomie werden Sonne und Mond in der Astrologie zu den Planeten gezählt.

Wir kennen:

Namen:	Grafisches, astrologisches Symbolzeichen
Sonne	☉
Mond	☽
Merkur als Morgenstern	☿ᴹ
Merkur als Abendstern	☿ᴬ
Venus als Morgenstern	♀ᴹ
Venus als Abendstern	♀ᴬ
Mars	♂
Jupiter	♃
Saturn	♄
Uranus	⛢
Neptun	♆
Pluto	⯓ ♇ ⯔

Das sind zwölf Planeten. Warum Merkur und Venus zweimal erscheinen, einmal als Abendstern und einmal als Morgenstern, wird bei der Vorstellung dieser Planeten ausführlich dargelegt.

Planeten sind weder gut noch böse, weder harmonisch noch unharmonisch – sie sind völlig neutral. Die Einteilung in männliche oder weibliche Planeten unterlassen wir auch.

Sonne: Die Kraft des Bewußtseins

Das Hauptgestirn unseres Himmelssystems, in dem die Erde liegt, ist astronomisch gesehen ein Fixstern, der den Mittelpunkt des Systems, dem die Sonne ihren Namen gab, darstellt.

Astrologische Zuordnung:

Die Sonne findet ihre ähnlichste oder verwandte Kraft im fünften Abschnitt des Tierkreises, im Zeichen Löwe. Mit ihrem scheinbaren Gang durch den Tierkreis verändert sich die Natur sehr markant.

Sie gibt dem Mond wie den anderen Planeten ihr Licht, das diese zurückwerfen, wodurch sie wie flache Sterne wirken. (Der Mond ist eine Ausnahme.)

Ohne Sonne gäbe es keine Wärme und kein Licht auf der Welt, sie allein ermöglicht das Leben. Daher wird sie auch das lebendige Herz der Astrologie genannt. Folglich wurde ihr auch das menschliche Herz zugeordnet.

Astronomische Zuordnung:

Ihre scheinbare Umlaufbahn durch die Ekliptik beträgt ca. 365 Tage, ihre Durchschnittsgeschwindigkeit knapp ein Grad. Im Sommer wandert sie langsamer am Himmel als im Winter, woraus der Schluß gezogen wurde: Je langsamer ein Planet wandere, um so stärker sei seine symbolische Wirkung, was – mit Ausnahme des Mondes – stimmen könnte. Das Sonnenjahr wird auch das tropische Jahr genannt. Die Sonne ist etwa eine Million mal größer als die Erde und weist einen Durchmesser von 1.390.000 Kilometern auf. Zum Sonnensystem gehören alle unsere Planeten mit ihren Monden und Tausende von Planetoiden oder Asteroiden.

Archetypisch:

Die Sonne galt immer als die Gottheit schlechthin, wenn es auch neben dem Sonnengott, der immer als männlich angesehen wurde, viele andere Götter gab. In der ägyptischen Religion wurde nur einmal und für eine kurze Zeit die Sonne als alleinige Gottheit auf den Thron gesetzt. Dies geschah durch König Echnaton oder Amenophis IV, er gründete die Sonnenstadt Achet-Aton.

In der griechischen Mythologie hieß der Sonnengott Helios, aber in den Mythen versinnbildlichte mehr Apollon die Sonnenkräfte. So wurde er auch zum Herrn über die Orakel, da es nur die Sonne ist, die alles an den Tag bringt.

Astrologische Grundprinzipien:

Das Ich-Bewußtsein, beziehungsweise der bewußte Lebenskern. Das Göttliche im Menschen, die Würde und die Ehre. Aber auch der Stolz, der zum falschen Hochmut führen kann. Die bewußte Tätigkeitsausrichtung.

Die Autorität, der Vater beziehungsweise das Väterliche. Alle Chefs vom Monarchen bis zum Bürovorsteher und Vorarbeiter. Vom Polizisten bis zum Piloten, vom Lehrer bis zum Lehrherrn. Die eigene Führungskraft und die Daseinsbehauptung, die Ausstrahlung und Ehrlichkeit vor sich selbst. Die Planetenzahl ist die Eins.

Mond: Die Kraft der Seele

Der Mond ist der Trabant der Erde. Da wir in der Astrologie alles von der Erde aus sehen, fällt die Erde als Planet für uns weg, dafür symbolisiert der Mond den Erdplaneten.

Astrologische Zuordnung:

Der Mond findet seine ähnlichste oder verwandte Kraft im vierten Abschnitt des Tierkreises, im Zeichen Krebs. Die Phasen des Mondes haben auf die Astrologie einen großen Einfluß gehabt, denn über die Phasen fanden die Astrologen ihre Aspekte. Es ist entscheidend, ob der Mond ab- oder zunehmend ist, ob er als Vollmond oder Dunkelmond (sprich Neumond) erscheint. Der Mond ist der große Hoffnungsträger oder das Hoffnungssymbol der Astrologie, weil er zwar alle Monate, wenn er zur Sonne kommt, völlig vom Himmel verschwindet, aber dann am dritten Tag aufersteht oder wiedergeboren wird.

Nimmt der Mond zu, wirkt er wie eine schwangere Frau, so wurde ihm alles Mütterliche zugeordnet. Insgesamt konnte sich der Mensch mit den Phasen des Mondes gut orientieren, denn auch der Mensch wird klein geboren, wird groß (wobei nicht nur das Körperliche gemeint ist), und nimmt dann ab, bis er stirbt und von der Erde scheidet.

So symbolisiert er das Menschliche am Himmel, aber auch die Gewißheit, daß kein Leben endgültig stirbt, sondern nach dem Tode weitergeht.

Das Bild der beiden Mondsicheln – ab- und zunehmend – prägte sich in die Seelen der Menschen unauslöschlich ein. Selbst die Kirchen übernahmen dies, da die Maria sehr häufig auf einer Mondsichel steht.

Zu den Mondsicheln ist nun noch etwas Besonderes zu bemerken. Die abnehmende Mondsichel kann nur im Osten gesehen werden. Sie ist der letzte Anblick vom Mond. Dieser Trabant der Erde stirbt da, wo alle anderen Gestirne aufgehen. Am dritten Tag, nachdem man die schmale abnehmende Mondsichel zum letzten Mal gesehen hat, sieht man die aufgehende schmale Mondsichel nur im Westen, da also, wo der Himmel und alle Gestirne untergehen. Es sieht so aus, als würde sich der sterbende Mond im Osten opfern, damit alle anderen Gestirne aufgehen können.

Im Westen dagegen, wo alle Gestirne ins Dunkle verschwinden also untergehen, da steht der Mond auf und verkündet, daß nichts ewig stirbt, daß das Licht immer wieder leuchtet. So wurde der Mond zum ewigen und im Grunde einzigen Hoffnungssymbol der Menschen.

Wichtig war noch der Vollmond, der der Sonne genau gegenübersteht, und genauso groß wie die Sonne erscheint. Dabei ist die Sonne vierhundertmal größer als der Mond, aber der Mond steht vierhundertmal näher zur Erde als die Sonne, womit sich diese Himmelserscheinung erklären läßt. Der Vollmond ist das Ziel der Mondwanderung, weshalb er schon in uralter Zeit besungen wurde. Voll- und Neumond waren die ersten großen Feste, die auch die Priester mitfeierten.

Abbildung 13: Hekate
Abbildung der Statue aus dem Museum Capitolino

Archetypisch:

Die Überlieferungen in Sagen, Mythen und Legenden, die mit dem Mond zusammenhängen, sind unzählbar, so werden wir uns auf die für die Astrologie wichtigsten beschränken.

Im Vordergrund steht die Mythe über Hekate.

Hekate symbolisiert die Göttin des Reiches, in das der Mond gelangt, wenn er in den Strahlen der Sonne vom Himmel verschwindet. Dreigestaltig ist die Hekate. Eine von ihnen wendet sich nach Osten, von wo der abnehmende, sterbende Mond in ihr Reich kommt. Oft sieht man auf Darstellungen, daß diese Gestalt der Hekate eine Fackel in der Hand hält, die die Sonnenstrahlen symbolisiert. Die zweite Gestalt stellt das Grab dar, Hekate hält oft einen Stein in der Hand. Und die dritte Gestalt, die gen Westen blickt, hält einen Schlüssel oder ein stilisiertes Handwerkszeug in der Hand, um so das Tor zu symbolisieren, durch das der auferstehende Mond wandelt, sobald es aufgeschlossen oder aufgemacht wurde.

Im Reich der Hekate erwacht der Mond zu neuem Leben, um danach am Himmel zu wachsen, bis er Vollmond ist. Es scheint seine Aufgabe zu sein, Vollmond zu werden, wenn dies auch seine ganze Kraft kostet, weshalb er später in das Reich der Hekate versinkt, um sich zu erneuern.

Daß der Mond nur morgens stirbt, wußten die Menschen immer, und das Volkslied „Morgenrot früher Tod“ besingt dies auch.

Aber im Reich der Hekate stirbt man nicht. Die dämonische Mondgöttin hat zauberische Kräfte. Daher auch ihr Name. In Ägypten hieß die große Zaubergottheit Heka, woher sich sicher später der Name Hekate abgeleitet hat.

Andere wichtige Mondgöttinnen waren:

Artemis, die jungfräuliche Göttin, die die gerade auferstandene Mondgöttin symbolisiert, dann die Muttergottheiten Demeter und vor allem Hera, die Gemahlin des Zeus, die den Vollmond repräsentiert, und schließlich die Tochter der Erdgöttin Demeter, Persephone, die es ins Dunkle zieht, und die die abnehmende Mondsichel versinnbildlicht. Als Persephone übrigens von Hades in das Reich unter der Erde entführt wurde, war Hekate bereits ihre Begleiterin.

Der Mond steht wieder auf – nicht der Mensch. Daß jedoch die Seele nicht stirbt, das ist altes archetypisches Wissen. So sind alle Seelenmärchen Mondmärchen. Der Mensch wurde – wie es die Bibel weiß – aus Lehm geschaffen, und wird mit dem Tod wieder zu Erde. Aber dem aus Lehm geschaffenen Menschen hauchte Gott seinen Atem ein. Man kann sagen, Gott gab uns damit die göttliche Seele. Und etwas Göttliches stirbt nicht, also kann auch die Seele nicht sterben. Die Seele geht wie der Mond durch das Reich der Hekate, der dämonischen Zauberin, um danach zu neuem Leben zu gelangen.

Lange Zeit galt der Mond als Symbol der obersten Gottheit schon dadurch, daß er sehr häufig auch am Tage zu sehen war, während die Sonne nie das Dunkel der Nacht durchbrechen kann, was von den Menschen genau beobachtet und registriert wurde.

Astrologische Grundprinzipien:

Die Planetenzahl des Mondes ist die Zwei.

Die Seele, das Unterbewußtsein. Die Tiefe des Menschen. Damit seine geheime Kraft, die auch Heilkraft genannt wird. Der Mond zeigt uns das wahre innere Gesicht eines Menschen, das meist durch den Sonnenstand (und Aszendenten, was noch erklärt wird) zugedeckt ist.

Schon bei den Griechen hieß es sinngemäß: „Wer sich erkennen will, muß durch das Dunkle des Mondes gehen".

Wie die Sonne alles an den Tag bringt, so erhellt das kleine Licht, wie die Bibel den Mond nannte, das Dunkle. Der Mond (genauer die Seele) vergißt nichts. Die Seele bewahrt alles, so hat auch unser Gedächtnis mit dem Mond zu tun. Bei wichtigen Entscheidungen, die mit ihren Folgen den ganzen Menschen treffen können, ist – astrologisch gesehen – auch der Mond zu befragen, denn der unbewußte Lebenskern ist genauso wichtig wie der bewußte. Alles, was unser Gemüt betrifft (die Launen und die Stimmungen), geht auf den Mond zurück. Er zeigt an, wo unsere innere Verletzbarkeit oder Verwundbarkeit sitzt, die kaum zu heilen ist.

Ferner wird dem Mond zugeschrieben: Die große Mutter, alles Mütterliche, der Familiensinn und die Beziehung zum Heim wie zur Heimat. Das Echo, das man durch seine seelische, also innere Ausstrahlung erreicht. Man sagt: „Wer einen guten Mond hat, der kommt an". Wobei das Wort „gut" zu relativieren ist. Alles Schöpferische der Sonne braucht zur Ergänzung auch das schöpferische Unterbewußtsein, um große Taten zu vollbringen.

Merkur: Die Kraft des Denkens

Merkur ist der sonnennächste und daher auch der unscheinbarste Planet. Sein Abstand von der Sonne beträgt höchstens 28 Grad, so daß er meist unsichtbar im Licht der Sonne steht, wenn er des Morgens kurz vor Sonnenaufgang und des Abends kurz nach Sonnenuntergang zu sehen ist. Viele Astrologen haben Merkur nie am Himmel gesehen, die Historie erzählt davon, daß der geniale Kopernikus, der die Sonne wieder in den Mittelpunkt stellte, Merkur nie erblickt habe.

Das Licht des Merkur ähnelt dem des Saturn, weshalb man Merkur einst als „Botschafter des Saturn“ bei der Sonne bezeichnet hat. Eine andere Benennung war die des „Adjutanten bei der Sonne“, denn wer zur Sonne will, oder von ihr kommt, muß immer auch an Merkur vorbei.

Merkur ist zudem der kleinste Planet unseres Sonnensystems. Sein Durchmesser beträgt nur 4.840 Kilometer. Er umläuft die Sonne in einem Zeitraum von 88 Tagen. Von daher galt er immer als der wieselflinke Götterbote, der den Göttern von den Menschen berichtete, beziehungsweise den Menschen von den Göttern.

Merkur hat zwei Gesichter, denn er ist einmal Morgenstern, einmal Abendstern, was für seine astrologische Zuordnung sehr wichtig war und heute wieder ist. Manche Astrologen beachten dies leider nur sehr wenig oder gar nicht.

Astrologische Zuordnung:

Merkur findet als Morgenstern seine verwandte Kraft im Zeichen Zwillinge, als Abendstern im Zeichen Jungfrau. Es hat Jahrtausende gedauert, ehe man erkannte, daß beide Sterne in Wahrheit ein Stern sind. Man hatte Merkur jedoch schon immer zwei Abschnitte der Ekliptik zugeteilt.

Im Zeichen Zwillinge steht dieser Planet als Morgenstern, wo mehr seine Schnelligkeit, sein fixes Realitätsvermögen zum Symbol wurden. Im Horoskopblatt ist dann Merkur mit einem M = Morgenstern eingezeichnet.

Im Zeichen Jungfrau findet Merkur als Abendstern seine verwandte Kraft. Hier hat das Nachdenklich-philosophische des Merkur seine Heimat, auch das Vorsorgende. Merkur als Abendstern wird mit einem A in das Geburtsbild eingetragen.

Archetypisch:

Das Wort „Götterbote" ist schon genannt worden. Deswegen trug Merkur in den meisten antiken Darstellungen Flügel an der Ferse und sogar auf seinem Helm. In Griechenland hieß dieser Götterbote Hermes. Zeus, dem obersten der Götter, war Hermes immer zu Diensten, er holte ihm die Sehnen seiner Hände und Füße zurück, die der geflügelte Schlangenmensch Typhon (ein Titanenungeheuer) Zeus in einem Kampf durchschnitten hatte. So wurde Zeus wiederhergestellt. Dazu bedurfte es eines listigen Verstandes und einer Schnelligkeit, was dem Morgensternprinzip entspricht.

Und Hermes holte die schon erwähnte Persephone aus der Unterwelt des Hades zurück. So wurde er auch zum Führer der Seelen, was eher dem Abendstern zugeordnet wird.

Aber Hermes/Merkur ist in mancher Hinsicht auch ein Halunke!

Er stahl schon am Tage seiner Geburt die Rinder des Apollon. Er fertigte Grasschuhe für ihre Hufe an, damit sie keine Spuren hinterließen. Nach einer anderen Version drehte er die Hufe der Tiere um; damit verwirrte er die Verfolger, die in eine falsche Richtung liefen. Ein intellektueller Spitzbube!

Aus dem Panzer einer Schildkröte gestaltete er eine Lyra und spielte darauf so lieblich, daß Apollon ihm das gestohlene Vieh überließ, um die Lyra zu erhalten.

Aber Hermes/Merkur machte Apollon auch Vorschläge, die Gabe der Prophezeiung zu lernen, was diesem dazu verhalf, der Herr der Orakel zu werden.

Hermes/Merkur war also jedermann nützlich, aber man mußte vor ihm ständig auf der Hut sein.

Viele Affairen hatte er auch. Zwar meist mit sterblichen Mädchen, aber eine Affaire hatte er auch mit der schönsten Göttin, mit Aphrodite/Venus. Aphrodite gebar danach den Hermaphroditos, die Vereinigung von Frau und Mann. So wurde Hermes/Merkur in den Mythen häufig als zweigeschlechtlich betrachtet. Später stieg er dann zum Gott der Spitzbuben auf, aber er war auch der Todesbote, der die Unter- und Oberwelt wie kein anderer kannte. So führte er Herakles durch die Unterwelt und half ihm, die Unterwelt unbeschadet zu überstehen.

Dies alles schlägt sich selbstverständlich auch in den nun folgenden astrologischen Grundprinzipien nieder, wobei Hermes/Merkur deswegen so wichtig ist, weil er die archetypischen Gottheiten symbolisiert, die uns helfen, unseren Alltag zu meistern.

Astrologische Grundprinzipien:

Merkur – ob als Morgen- oder Abendstern – symbolisiert unser praktisches Handeln und Denken. Es bringt automatisch eine gewisse Zerrissenheit mit sich, wenn Merkur nicht in dem Zeichen steht, in dem wir die Sonne finden, sondern in einem Nachbarzeichen (andere Möglichkeiten gibt es wegen der Nähe des Merkur zur Sonne nicht). Die Planetenzahl ist die Sechs.

Merkur als Morgenstern

steht für schnelles Handeln und Denken, was mehr im journalistischen Sinn zu verstehen ist. Die Grundrichtung des Verstandes, der Intellekt, ist hier zu beurteilen, die Reaktionszeiten und -arten. Der Morgensternmerkur lernt schnell, wenn auch nicht immer gründlich und präzise. Das Handeln ist offen und anpassend, die Auffassungsgabe rasant und verbunden mit einer guten Beobachtungsgabe, das diplomatische aber auch flüchtige Geschick ist zu bewundern. Listigkeit gepaart mit Schlauheit statt Klugheit sind herausragende Eigenschaften. Aber er hat nie Zeit.

Merkur als Abendstern

symbolisiert die philosophischere Denkungs- und Handlungsart. Die Kunst des Lehrens, und die eher bedachte Reaktion und Auffassungsgabe. Die hohe Schreibkunst, die den guten Stil wählt, und die geheime Diplomatie, die nachhaltig ist. Das Handeln ist hintergründiger, das Denken stärker in die Zukunft gerichtet. Merkur als Abendstern fragt mehrmals nach, ehe er urteilt oder gar richtet. Klugheit wird angestrebt, um zu Weisheit zu gelangen. Dieser Merkur sorgt auch vor, er lernt aus der Vergangenheit. Schnelle Geschäfte sind ihm allemal sehr verdächtig. Merkur als Abendstern hat Zeit.

Venus: Die Kraft der Gefühle

Venus war wohl der erste Planet, der als Wandelstern entdeckt wurde. Der Grund: Er war und ist (außer Sonne und Mond) der hellste Planet. Wie Merkur ist Venus nur sichelförmig zu erblicken, weil sie auch sehr sonnennah steht. Ihr größter Abstand von der Sonne beträgt – auf die Ekliptik gemessen – 48 Grad. Der Durchmesser der Venus ist etwas über 12.000 Kilometer, damit ist sie fast beinahe so groß wie die Erde. Als Zwilling der Erde wurde Venus oft benannt. Sie ist ein innerer Planet, aber – wie Merkur – einmal Abend- oder Morgenstern. Beides zusammen an einem Tag geht nicht. Die Griechen nannten die beiden Sterne Phosphoros (Abendstern) und Hesperos (Morgenstern). Es heißt, daß erst Pythagoras entdeckt habe, daß beide Sterne nur ein Stern sind. Aber schon in Babylon wußte man um die beiden Gesichter der Ischtar (so hieß dort die Venus). Ihre Umlaufdauer durch die Ekliptik beträgt rund 225 Tage. Noch stärker als bei Merkur ist ihre Stellung als Abend- oder Morgenstern zu beachten. Abendstern ist sie immer dann, wenn sie im Tierkreissinn der Sonne vorausgeht. Folgt sie der Sonne, ist sie Morgenstern. Diese Regel gilt ja gleichermaßen für Merkur. Auch hier finden wir in der Zeichnung ein A oder ein M bei dem grafischen Symbol.

Astrologische Zuordnung:

Venus als Morgenstern findet ihre verwandte Färbung im Zeichen Stier, als Abendstern im Zeichen Waage. Beispiele für die Kleidung werden wir noch geben. Schon früher waren der Venus bereits zwei Ekliptikzeichen zugeteilt. Man sagt, Venus regiere (wenn die Sonne in Abschnitt Stier oder Waage steht), die schönsten Zeiten im Jahr: Die Zeit, da der Frühling sich von der allerbesten Seite zeigt und der Herbst die Natur noch einmal in bewundernswerter Weise färbt. Im Zeichen Stier symbolisiert Venus als Morgenstern mehr die reale Schönheit, während im Waageabschnitt die himmlische Schönheit deutlicher wird, denn wenn etwas, das bereits abstirbt, sich so wunderbar zeigt, dann ist dies schon überwältigend.

So geht auch die Grunddeutung in die Richtung, daß das Reale, der Genuß, die Bewahrung, die Sicherung der Gefühlswelt mehr von der Morgensternvenus symbolisiert werden, während die eher etwas überirdische Liebe mehr der Venus als Abendstern zugeschrieben wird. Venus wurde immer mit Schönheit in Verbindung gebracht, auch mit der Liebe und der Erotik. Ob dies durch die schon erwähnte Ischtar deutlich wurde, durch Astarte oder Isis, durch Aphrodite oder die römische Venus spielt keine Rolle. Sie wurde stets angebetet, und auch in der Jungfrau Maria beziehungsweise in der Mutter Gottes finden sich viele astrologische Merkmale dieses Planetensystems. Die Planetenzahl der Venus ist die Acht.

Archetypisch:

Um Venus ranken sich viele Mythen, Legenden und Sagen. Schon die Geburt der Aphrodite spricht davon. Saturn hatte seinen Vater Uranus entmannt, und die Geschlechtsteile ins Meer (bei Zypern soll es geschehen sein) geworfen. Das Meer rauschte, brodelte und aus den wilden Wogen, die schnell ruhig wurden, entstieg die Göttin der Schönheit.

Beim Erscheinen (der Geburt) der Aphrodite hieß es: „. . . sie weckt in der Brust uns allen das süße Gefühl der Liebe“. Aphrodite/Venus galt bereits in der Antike als Göttin beider Arten der Liebe, sie war also die Göttin der sexuellen und der höheren Liebe. Die zwei Gesichter der Venus deuten einwandfrei darauf hin. So waren auch die Anhängerinnen dieser Göttin sowohl Prostituierte wie Priesterinnen. In Korinth waren die Priesterinnen zugleich auch Prostituierte, Aphrodite erlaubte dies.

Aber Aphrodite/Venus konnte auch böse reagieren. Als Myrrha eines Tages laut hinausposaunte, daß sie schöner als Aphrodite sei, bewerkstelligte es Aphrodite, daß sich Myrrha in ihren Vater verliebte, und als dieser betrunken war, legte sich Myrrha zu ihm. Als der Vater dies bemerkte, griff er zum Schwert, um seine Tochter zu töten. Da griff Aphrodite ein, sie verwandelte Myrrha in einen Myrrhenbaum, der durch das Schwert gespalten wurde. Aus dem so gespaltenen Baum wurde Adonis geboren. Auch hier wieder wird aus dem Unreinen das Schöne: Das Venusthema. Bei der Adonismythe kommt der magische Gürtel der Aphrodite besonders zur Geltung, mit ihm verwandelte sie Adonis, der nun in heißer Liebe zu dieser Göttin erglühte. Adonis wurde später jedoch von Ares (zu dem wir noch kommen), der sich in einen wilden Eber verwandelt hatte, mittels seiner Hauer getötet. Und da, wo das Blut des jungen Schönlings in die Erde floß, wuchsen die ersten Anemonen.

Auch hier wieder das alte Symbol der Wandlung vom Dunkeln zum Schönen, vom Tod zum neuen Leben.

Diese Wandlungen vom Bösen zum Guten mögen es gewesen sein, daß Venus schon früher als kleine Glücksbringerin angesehen wurde. Aber das ist so nicht richtig. Venus kann sehr radikal verführen und die Menschen ins Unglück jagen. Als Helena verstand sie, große unerbittliche Kriege auszulösen.

Und wer nur den Frühling liebt und den Winter nicht genauso notwendig annimmt, dessen Leben dürfte nicht gerade harmonisch ablaufen. Kälte gehört zum Dasein genauso wie Wärme.

Und doch: Eigentlich wurde Venus schon immer nur als Abendstern angebetet. Damit kommen wir auf das schicksalhafte Bild des Himmels, das uns zur Konjunktion von Sonne und Mond führt.

Diese Konjunktionen sind einmal im Monat. Und wenn Venus sich mit dem Mond trifft, dann kann dies nur kurz vor oder nach einem Zusammenstehen von Sonne und Mond sein.

In der Nähe der Sonne erscheint der Mond aber immer nur sichelförmig, einmal als abnehmende oder sterbende Sichel, das andere Mal als zunehmende oder auferstandene Sichel.

Ist Venus Morgenstern, dann steht sie kurz vor Sonnenaufgang im Osten. Findet sich dann die abnehmende Mondsichel dort ein, dann sieht es so aus, als wenn die Venus den sterbenden Mond in die helle Dunkelheit oder in den hellen Tod führt.

Steht die Venus dagegen als Abendstern im Westen, nachdem die Sonne bereits untergegangen ist und die auferstehende Mondsichel erscheint, dann haben wir den Anblick, als würde Venus ohne Berührung den Mond am Himmel gebären.

Einmal also führt Venus in den Tod, einmal erweckt sie neues Leben. Dieses Bild prägte sich in die Seelen der Menschen unzerstörbar ein.

Deswegen finden wir heute in den katholischen Kirchen sehr häufig Maria auf einer Mondsichel stehend, und in der Mondsichel ist oft auch ein menschlicher Kopf zu finden. Einmal trägt die Jungfrau – vom Betrachter aus – das Kind auf der rechten, einmal auf der linken Seite.

Einmal ist die Madonna dunkel oder schwarz, ein anderes Mal hell und leuchtend. Jedesmal ist eine andere Venus gemeint, Venus als Abend- oder Morgenstern.

Diese zwei Gesichter der Venus sind (wie wir bereits beim Namen Ischtar ausführten) als die zwei Schwestern des Himmels in die Mythen eingegangen. Dabei sprach man meist von den feindlichen Schwestern, denn ihre Aufgaben waren grundverschieden.

Aus sumerischer Zeit kennen wir nur Innana und Ischtar, in Ägypten gab es viele Paare: So Isis und Nephthys, Sachmet und Bastet, sowie Amentit, die Göttin des Westens und Hathor, die Göttin des Ostens. In der Bibel waren es Maria und Martha, in Griechenland Aphrodite und Athena, in Rom Venus und Minerva und schließlich in der Nibelungensage Kriemhild und Brunhild. Hier ist die Symbolik besonders deutlich, da sie auch etwas über die himmlische Wanderung des Planeten Venus aussagt. Brunhild ist am Anfang das Symbol für den kämpferischen Morgenstern. Kriemhild als Symbol des Abendsterns versinnbildlicht die Liebe, aber dann wandelt sich Kriemhild in eine sich nur kämpferisch und unversöhnlich zeigende Herrscherin. Aus dem Abendstern wird immer ein Morgenstern, aus dem Morgenstern immer ein Abendstern. Das ist ein Gesetz des Himmels.

Astrologische Grundprinzipien:

Ob als Abend- oder Morgenstern – Venus symbolisiert unser Fühlen, unsere Liebe, die Kunstbedürfnisse, die Emotionen, die Einstellung zur Erotik. Zwischen Sonne und Venus kann höchstens ein Zeichen liegen. Wenn Venus nicht auch in dem Zeichen steht, in dem wir die Sonne finden, so weist das Fühlen oft eine Zerrissenheit in bezug zum Lebenskern auf.

Venus als Morgenstern

steht für die reale Gefühlswelt, für die Naturliebe, die Freude an eigenem Schaffen, für die greifbare, erklärbare Kunst, für Lebensfreude und praktische Lebensbewältigung. Genußsucht und Eitelkeit können Gefahren bedeuten, und manchmal kann die Liebe (genauer die Erotik) als Mittel zum Zweck eingesetzt werden. Venus als Morgenstern symbolisiert die Weiblichkeit, die „ihren Mann“ steht, verbunden mit einer harmonischen Ausstrahlung, die Freude bringt. Ein schönes, aber auch ein gesichertes Leben ist das Ziel.

steht für die himmlische Liebe, wobei Liebe oft als einziges Ideal angestrebt wird. Venus als Abendstern ist die Muse der Künstler, versinnbildlicht die sich opfernde Liebe, die allzeit hilfsbereit erscheint. Aber auch ihre Verführungskünste sind ausgeprägt, im Gegensatz zur Venus als Morgenstern, jedoch mit eher raffinierten Mitteln.

Liebe wird zur Kunst erhoben, und ein Abheben von der Realität ist durchaus möglich. Gefährdet ist diese Venus durch ihre Neigung zum Luxus, auch durch gewisse Exzentrik wie zum Beispiel Starallüren in der Öffentlichkeit und im Privatleben.

Mars: Die Kraft des Antriebs

Mars ist der erste äußere Planet. Er hat die Menschen immer sehr berührt, und nicht ohne Grund leben die Marsbewohner in den Phantasien der Erdmenschen.

Mars gilt als der rote Planet. Aber „rot" schimmert er nur vom Himmel, wenn er der Sonne in Opposition gegenübersteht. Er ist dann sehr erdnah. Wer den Lauf von Sonne und Mars beobachtet, wird merken, daß Mars für seine Wanderung durch die Ekliptik etwa doppelt soviel Zeit benötigt wie die Sonne. Außerdem scheint er mit der Sonne in stetem Kampf zu liegen. In Opposition zur Sonne ist er rückläufig und sehr langsam, als wolle er drohend auf das Zentralgestirn zugehen. Ist dann die Sonne beim Mars angekommen, dann versucht er, mit ihr Schritt zu halten, er ist so schnell wie sonst nie. Seine Bahn ist exzentrisch, daher sehr schwer berechenbar. Der große Astrologe Kepler war es, der sich besonders stark mit der Bahn des Mars beschäftigt hat, weil die Berechnung der Marsbahn um (nur) acht Bogenminuten ungenau war. Ihm verdanken wir viele astronomische Erkenntnisse zum Mars.

Mars ist ein kleiner Planet; sein Durchmesser beträgt 6.800 Kilometer, seine Masse entspricht nur zehn Prozent der Erdmasse. Er nähert sich der Erde manchmal bis zu 72 Millionen Kilometer, kann aber auch einen Abstand von 96 Millionen Kilometern aufweisen.

Astrologische Zuordnung:

Mars ist als erster äußerer Planet weder Abend- noch Morgenstern. Seine verwandte Kraft findet er im ersten Zeichen des Zodiak, im Abschnitt Widder. Früher waren ihm auch zwei Zeichen zugeteilt worden. Neben dem Abschnitt Widder der Abschnitt Skorpion.

Heute ist man der wohl richtigen Meinung, daß der erst 1930 entdeckte Planet Pluto seine verwandte Kraft im Zeichen Skorpion findet. Früher hieß es, daß Mars im Widderabschnitt seine helle Entsprechung fände, im Skorpionzeichen jedoch seine dunkle. Das war sicher falsch, schon die Trennung von hell und dunkel könnte man als für einen eindeutigen Planeten unzulässige Wertung auffassen.

Archetypisch:

Archetypisch empfindet auch jeder Laie, daß die Begriffe Mars und Kampf untrennbar verbunden sind. Mars wurde meist mit einem Schwert dargestellt, so daß sich der Begriff des Kriegers in die Seelen der Menschen eingeprägt hat. Dabei ist Mars nicht nur Kämpfer, sondern auch Bauer. Als Bauer allerdings kämpfte er immer für den Frühling und die damit wiedergewonnene Fruchtbarkeit und immer gegen den Winter.

Mars war auch der Gegensatz und die Ergänzung zur Venus. In den griechischen Mythen hieß es, daß Aphrodite und Ares/Mars ein Paar waren. Und es war dann ja auch der in einen wilden Eber verwandelte Mars, der Adonis (wie geschildert) tötete.

Alles, was mit Eifer zusammenhängt, wurde mit Mars in Verbindung gebracht, egal, ob es sich um Eifersucht oder aber um Strebsamkeit, um Ehrgeiz handelt.

In erster Linie galt Ares/Mars als Liebhaber der Aphrodite, wenn auch beide einander nie ewige Treue hielten.

Bei den Olympiern wurde Ares nicht so hoch eingeschätzt, ihnen war dieser Gott doch etwas zu kämpferisch. Achtung wurde ihm deswegen gezollt, weil er immerhin ein legitimer Sohn von Zeus und Hera war. Aber seine Leidenschaft wurde Ares/Mars immer wieder zum Verhängnis. Er hatte viele Kinder, und als eines, die Tochter Alkippe, von einem Sohn des Poseidon angegriffen wurde, tötete er diesen. Da klagten ihn die anderen Götter an, aber sie konnten Ares/Mars nicht verurteilen, weil es keine Zeugen gab.

Heute noch klettern viele Touristen auf den Felsen, den man in Athen in der Nähe der Akropolis Areopag (Hügel des Ares) nennt, weil dort das Gericht über ihn abgehalten worden war.

Letztlich galt Mars als unbesiegbar. Es gab nur eine einzige Gottheit, vor der Mars seine Knie beugte, und das war Venus. Für Venus tat Mars – in Rom als Gott des Krieges angesehen – fast alles. In Rom wurde Mars auch nach Jupiter als zweitwichtigster Gott verehrt. Aber er galt auch in Rom als bäuerlicher Gott, der die Ernte zu schützen hatte.

Hin und wieder wurde auch er des Kampfes müde, so daß er in tiefen Schlaf versank. Wollten die Römer Krieg führen, klapperten sie vorher symbolisch mit den Speeren im Heiligtum des Mars, um den Gott aus seinem Schlaf zu wecken.

Wenn es auch auf den ersten Blick so scheinen mag, Mars lebt nicht als archetypisch eindeutiges Bild in unseren Seelen. So existiert in Rom auch die Sage, daß die Göttin Juno Mars wunderbarerweise mit Hilfe einer heiligen Blume geboren habe. Man denkt da unwillkürlich an die Rose, die ihrer Dornen wegen auch als eine Blume des Mars galt. Flora, die Göttin der Blüten, reichte Juno diese heilige Blume, damit die Geburt (die sicher nicht leicht war) gelänge. Hier die Blumengeburt – dort manche Vergewaltigung – das zeigt die Zerrissenheit des Mars an. Deshalb enden auch die meisten Kriege, wenn sie nicht ehrenhaft gewonnen werden können, in Grausamkeit.

Astrologische Grundprinzipien:

Mars symbolisiert die Tatkraft, den Willen, den Trieb und den Ehrgeiz. Was Mars fehlt, ist die Sinnsuche: der Sinn für den Trieb, der Sinn für den Kampf, der Sinn für den Willen sowie der Sinn für den Ehrgeiz.

Aber die Kräfte, die Mars symbolisiert, sind entscheidend für unsere Startchancen, für das Vorwärtskommen! Nur reicht es eben nicht, Mars allein nach vorn zu schicken, wenn keine höhere Aufgabe zu erkennen ist, wenn das Ziel nicht feststeht.

Trieb ohne Liebe befriedigt auf die Dauer nicht, Ehrgeiz ohne Aufgabe auch nicht. Mars, der Kämpfer, braucht also Ergänzung und Führung oder – wenn diese nicht vorhanden sind – Herausforderungen. Marskräfte regenerieren sich immer wieder schnell, deswegen sind sie bei Erschöpfungen oder Krankheiten mit als erstes zu mobilisieren und zu motivieren. Die Planetenzahl des Mars ist die Drei.

Die Kraft, die durch Mars symbolisiert wird, überwindet die Tradition, ist also am besten revolutionär einzusetzen, aber sie birgt die Gefahr in sich, zuviel zu riskieren, und alles Bewährte zu vernichten. Wenn die Marskraft nicht in den Sinn eingebunden wird, schiebt sie alle Zweifel und zu langen Überlegungen weit von sich; die Aktivität an sich wird schon als Tat angesehen. So führt diese Kraft meist in eine Sackgasse, aus der sie dann befreit werden muß, denn Mars hat eigentlich keine Gabe dafür, rechtzeitig umzukehren.

Doch ohne die Kraft des Mars entwickelt sich nichts weiter, es gäbe keinen Fortschritt, keine Bewegung, keine neuen Startchancen.

Jupiter: Die Kraft der Sinnentfaltung

Jupiter ist der größte Planet unseres Sonnensystems. Dieser Planetenriese ist im Umfang elfmal so groß wie die Erde, und in ihm hätten 1.300 Erdkugeln Platz. Aber seine Dichte ist verhältnismäßig gering.

War es die Größe, sein helles Licht oder waren es die Zeitgesetze, die Jupiter im Lauf der Zeit zum großen Glücksplaneten in der Astrologie erhoben?

Die Zeitgesetze sind auffallend. Jupiter braucht zirka zwölfmal so lange Zeit wie die Sonne, um die Ekliptik zu durchlaufen.

Sonne/Jupiter stehen also im gleichen Zeitverhältnis wie Mond/Sonne, denn der Mond ist zwölfmal schneller als die Sonne.

So wurde Jupiter bald zur höheren Sonne stilisiert, und in den griechisch/römischen Mythen gilt Zeus/Jupiter als oberste Gottheit und nicht Helios/Sol. Jupiter ist der hellste Planet (außer dem Mond), nur manchmal können Venus oder Mars kurze Zeit heller wirken. Mars aber nur, wenn er in besonders guter Opposition zur Sonne steht. Auffallend sind die Monde des Jupiter (zwölf sollen es sein), so daß man auch an das Sonnensystem erinnert wird. Vier von den Monden hatte bereits Galilei entdeckt: Callisto, Ganymed, Io und Europa.

Astrologische Zuordnung:

Jupiter – der Planet zwischen Mars und Saturn – findet seine verwandte Kraft im neunten Abschnitt des Zodiak, im Abschnitt Schütze.

Einst hatte man ihn noch mit dem Abschnitt Fische in eine enge Beziehung gebracht, aber das erscheint rückblickend doch ein wenig willkürlich.

Heute wird die Meinung vertreten, daß der Neptun seine verwandte Kraft im Abschnitt Fische findet, was sicher richtiger ist. Das Wasserelement Fische (wird noch erklärt) ist kaum das Element des Jupiter.

Archetypisch:

Das Jupiterhafte in einem Menschen ist sehr archetypisch begründet. Daß Jupiter seinen Vater Saturn – ohne Mord – überwand, und damit seine Brüder (hier muß im weitesten Sinn gedacht werden, also nicht nur im Sinn naher Geschwister) befreite, sitzt tief in unseren Seelen. Denn den Vater zu überwinden oder besser als dieser zu sein, wenn man seine Nachfolge antritt, ist eine Jugendaufgabe für jeden, ob Frau oder Mann. Ebenso die Tatsache, daß der Vater den Sieg des Sohnes anerkennen und respektieren sollte.

Nachdem seine Geschwister befreit waren, war noch lange nicht Frieden, denn nun mußte Zeus/Jupiter mit ihnen kämpfen, ehe er seinen Siegesplatz im Olymp einnehmen konnte. Trotz dieser vielen Kämpfe mußte sein Charakter im Grunde friedlich und gerecht ausgeprägt sein, um in der Auseinandersetzung mit dem Unrecht (den Titanen) dann auch siegreich zu bestehen. Zeus kannte wie kein anderer die Menschen und die Götter. Von allen Göttern hatte er die menschlichsten Züge. Seine Begierden waren ungemein heftig, besonders, was das weibliche Geschlecht anging. Aber er urteilte sehr großzügig, denn er war auch der oberste Richter.

Eines bestrafte er allerdings hart, das war die Undankbarkeit. War jemand undankbar, dann holte er Blitz und Donner hervor, um Härte zu zeigen. Undankbarkeit ist auch heute weit verbreitet. Sie beherrscht die Menschen und raubt denen, die darunter zu leiden haben, die Lebensfreude. Hier kann oft nur ein Gewitter reinigend wirken. Ein Gewitter, von Regen begleitet, muß vorausgehen, wenn es Fruchtbarkeit geben soll.

Jupiter beschäftigte sich mit fast allen menschlichen Tätigkeiten, so daß Aischylos ihn „Luft, Himmel und Erde, das All und noch viel mehr“ nannte.

Trotz aller Großzügigkeit und Gerechtigkeit: Er verlangte Respekt. Eine alte, archetypische Erfahrung drückt sich in dem Satz aus: „Quod licet Jovi non licet Bovi". Was dem Jupiter erlaubt ist, ist dem Ochsen (noch lange) nicht erlaubt.

So durfte Zeus eben neben vielen Geliebten auch viele Ehefrauen besitzen. Seine Hauptgattin war zwar Hera, aber auch Metis (die Weisheit), Demeter (die Erdgöttin) und Leto, eine der Titaninnen.

So menschlich Zeus in seinen Eigenschaften schien, so hart konnte er gegen die Menschen sein und er dachte nicht daran, deren schweres Schicksal zu erleichtern. Als Prometheus dies versuchte und für die Menschen das Feuer vom Himmel stahl, schaltete Zeus ihn aus, indem er ihn an einen Felsen schmieden ließ, wo jeden Abend ein Adler kam, um an seiner Leber zu fressen. Für die Hilfe also, die Prometheus den Menschen erwiesen hatte, mußte er durch Zeus schweres Leid ertragen.

Erst Herakles befreite den Menschenfreund. Der Zwiespalt, der in allen Gottesmythen steckt, spiegelt sich also auch in den Zeusmythen wider, so daß Zeus/Jupiter – astrologisch gesehen – wahrlich nicht als das große Glück bezeichnet werden darf.

Die Lieblingstochter von Zeus war Athene, die kämpferische Göttin der Weisheit, die uns schon als Gegenpol zu Aphrodite begegnete. Sich von der Schönheit zur Weisheit zu entwickeln, das war sicher eine symbolische Aufgabe, die Zeus/Jupiter von seinen Mitgöttern und damit auch von den Menschen verlangte.

In Rom war neben Mars Jupiter der wichtigste Gott, nur waren hier die menschlichen Eigenschaften längst nicht so ausgeprägt wie bei den griechischen Gottheiten. Das mag auch der Grund sein, warum sich hier viel weniger Mythen um die Götter entwickelten. Wir müssen also trotz der astrologisch/römischen Namen immer zu den Griechen zurück, deren Kultur das Abendland und damit unsere Astrologie und ihre Symbole geprägt hat. Jupiter galt in Rom noch als Lichtgott, der über seine Gattin Juno (Hera) die Frauen und die Mütter beschützte und über die Ehe wachte. So wirkt Jupiter insgesamt erfahrener und reifer als Zeus, wohl auch mit ein Grund, warum er in kultischer Beziehung in Rom hinter Mars zurückstand. Was Jupiter schätzte, war witzige Schlauheit, die nach Klugheit strebt, und er wollte und konnte lachen. Jupiterhaftes Lachen, das dröhnende Gelächter im Olymp wurde zu einem weitverbreiteten Begriff.

Jupiter symbolisiert zuallererst einmal die sinnvolle Entfaltung. Er gibt den Marskräften ihre Aufgabe. Er vermittelt die Kraft, mit Optimismus den Lebenssinn zu finden und ihm nachzugehen. Dabei spielen Gerechtigkeit und Gläubigkeit schon eine große Rolle sowie Überzeugung von der Ordnung der Welt, wobei es mehr um die großen Linien geht, als um kleinliche Maßnahmen oder schikanierende Verbote.

Das Streben nach sinnvoller Aktivität bestimmt die Gesetze, das oft priesterliche Handeln den Alltag. Jupiter symbolisiert das Streben, scheinbar Unlebendiges zu Lebendigem zu wandeln. Diese Kraft respektiert, daß alle einen Wohlstand anstreben, ohne daß alle einer Meinung sein müssen. Sie verheißt nicht nur, daß jeder seines Glückes Schmied ist, sondern auch, daß jeder nach seiner Fasson selig werden kann und darf. Natürlich sucht diese Kraft Anerkennung, Lob und Zuspruch, denn auch die Eitelkeit will gestreichelt werden. Auf diesem Weg ist dann achtzugeben vor einer nicht immer echten Jovialität und einer prahlenden Ehrsucht. Die Planetenzahl des Jupiter ist die Zahl Vier, die in alle vier Himmelsrichtungen weist.

Ideale werden gefördert, obwohl durchaus bewußt ist, daß die reinen Ideale nicht lebensmöglich oder verwirklichbar sind. Das Missionieren wird immer schnell zur Realität zurückfinden. Eine wichtige Aufgabe ist, die Vorbildvision der inneren Zielsetzung auch wirklich umzusetzen. Der Stolpersteine, das nicht zu realisieren, sind leider nicht wenige.

Saturn: Die Kraft des Bewahrens

Saturn ist ein riesenhafter Planet. Er ist der letzte, ohne Fernglas deutlich zu erkennende Planet. Uranus sieht man mit bloßem Auge nur ausnahmsweise.

Daher hieß es früher, daß Saturn der Hüter der Schwelle sei. Auffallend bei diesem Planeten sind die ihn umgebenden Ringe, die aber erst viel später mit Fernrohren sichtbar wurden. Es ist zu bewundern, wie die ersten Sternkundigen, die diese Ringe nicht sahen oder kannten, sie trotzdem mit Intuition in die Saturnsymbolik einbauten, indem sie von Beschränkung, Zusammenhalten etc. sprachen.

Sein Licht ist nicht sehr glänzend. Der Umlauf durch die Ekliptik beträgt zirka 29 1/2 Jahre, was dem synodischen Umlauf des Mondes von Phase zu Phase in Tagen entspricht. Daher der biblische Satz, daß ein Tag gleich ein Jahr sei.

Saturn kann bei einer Umfanggröße von 120.700 Kilometern 740 Erdkugeln in sich aufnehmen, seine Masse ist dagegen nur 95mal größer als die der Erde.

Galilei konnte die Ringe mit seinem Fernrohr noch nicht deutlich erkennen, er hielt sie für zwei Trabanten. Da sich jedoch das Erscheinungsbild der Ringe veränderte, geriet Galilei völlig durcheinander. Der Gesamtdurchmesser des Ringsystems beträgt rund 280.000 Kilometer. Außerdem besitzt Saturn eine Reihe von Monden, wovon der Mond Titan der größte ist (Umfang 4.800 Kilometer). Vom Erdanblick her tritt Saturn gegen Jupiter ungeheuer zurück, nicht aber von der Symboldeutung.

Astrologische Zuordnung:

Saturn, der Hüter der Schwelle, wurde dem zehnten Zeichen der Ekliptik, dem Abschnitt Steinbock, zugeordnet.

Hier findet Saturn seine verwandte Kraft. Bis zur Entdeckung des Uranus im Jahre 1781 sollte er auch im Zeichen Wassermann seine Herrschaft ausüben. Nun, die Sache mit der „Herrschaft" gehört sowieso zum mittelalterlichen Aberglauben, und Saturn paßt überhaupt nicht zum luftigen Zeichen Wassermann. Viel richtiger ist, daß hier Uranus seine verwandte Kraft findet, und Uranus und Saturn sind in sich wunderbare Gegensätze, die sehr verschieden ausgerichtet sind, obwohl Uranus als Vater des Saturn gilt.

Archetypisch:

Die Mythen um Saturn sind vielsagend, auch widersprüchlich. Saturn gilt als die Gottheit, die sich als erste für die Zivilisation einsetzte. Von daher unerklärlich, daß Saturn später als das große Unglück angesehen wurde.

Die Planetenzahl des Saturn ist die Fünf.

In den Mythen war Saturn der Sohn von Ouranos und der Erdmutter Gaia (oder Gäa). In Griechenland hieß Saturn Chronos, auch Kronos geschrieben. Der Name weist darauf hin, daß er auch Herr über die Zeit war, somit das Ende bestimmen konnte. Heute noch trägt fast jeder Mensch ein Zeichen des Saturn mit sich herum, den Chronometer, die Armband- oder Taschenuhr. Die saturnische Beschäftigung mit der Zeit meint vor allem die abgelaufene oder ablaufende Zeit.

Saturn sollte als einziger Gott die Zeit der einzelnen Menschen verlängern können.

Die anderen Kinder von Gaia und Ouranos waren die Titanen, die immer schrecklicher wurden. Auch kamen riesige Ungeheuer zur Welt, die Kyklopen. Da erkannte die Erdmutter Gaia, daß so die Erde nicht zu retten wäre, sie drückte Saturn eine Sense, es wird auch von einer scharfzahnigen Sichel gesprochen, in die Hand (beide Waffen sind Mondsymbole), und forderte ihn auf, ihren Gatten, seinen Vater, zu töten. Saturn zögerte lange, dann griff er zur Sense und schnitt seinem Vater die zeugenden Geschlechtsteile ab. Damit wurde Saturn, der seinen Vater nicht tötete (Saturn hat nie jemanden getötet), zum fürchterlichsten Kind aller Kinder, zum Kind, das krumme Gedanken hegte.

Nach der Entmannung nahm Saturn die Geschlechtsteile und warf sie in hohem Bogen ins Meer, das nun – wie schon gesagt – Aphrodite gebar.

Jedoch diese Tat ängstigte Saturn sehr, weil er befürchtete, eines seiner Kinder würde das Schicksal an ihm wiederholen und auch ihn entmannen oder töten. So fraß er seine Kinder auf. Aber er fraß sie nur auf, damit sie in ihm reifen! Er tötete sie nicht. Er wollte, daß sie ihn eines Tages verstehen. Aber Rhea, seine Gattin, ertrug es nicht mehr, daß Saturn alle Kinder verschlang, so gab sie ihm statt des Sohnes Jupiter einen Stein zu essen, den Saturn gierig herunterschlang. Rhea verbarg den Knaben Jupiter, bis dieser groß genug war, um seine Geschwister zu befreien. Zwar besiegte er Saturn, aber auch er tötete seinen Vater nicht mehr, er verbannte ihn auf eine Insel, die später eine Insel des Friedens genannt wurde. Saturn hatte somit zwei Schritte zur Zivilisation gemacht, die Kette des Tötens als einzige Lösung von Problemen schien durchbrochen. Von Chronos/Saturn sagte man auch, daß er der Herrscher des Elysiums wurde, also der Herr des Paradieses. Das wäre folgerichtig, denn schon bisher hatte er die Schwelle zum Paradies gehütet. Dies würde auch eine Verbindung zu den ägyptischen Gottheiten erlauben; von ihnen wurde verlangt, daß sich jeder Gestorbene einer Prüfung unterziehen müsse, ehe er ins Reich der Seligen gelangen konnte.

Bei den Römern war Saturn hoch angesehen, die Reste seines großen Tempels zeugen heute noch davon. Er hütete den Staatsschatz, der in seinem Tempel untergebracht war. Die Saturnalien waren ein bedeutendes Fest in Rom, da alle Sklaven Narrenfreiheit genossen, und für eine kurze Zeit die Herrschaft antreten konnten. Saturn war im römischen Reich auch der Gott des Ackerbodens, und man sagt, sein Name leite sich vom Worte Sämann ab. Denn das Wintergetreide wurde in den Tagen der Saturnalien ausgesät, womit sich der Kreis schließt. Auch heute wissen die Landwirte noch, daß es auf die Zeit der Aussaat (wie auf die Zeit der Ernte) besonders ankommt. Auch in Griechenland galt Saturn bis vor der Geburt des Jupiter als uralter Korngott, denn mit der Zivilisation entwickelte sich auch der Ackerbau, die Menschen erkannten, daß es nicht ausreichte, alles der wildwachsenden Natur zu überlassen.

Saturn wurde mit der Herrschaft über die Zeit zum großen Erzieher.

Astrologische Grundprinzipien:

Saturn symbolisiert zuallererst die Prüfungen in und um uns. Er steht im symbolischen Sinn für die Verwurzelung und scheint die Kraft zu versinnbildlichen, die uns Halt gibt. Dazu gehört Beschränkung auf das Wesentliche, dazu gehören stete Besinnung und Hemmung grenzenloser Entfaltung.

Selbstbeobachtung und Prüfung sind hier angesprochen, also das Schicksalhafte, dem keiner entgehen kann. Saturn ist nicht das Symbol für Fatalismus, aber das Symbol, die Grenzen in uns aufzuspüren, die das Leben individuell von uns verlangt. Auf die noch vorzustellenden Häuser bezogen, hieß es einst mit gutem Recht, das Haus, in dem wir Saturn finden, das ist das Haus unseres Schicksals. Wie wahr!

Zur Schicksalsgestaltung gehört die Kraft, das Gute zu bewahren und sich auch für die Tradition, die Erbveranlagung zu entscheiden. Je älter man wird, um so mehr sieht man es ein, Saturn erzieht zur Verantwortlichkeit! Wer diese für sich und andere nicht findet, der mache nie Saturn dafür verantwortlich. So wirkt Saturn mit seinen Anforderungen immer eher etwas konservativ, was jedoch nur im geringen Rahmen stimmt. Echte konservative Einstellung hat noch nie den Fortschritt behindert.

Weitere Kräfte, die Saturn in uns symbolisiert, sind: Konzentrationsfähigkeit, Geduld, die Fähigkeit zu warten sowie Vorsicht bei zu weit gesteckten Zielen. Saturn hilft beim philosophischen Denken, hilft beim Überschwang der Emotionen, und er mahnt zu Selbstdisziplin und Beherrschung. Er scheut keine Hindernisse, wenn er diese auch lieber umgeht als einreißt.

Uranus: Die Kraft des Neuen

Uranus ist der erste der sogenannten Transsaturnier. Er wurde im Jahr 1781 entdeckt. Genauer muß es heißen: wiederentdeckt, denn die Griechen kannten Uranus mit Sicherheit, Euripides erwähnt ihn bei einer Himmelsbeschreibung.

Mit der Entdeckung von Uranus begann das Zeitalter der Technik bis hin zur Weltraumeroberung. Aber es geschah noch mehr. Im gleichen Jahr 1781 wurden in Paris die esoterischen Zirkel wiederbelebt, und der Tarot – zumindest die großen Arcana als das Buch über die Geheimwissenschaften der Ägypter angesehen.

Als Uranus von Friedrich Wilhelm Herschel entdeckt wurde, nannte er diesen Planeten Georgium Sidus (Stern Georgs) zu Ehren des englischen Königs Georg III, aber bald wurde der Name Uranus gewählt. Doch diesen Namen wählten die Astronomen – nicht die Astrologen! Der Mitarbeiter am Berliner Observatorium J.E. Bode taufte den neuen Planeten Uranus. Auch Uranus ist ein Riesenplanet, wenn auch nicht so groß wie Jupiter. Sein Äquatordurchmesser beträgt 49.000 Kilometer. Zu seinem System gehören fünf Satelliten. Zwei (Titania und Oberon) sind noch von Herschel entdeckt worden. Ariel und Umbriel wurden etwa 80 Jahre später, und der letzte Mond Miranda, erst 1948 am Himmel aufgespürt.

Mit der Entdeckung des Uranus meinten viele, nun sei die Astrologie endgültig enttarnt, da die geheiligte Siebenheit aufgelöst sei. Aber das Gegenteil war der Fall, die Aussagen vieler Astrologen wurden nur genauer und präziser.

Astrologische Zuordnung:

Der wiederentdeckte Planet Uranus wurde dem elften Zeichen der Ekliptik zugeordnet – dem Abschnitt Wassermann, in dem er seine verwandte Kraft findet. Man kann davon ausgehen, daß diese Zuordnung richtig ist, denn Uranus paßt zu dem luftigen, intellektuellen Zeichen Wassermann weitaus besser als Saturn. Uranus – wir bezeichnen ihn gerne als Ikarus unter den Planeten – will nach vielen Lernperioden das Eigenschöpferische im Menschen hervorbringen. Dabei ist er oft zu schnell reagierend, wie sich auch die Natur in der Wassermannzeit (Ende Januar bis Ende Februar) häufig zu früh entfalten will. Die Planetenzahl des Uranus ist die Sieben.

Archetypisch:

Uranus mußten wir schon bei Aphrodite/Venus oder Chronos/Saturn erwähnen.

Aus dem Chaos – was einst kein Wort für ein Durcheinander war, sondern die latenten Urkräfte in einer gähnenden Leere bedeutete – erwuchs Gaia, die Erdgöttin. Sie zeugte und gebar ohne fremde Hilfe Uranus, den Himmel, als jungfräuliche Geburt. Mit Ouranos (griechisch) gemeinsam hatte sie dann viele Kinder, unter anderem Saturn, aber auch die erwähnten Titanen und Kyklopen, weil die Zeugungskraft des Uranus unerschöpflich war. Eine wesentliche Prägung, die wir heute noch bei sehr uranischen Menschen bemerken können, wobei das Zeugen nicht nur leibliche Kinder betrifft.

Ouranos war auf seine Kinder eifersüchtig, und schloß sie daher im Innern der Erde ein. Hier sehen wir bereits die Erbfolge zu Saturn, der seine Kinder in sich einschloß. Als Chronos/Saturn seinen Vater kastrierte, fielen einige Tropfen Blut auf die Erde; so empfing die Erde erneut und gebar Furien und Riesen. Es war wie ein Fluch der bösen Tat.

Geschlechtslos mußte sich Uranus nun wandeln. Heute würde man sagen, daß die schöpferische Kraft gezwungenermaßen sublimiert werden mußte, damit die uranische Kraft erhalten blieb. Und sie blieb erhalten, wenn auch nicht direkt in den Mythen um Uranus, sondern mehr in den Mythen von anderen Gottheiten oder Personen. Zwei Gestalten der Sagenwelt, die so typisch „uranisch" sind, sollen hier genannt werden: Ikaros und Pegasos.

Zuerst zu Ikaros: Sein Vater war Daidalos. Daidalos lebte auf Kreta am Hofe des König Minos. Minos hatte die Oberherrschaft über Athen errungen, und verlangte dafür einen harten Tribut: Vierzehn athenische Jünglinge und Mädchen pro Jahr. Es war Theseus, der den

Kampf mit Minos aufnehmen wollte, und sich in die Schar der athenischen Jünglinge einreihte. Auf Kreta verliebte er sich schnell in Ariadne. Aber er war gekommen, um den bösen Minotaurus, ein Stierungeheuer, zu besiegen, das im kretischen Labyrinth tief unter der Erde lebte. Einem Ratschlag von Daidalos folgend, reichte Ariadne Theseus einen langen Faden, den dieser am Eingang festknotete und hinter sich herzog. So fand Theseus aus dem Labyrinth zurück und floh aus Kreta, nachdem er das Untier getötet hatte. König Minos bekam schnell heraus, daß es Daidalos war, ein ungewöhnlicher Ingenieur aus Athen, der bei Minos in Diensten stand, der den Ratschlag mit dem Faden gegeben hatte. Deswegen sperrte er Daidalos mit seinem Sohn Ikaros ins dunkle Verließ des Labyrinths seines Palastes.

Daidalos und Ikaros waren im Dunkeln gefangen. Im Dunkeln, aus dem alles Schöpferische geboren wird. Selten reichte man Daidalos zum Essen einige Kerzen. Die sammelte er, und formte aus dem Wachs und den Federn der Vögel für sich und seinen Sohn Ikaros Flügel, um der Gefangenschaft zu entfliehen.

Als die Flügel fertig und Ikaros angepaßt waren, ermahnte Daidalos seinen Sohn eindringlich, nicht zu hoch zur Sonne zu fliegen. Danach begann die Flucht. Aber Ikaros fühlte sich so beschwingt, so überglücklich, daß er unbedingt zur Sonne empor wollte. So, wie von Daidalos befürchtet, geschah es. Die warmen Sonnenstrahlen brachten das Wachs der Flügel zum Schmelzen, Ikaros stürzte ins Meer, und Daidalos mußte allein weiterfliegen.

Das Schicksal des Ikaros ist so typisch für alle ,,Uranier", die so oft zu hoch hinaus wollen und dann abstürzen. Wäre der Bremser Saturn mit im Spiel, könnte er (allein) den Absturz auffangen oder verhindern.

Aus einem ganz anderen dunklen Bereich, der aber doch Ähnlichkeit mit dem dunklen Labyrinth hat, kommt Pegasos. Pegasos lebte im Reich der Medusa, der das Haupt der Gorgo gehörte. Perseus versprach, das Haupt der Gorgo aus dem dunkelsten Reich zu holen. Dieses Haupt war selten häßlich und mit gewaltigen hauerähnlichen Zähnen ausgestattet, dazu ängstigten alle die weit hervorquellende Zunge und die lebendigen Schlangen, die die Gorgo an Stelle von Haaren auf dem Kopf trug.

Wer dieses Haupt nur ansah, der wurde auf der Stelle in Stein verwandelt und war somit der Gorgo hilflos ausgeliefert. Dieses Ungeheuer war bis dato noch nie besiegt worden.

Alle Heroen Griechenlands benötigten im Kampf gegen Ungeheuer, die in der Tiefe leben (meist in der eigenen Tiefe), eine Göttin, die hilft. Perseus fand die Hilfe. Es war die Göttin Athene. Sie reichte Perseus ihren blitzblanken Schild, und gab ihm Ratschläge mit auf den Weg, wie Gorgo zu besiegen sei. Der wichtigste Rat war, die Gorgo nicht anzuschauen, sondern den Schild wie einen Spiegel zu benutzen. Der Anblick über das Spiegelbild würde Perseus nicht lähmen, nur so könnte er das Haupt der Gorgo ins Helle bringen, und Medusa, die das Haupt trug, besiegen.

Perseus machte sich auf zur Reise ins Land der Gorgonen in der afrikanischen Wüste. Im Kampf mit der Medusa kehrte er ihr immer nur den Rücken zu. Schließlich schlug er ihr mit einer Sichel (die Waffe, mit der Saturn seinen Vater Uranus tötete) den Kopf ab. Danach setzte er einen Helm auf, der ihn unsichtbar machte und so konnten ihn die Schwestern der Medusa nicht sehen. Das geflügelte Roß Pegasos jedoch ergriff die Gelegenheit, aus der unteren, dunklen Welt der Gorgonen zu entfliehen, und es flog hoch hinauf zum Himmel.

Man erzählte sich auch, daß Perseus auf dem Pegasos der Gorgonenunterwelt entkommen sei. So näherte sich Perseus auf dem Rücken des Pegasos aus der tiefsten Dunkelheit dem Himmel und wurde somit zum Symbol der musischen, geistigen Schöpferkraft, die Uranus in der Astrologie darstellt.

(Unserer Meinung nach hätte man den Planeten auch Pegasus nennen können, das hätte manche Illusionen über Uranus verhindert, auch Ikaros hätte als Name einen Sinn ausgemacht.)

Astrologische Grundprinzipien:

Uranus symbolisiert in erster Linie die Kraft zum Aufbruch aus dem Dunkeln zum Licht. Damit ist er ein Sinnbild für das Neue, die Umkehr und alles von der Wende bis zur Revolution. Uranus ist unsere innere Schöpfungskraft, deswegen hat dieser Planet dasselbe grafische Zeichen wie die Sonne, nur noch mit einem senkrechten Pfeil nach oben versehen. Das bedeutet: Aus der Tiefe kommt der Wunsch senkrecht nach oben zur Sonne aufzusteigen. Uranus ist die Kraft der inneren, eigenen Sonne. Jeder Mensch hat diese Kraft, nur muß sie individuell und ganz persönlich ausgerichtet umgesetzt werden. Man kann sagen, es ist die Fähigkeit zur Intuition. Das Wort Intuition kommt von intuere, was soviel wie schauen heißt. Also die Schauung öffnet die Augen! Zur wahren Intuition gehören jedoch auch das Denken und Nachdenken. Wenn ich mich vorher mit einer Sache nicht gründlich beschäftigt habe, wenn ich nicht tief genug nachgedacht habe, kommt mir keine Intuition. Intuition ist also erlernbar – im Gegensatz zur Inspiration. Intuition bringt die zündende Idee, die befreit – so, wie Daidalos die Idee hatte, Flügel aus Wachs zu schaffen, was dann zur Befreiung führte.

Das Neue erkennen, aus Umwegen lernen, die innere Unruhe schöpferisch umsetzen, das führt in die Höhe! Oft in eine gefährliche Höhe, das ist die andere Seite, die dann auch als uranisch angenommen werden muß. Doch das Streben zum Licht, das bleibt. Immer und immer wieder! Nur so wird Verkrustetes abgestoßen, überwunden, und neue Ideen zünden!

Neptun: Die Kraft des Instinktes

Der Planet Neptun wurde auf recht geheimnisvolle Weise entdeckt. Uranus bewegte sich nicht so, wie man berechnet hatte. Es machte den Eindruck, als würde er durch einen anderen Himmelskörper gestört. So begann sich ein junger Astronom und Mathematiker mit Namen John Couch Adams mit diesem Problem zu befassen. Auch ein französischer Astronom Urbain Jean Joseph Le Verrier war zu ganz ähnlichen Entdeckungen wie Adams gekommen.

Überall in Europa begann man nach dem himmlischen Störenfried zu suchen. Entdeckt wurde er dann durch die Berliner Astronomen Johann Gottfried Galle und d'Arrest. Dieser Planet bekam sofort den Namen Neptun – von den Astronomen!

In der Größe entspricht dieser Planet mit seinem 47.000 Kilometer großen Äquatorialdurchmesser in etwa dem Uranus, benötigt jedoch die doppelte Umlaufzeit. Uranus braucht zirka 84 Jahre – Neptun fast 165 Jahre.

Neptun hat wohl nur zwei Satelliten, wovon Triton kurz nach dem Auffinden von Neptun entdeckt wurde. Triton ist einer der größten Monde des Sonnensystems. Der zweite Mond Nereide umläuft den Neptun auf einer sehr exzentrischen Bahn.

Neptun täuschte die Astronomen noch sehr lange, wie wir im nächsten Kapitel bei Pluto noch beschreiben werden.

Astrologische Zuordnung:

Neptun, früher den Griechen – zumindest auf Kreta – bekannt, wurde dem zwölften Zeichen der Ekliptik, dem Abschnitt Fische, zugeordnet, was sicher richtig ist. Man hatte das Fischezeichen ursprünglich Jupiter zugestanden. Aber was hat ein Feuerplanet für eine Verwandtschaft mit einem Wasserzeichen?

Neptun paßt viel richtiger zum Abschnitt Fische, zumal jeder Planet nur einen Abschnitt hat, in dem er seine verwandte Kraft findet. Die Planetenzahl des Neptun ist die Neun.

Archetypisch:

Neptun – griechisch Poseidon – ist in den Mythen auch recht bedeutsam, aber vielleicht ist das Archetypische insgesamt nicht so charakteristisch für die astrologischen Grundprinzipien.

Zunächst war Neptun/Poseidon ein Bruder von Zeus/Jupiter, der auch ihn aus dem Leib des Chronos/Saturn befreite.

Nach mehreren Kämpfen, die Zeus mit seinen Brüdern hatte (Hades/Pluto war der andere), teilte Zeus Poseidon die Meere als Herrschaftsbereich zu, was zusätzlich das Himmelsmeer – außer dem Olymp, den achten Himmel – einschloß.

In Kreta sind wir bereits dem König Minos begegnet, der es wagte, den Gott Poseidon zu betrügen. Anstelle eines prächtigen, weißen Stierbullen opferte Minos nur ein minderwertiges Tier; das sollte schwere Folgen haben. Poseidon strafte auf fast hinterlistige Art und Weise. Er versetzte die Gattin des Minos Pasiphae in eine maßlose, sexuelle Begierde, die nun kein Mann mehr befriedigen konnte. Pasiphae verlangte nach dem weißen Stier, den Minos nicht geopfert hatte. Aber dieser Stier zeigte kein Interesse.

Da kam das schon erwähnte Genie Daidalos der Pasiphae zu Hilfe. Er verbarg die Königsgattin in einer künstlichen, hölzernen Kuh, und der herrliche, weiße Stier ließ sich täuschen.

So wurde ein schreckliches Ungeheuer – halb Mensch, halb Stier – geboren. Wie aber das Ungeheuer bändigen? Zu diesem Zweck erbaute Daidalos das schon erwähnte Labyrinth, aus dem der Minotauros, das Stier/Mensch-Wesen, nicht herausfand, und in dem dann Theseus das Ungeheuer besiegte. List und Täuschung spielen hier folglich eine große Rolle. Und von beiden verstand Poseidon sehr viel. Als er die Erdmutter Demeter begehrte, beklagte sie zu diesem Zeitpunkt gerade den Verlust ihrer Tochter Persephone. Sie wehrte Poseidon ab. Aber Poseidon ließ sich nicht so leicht abweisen! Daher verwandelte sich Demeter in eine Stute und verbarg sich in einer Pferdeherde. Poseidon bemerkte dies, er wurde ein Hengst und begattete Demeter, die vor Zorn außer sich geriet.

In einem war Poseidon seinem Bruder Zeus sehr ähnlich: Auch er konnte, wir würden heute sagen, an keiner Schürze vorbeigehen. So wurde er häufig als ein etwas minderwertiger Zeus angesehen, weil er gröber war als dieser. Poseidon geriet mit vielen in Streit. So kämpfte er mit Athena um die Herrschaft Athens, er verlor und schickte eine Flut. Um Schaden von Athen abzuwenden, wurde Poseidon in dieser Stadt weiterhin verehrt, denn Poseidon strafte mit Fluten oder er ließ Flüsse austrocknen. Das Wasser beherrschte er wie kein anderer, und er setzte es, wenn er es für notwendig hielt, durchaus als Waffe ein.

Auch Neptun war in Rom ein Wassergott, auch hier wurde er später der Herr der Meere. So hatte Neptun große Macht, da er das Element beherrschte, das das Leben auf der Erde ermöglicht, das Wasser.

Astrologische Grundprinzipien:

Neptun symbolisiert zuallererst den Grundlebensinstinkt, der allen Wesen – ob Pflanze, Mensch oder Tier – zu eigen ist. Ohne diesen – man kann auch sagen Überlebensinstinkt, wenn man an die uralte Vergangenheit denkt – hätte sich der Mensch nicht durchgesetzt. Er hat überlebt, weil sich aus diesem Grundlebensinstinkt die Inspiration herausgebildet hat. Aber mit der Überschätzung des Verstandes versandete der Lebensinstinkt, was natürlich im einzelnen wie insgesamt zu schweren Täuschungen führte.

Wer seinen Instinkt verliert, sich nur noch nach dem Verstand richtet, wer die Vernunft zur Gottheit erhebt, der ist viel mehr gefährdet, als es sein Denken begreift.

Der Grundlebensinstinkt führt zur All-Liebe, die dem Menschen wohl auch abhanden gekommen ist. Und er beginnt, die Folgen vieler Taten zu ahnen, die allein vom Verstand geplant und ausgeführt wurden oder werden. Man sieht es am jetzigen Zustand der Welt und der Zivilisation am allerbesten und deutlichsten.

Um so mehr gilt es diesen Prozeß in der astrologischen Arbeit aufzunehmen und gerade im individuellen Bereich zu beachten. Denn bei Verlust dieses Instinkts kommt bei vielen eine Urangst auf, die früher warnte, heute jedoch nur die einzelnen und die Masse verstört. Innere Unruhe, Angst, Erschöpfungen, ja Hysterie sind die Folge. Alles Aspekte, die wir über Neptun klären können.

Pluto: Die Kraft der Machtansprüche

Über 50 Jahre lang ließen sich die Astronomen vom Planeten Neptun täuschen. Sie hatten angenommen, daß allein er es war, der für die unregelmäßigen Bewegungen des Uranus verantwortlich war. Neptun hatte sie getäuscht! Es war Percipal Lowell, der zu dem Schluß kam, daß es noch einen weiteren Planeten gäbe, und daß dieser vermutete Planet im Weltraum noch hinter Neptun laufen müsse.

Lowell stellte viele Berechnungen an, beobachtete den Himmel ununterbrochen, aber alles war vergeblich. Doch seine Arbeit nicht. 14 Jahre nach seinem Tod, 1930, wurde von Clyde William Tombaugh der Planet gefunden, dem man den Namen Pluto gab.

Die Bahn dieses Planeten ist sehr exzentrisch, vielleicht ein Grund dafür, daß man ihn so schwer entdeckte, obwohl seine Position fast richtig ausgerechnet war. Pluto läuft zwar überwiegend hinter der Bahn des Neptun, aber wenn er sie kreuzt, ist es Neptun, der dann für eine Zeit hinter Pluto herläuft. Pluto ist ein sehr, sehr kleiner Planet. Sein Durchmesser beträgt zirka rund 7.000 Kilometer. Um so größer ist dafür seine astrologische Bedeutung geworden.

Astrologische Zuordnung:

Pluto – bei den Griechen Hades – war im Gegensatz zu Uranus und Neptun diesen vorher nicht bekannt. Er wurde dem achten Zeichen des Tierkreises, dem Abschnitt Skorpion, zugeordnet, in dem er seine verwandte Kraft findet. Pluto wurde zuerst als dunkler Trieb – im Gegensatz zu Mars, dem hellen Trieb – angesehen. Nun, diese Auffassung hat sich zum Glück sehr geändert, obwohl Pluto immer noch als höhere Stufe des Mars gilt. Die Planetenzahl des Pluto ist die Null. Im Durchschnitt gilt Pluto als der langsamste Planet.

Archetypisch:

Hier müssen wir wieder auf den griechischen Hades zurückgreifen, dessen archetypisches Erbe sehr stark in uns lebt, daher erklärt sich die tiefe astrologische Bedeutung des Pluto.

Hades war ein Bruder von Poseidon und Zeus. Nachdem Zeus Hades aus dem Leib des Saturn befreit und seine Brüder besiegt hatte, wurde Hades die Unterwelt zugeteilt. Er hatte in der Erde zu verschwinden. Dadurch bekam er zwar eine große Macht, denn nun war er Herrscher über alle unterirdischen Schätze der Welt, aber er war doch auch recht einsam. Nur mit seinem Hund Cerberos und den Geistern ließ es sich nicht so gut leben.

Da raubte Hades/Pluto in einem vierspännigen, goldenen Wagen Persephone, die Tochter Demeters. Er hatte seinen Bruder Zeus zwar vorher gefragt und eine Erlaubnis für den Raub bekommen, aber als die zeternde Demeter schwor, die Erde verdorren zu lassen und für ewig unfruchtbar zu machen, befahl Zeus seinem Bruder, Persephone herauszugeben. Hades mußte einwilligen, aber die Bedingung war, daß Persephone nichts aus seinem Reich mitnehmen dürfe. Persephone tat dies aber doch, so mußte sie jedes Jahr für vier Monate zu Hades zurück. (Die vier Monate waren die Dauer des griechischen Winters.)

Persephone war vor allem von der dämonisch/erotischen Kraft des Hades angezogen, wie ja die meisten Menschen diesen Reiz in der eher dunklen Unterwelt suchen.

Zeus jedoch hatte keine Lust, noch einmal so einen Prestigeverlust hinzunehmen, wie Demeter ihn ihm bereitet hatte, so verbot er Hades, je wieder auf die Erde zu kommen.

Das wiederum konnte dieser nicht ertragen. Doch Göttern fällt ja etwas ein! Hades erfand die erste Tarnkappe der Welt. Mit der Tarnkappe versehen besuchte Hades zwar die Erde, aber er hatte kein Vergnügen daran. Was nutzt die Tarnung, wenn man dadurch mit keinem Menschen sprechen kann!

Das Verbot, die Erde zu besuchen, nagte sowieso am Stolz des Hades/Pluto, der sich durchsetzen wollte, aber nicht konnte! Um so mehr tat er dies dann in seinem Reich, wo er nichts ausließ, um seine Macht all jene spüren zu lassen, die – freiwillig oder nicht – zu ihm kamen. Nur ein einziger fand sich in der Welt des Hades gut zurecht, das war der geschmeidige Hermes/Merkur.

Was können wir daraus entnehmen? Nun, in jedem von uns leben Hadeswünsche. Einmal die Sehnsucht nach dem Dämonisch/Erotischen, dann aber auch der Wunsch nach Macht. Jeder will sein Machtpotential, das in ihm lebt, ausschöpfen, wenn auch meist nicht öffentlich, sondern eher getarnt. Meist ist dieser Wunsch so gut getarnt, daß kaum einer wagt, ihn auszuleben, ja sich zu ihm zu bekennen! Dies symbolisiert Pluto auf ganz besondere Weise, und es läßt sich recht gut an Hand eines Horoskops erkennen, auf welchem Interessengebiet sich die Wünsche verstecken oder wo sie kaum zu bremsen sind.

Oft wurde das Reich des Hades im fernen Westen angenommen, weil dort die Sonne, aber auch alle anderen Sterne, Gestirne und Planeten untergehen. Nur der Mond steht im Westen auf.

Abgesehen von den genannten Eigenschaften versuchte Hades gerecht zu sein, denn gerade in der Unterwelt wird die Ungerechtigkeit der oberen Welt aufgearbeitet und in einem Totengericht den Gestorbenen vor Augen geführt, wo ihre Lebensschuld lag.

Hier im Reich des Hades wurden die Eingetretenen von ihren Schuldgefühlen befallen. Die drei Furien – von Gaia geboren, gezeugt aus den Blutstropfen, die vom kastrierten Uranus auf die Erde fielen – achteten auf sittliche Ordnung. Sie waren fürchterlich anzusehen. Ihre Hundsköpfe mit Schlangenhaaren und Fledermausflügeln erheischten Respekt; so verlangten sie auch als „Wohlmeinende“ angesprochen zu werden.

Ins Haus des Hades konnte kein Licht gebracht werden, Helios, das Sinnbild der Sonne, sah zwar alles, aber er konnte nichts gegen das tun, was im Reich des Hades/Pluto geschah.

Orpheus gelangte in die Unterwelt, um seine Gattin Eurydike, die auf einer Flucht durch einen Schlangenbiß getötet worden war, zurückzuholen. Sein Lyraspiel bezauberte Hades derart, daß er Eurydike freigab. Nur eine Bedingung (Machtanspruch) stellte er: Orpheus sollte vorausgehen und Eurydike ihm folgen. Aber bis zum Ausgang zur Erde durfte sich Orpheus nicht umdrehen! Diese Bedingung hatte Orpheus nicht erfüllt. Aus mangelndem Vertrauen sah er sich um und erblickte Eurydike zum letzten Mal, die sofort in das Reich des Hades zurückgeholt wurde. Die Türen schlugen zu.

Pluto symbolisiert unsere dämonisch/erotischen Wünsche, doch vor allem unsere Machtansprüche. Diese Machtansprüche sind verbunden mit dem Wunsch, sich von der Masse abzuheben, um so eine gewisse Selbstachtung zu erreichen.

Die Kräfte des Pluto sind gewaltig, daher ist es wichtig, daß wir ihre Tarnung durchschauen. Das scheinen die Prüfungen zu sein, denen uns diese Kraft aussetzt.

Alles um die Plutokräfte wirkt geheimnisvoll und undurchsichtig. Dieser Planet fordert uns – neben Saturn – zu größter Selbstkritik und Eigenarbeit auf. Die leicht tyrannischen Eigenschaften, die in jedem von uns schlummern, verlangen eine Selbstdurchleuchtung besonderer Art.

Um sich die plutonischen Wünsche zu erfüllen, wird meist eine übergroße Phantasie freigesetzt, was oft zur völligen Erschöpfung führen kann – ja bis zur Selbstzerstörung reicht. Nicht die Selbstzerstörung durch Drogen, das wäre neptunisch, sondern durch das Auslaugen der eigenen Kräfte.

So treiben uns die plutonischen Eigenschaften zu Handlungen, die wir nicht mehr frei beherrschen. Der Autor ist der Meinung, daß sich im Horoskop die sogenannten Freud'schen Fehler durch Pluto zeigen, denn durch Tarnung und Nichtanerkennung des eigenen Machtanspruches versucht der Mensch sich anders zu geben, als er eigentlich ist. Das Plutonische drängt uns jedoch zur Tat, je mehr es unterdrückt wird. Dieses Problem des Hades lebt in uns, und es sucht sein Ventil.

Die Kräfte in der Übersicht

In dieser Übersicht soll mit einigen Stichworten noch einmal in Kurzfassung auf die zehn Hauptkräfte – durch Planeten symbolisiert – hingewiesen werden.

Zeichen:	Planetennamen:	Kräfte in Stichworten:
☉	Sonne	Bewußter Lebenskern, das Herz, alle Herzensangelegenheiten.
☽	Mond	Unbewußter Lebenskern, die Seele, die innere Tiefe, das Gemüt.
☿M	Merkur M	Das schnelle Handeln und Denken, die eher tagesausgerichtete Lebensweise.
☿A	Merkur A	Das eher nachdenkliche Handeln, die Vorsorge, die sichere Ordnung.
♀M	Venus M	Die Liebe, das Gefühl mit Sinn für die Realität. Pragmatische Künste.
♀A	Venus A	Die höhere Liebe, die Muse für alle Kunstarten, taktvolle Diplomatie.
♂	Mars	Der Wille und Antrieb, die Energie, Mut und Kampfbereitschaft.
♃	Jupiter	Die sinngerechte Entfaltung, die Gerechtigkeit, Einsicht und Glauben.
♄	Saturn	Die Beschränkung und Verwurzelung, die Bewahrung von Tradition.
♅	Uranus	Die Aufbruchskraft, das Neue, die Umkehr, die Wende, die Intuition.
♆	Neptun	Der Grundlebensinstinkt, die Inspiration, Sucht und Hellsichtigkeit.
⛢ ♇ ⯓	Pluto	Die Machtdurchsetzung, Abheben von der Masse. Das Dämonisch-Erotische.

Mit diesen Stichworten läßt sich zuerst sehr gut arbeiten. Geben wir einige Beispiele, wobei es auf die Art der Aspekte noch nicht ankommt, die werden erst später mit einbezogen.

Jupiter/Saturn	= Bewahrende Entfaltung
Sonne/Venus A	= Gefühlvoller, bewußter Lebenskern
Mond/Merkur M	= Seelisch geprägtes, unbewußtes Handeln
Merkur M/Venus A	= Schnelles Denken in taktvoller Diplomatie
Mars/Saturn	= Traditionell ausgerichtete Kampfeskraft
Uranus/Pluto	= Machtbewußte Intuition
Neptun/Jupiter	= Sinnvoll sich entfaltende Inspiration
Mond/Uranus	= Wandel der inneren Tiefe
Sonne/Saturn	= Traditioneller bewußter Lebenskern
Mond/Venus A	= Seelisch geprägtes, musisches Gefühl
Jupiter/Merkur M	= Sinnvolle, tiefe Handlungsentfaltungen

Die Kombinationen sind selbstverständlich nur Anregungen und keine Kochbuchrezepte. Es steht jedem frei, seine eigenen Kombinationen zu finden. Auch die Bedeutung der Planeten kann – wenn auch nicht sehr abweichend – variiert werden.

Kapitel 4:
Der Jahresmeßkreis der Sonne oder der Zodiac

Wie der Zodiac entstanden ist, haben wir beschrieben, jetzt gilt es ihn zu nutzen. Dieser Tierkreis ist ein reiner Meßkreis und er wird auf einem Horoskopformular festgehalten.

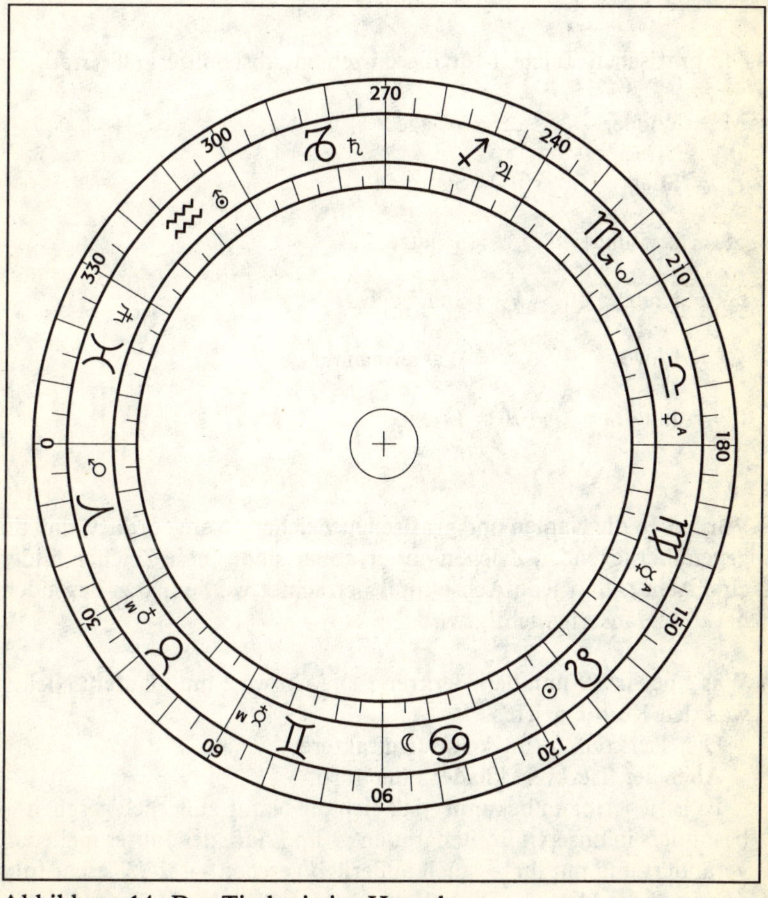

Abbildung 14: Der Tierkreis im Horoskop

Der Meßkreis beginnt bei 0 Grad in der Mitte links vom Betrachter. Gezählt wird gegen den Uhrzeigersinn. Immer wenn ein dicker Strich kommt, der ein neues Zeichen anzeigt, finden wir eine Zahl, die durch 30 teilbar ist. Wir haben zwölf Abschnitte. Der Tierkreis hat also 360 Grad (360 Grad = 0 Grad). Jeder Grad hat 60 Bogenminuten, jede Bogenminute 60 Bogensekunden.

Gradzeichen	=	°
Bogenminute	=	'
Bogensekunde	=	"

Die grafischen Zeichen für die einzelnen Abschnitte à 30 Grad.

♈ = Widder	♎ = Waage
♉ = Stier	♏ = Skorpion
♓ = Zwillinge	♐ = Schütze
♋ = Krebs	♑ = Steinbock
♌ = Löwe	♒ = Wassermann
♍ = Jungfrau	♓ = Fische

Wir haben die Namen und grafischen Zeichen so angeordnet, daß die gegenüberliegenden Zeichen gut erfaßbar sind. Diese Zeichen bilden eine Achse, und jede Achse muß betrachtet werden, was besonders bei den Häusern wichtig wird.

Was „bewirkt" nun der Tierkreis? Die Antwort muß lauten: Nichts, was den Kern betrifft.

Der Tierkreis formt keine Charaktere.

Aber der Tierkreis kleidet oder färbt.

Es ist jedermann bekannt, daß sich die Natur äußerlich gesehen – besonders in unseren Breitengraden – im Laufe des Jahres mehrfach verändert und mit ihr – auch äußerlich gesehen – alle Wesen, folglich auch der Mensch. Diese Veränderung wird durch die Schiefe der

Ekliptik zum Himmelsäquator bewirkt, die auch für die vier Jahreszeiten und deren Einteilungen verantwortlich ist.

Wir Menschen bemerken den Weg der Sonne um die Erde, der jedoch eine Täuschung ist, da sich die Erde in Wirklichkeit um die Sonne bewegt. Die Veränderungen sind jedoch eindeutig erkennbar.

Nur charakterlich wird nichts verändert! Wie schon ausgeführt: Eine Gebirgslandschaft bleibt eine Gebirgslandschaft im Frühling oder Sommer, im Herbst und Winter, genauso wie eine Seelandschaft eine Seelandschaft bleibt, oder eine Heidelandschaft stets eine Heidelandschaft sein wird.

Aber: alle Landschaften sehen in den verschiedenen Jahreszeiten verschieden aus. Die Menschen verhalten sich jeweils anders und sie kleiden sich der Jahreszeit angepaßt, doch ihr Grundcharakter bleibt! Ein Seemann wird kein Senner, ein Heidebauer kein Winzer. Jeder bleibt im Tiefsten, was er von Geburt her war.

Wir müssen uns das immer wieder einprägen, sonst kommen wir zu keiner guten astrologischen Menschenkunde, gehen bei der Selbsterkenntnis oder Beratung immer wieder von falschen Voraussetzungen aus und bleiben so im schematischen Denken hängen.

Es ist nicht zu leugnen, daß die Namen der Tierkreisabschnitte sich verselbständigt haben. Der Name Widder bedeutet immer noch irgendwie „mit dem Kopf durch die Wand", der Name Krebs „zwei Schritte vor, einen zurück". Der Löwe läßt auf autoritäres Verhalten schließen, die Jungfrau ist prüde, der Name Skorpion erinnert an den tödlichen Stachel und so fort.

Aber: *Namen sind Schall und Rauch,* wie es die Geschichte beweist. Bei den Babyloniern hieß der Abschnitt Widder Tagelöhner, die Jungfrau war eine Ähre, Steinbock wurde Ziegenfisch genannt. Der Stier war in China der Hahn, der bei den Ägyptern der Hund hieß. Die Ägypter sagten statt Krebs Käfer, und die Chinesen sprachen vom Schaf.

Der Abschnitt Zwillinge wurde im alten China als Affe und in Ägypten als Schlange bezeichnet. Unser Abschnitt Löwe hieß auch das Pferd, später Esel.

Widder war einst die Ratte, und die Ägypter sagten dazu Ibis und meinten den storchenartigen Stelzvogel aus Afrika. Wenn wir die Fische mit dem Christentum in Verbindung bringen, dann müssen wir wissen, daß dieser Abschnitt in Ägypten Krokodil hieß, während die Chinesen für dieses Zeichen vom Schwein sprachen.

Man sieht, schnell ist ein beachtlicher Zoo zusammengekommen.

Leider rufen diese plastischen Namen unweigerlich Assoziationen hervor, die jeweils in die Deutung mit einflossen und -fließen. Die Unterschiede der jeweiligen Assoziationen für denselben Tierkreisabschnitt belegen klar, daß diese Art der Deutung falsch sein muß.

Kommen wir nun zu den vier Jahreszeiten, der ersten Grundeinteilung. Sie wird durch die Schiefe der Ekliptik von 23 Grad und 27 Bogenminuten (23° 27') bestimmt.

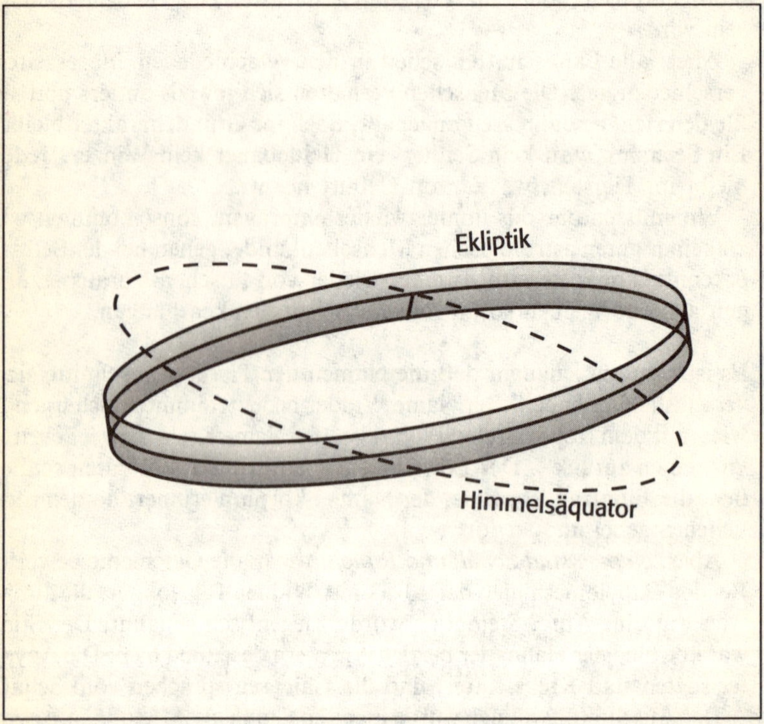

Abbildung 15: Schiefe der Ekliptik I.

Die Abbildung zeigt durch die gestrichelte Linie den Himmelsäquator an. Die mittlere Linie der drei durchgehenden Linien stellt die genaue Erd- oder scheinbare Sonnenbahn dar. Diese Ekliptik wurde nun nach jeder Seite etwas erweitert, um alle Planeten, die die Sonne umkreisen, erfassen zu können.

Wie sich nun die Schiefe der Ekliptik auf die Länge der Tage und Nächte auswirkt, zeigt am deutlichsten eine Abbildung aus dem Buch von Heinrich Kündig „Das Horoskop" im Ansata-Verlag.

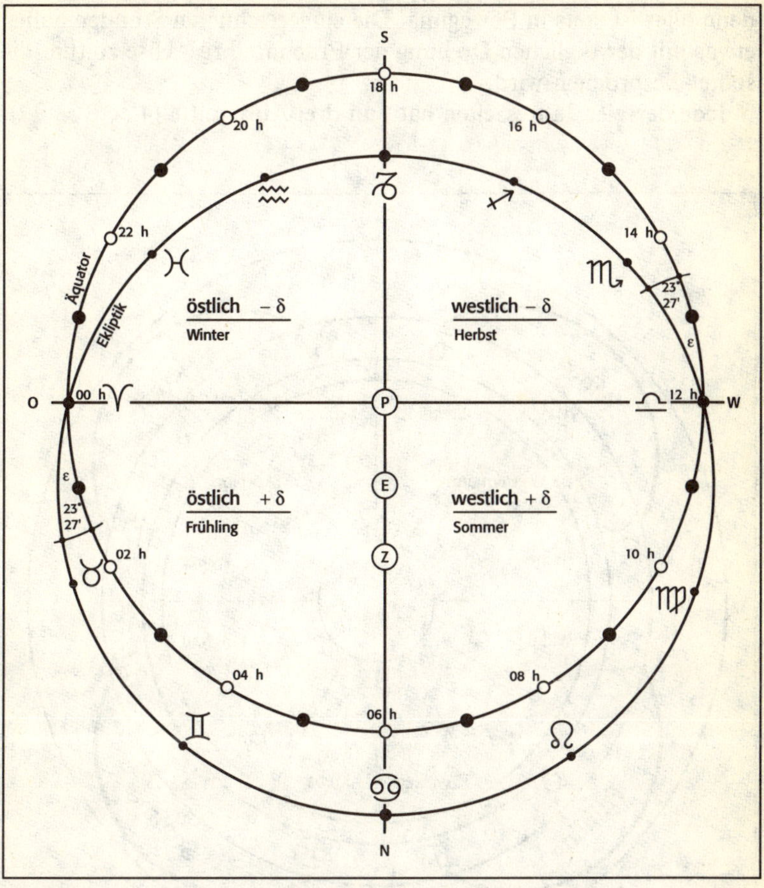

Abbildung 16: Schiefe der Ekliptik II (nach Kündig)

Hier sehen wir, wie sich Ekliptik und Äquator bei 0° Widder und gegenüber bei 0° Waage schneiden. Wir erkennen die längeren Tage an den zwei unteren Linien, daß bei 0° Krebs der Tag am längsten ist (ausschlaggebend ist die Linie der Ekliptik). Das P in der Mitte zeigt den Himmelsnordpol. E ist der Ekliptiknordpol und Z der Zenit.

Mehr benötigt der Astrologe zum allgemeinen Verständnis für die Jahreszeiten kaum, außer dem Wissen, daß die vier Jahreszeiten hereinbrechen, sich manifestieren und stabilisieren, also fest werden, und daß sie sich am Ende ihrer Zeit der kommenden Jahreszeit anpassen, denn alles ist stets in Bewegung. Die eingezeichneten Stunden haben etwas mit der täglichen Drehung der Erde um ihre Achse zu tun, die später besprochen wird.

Jede der vier Jahreszeiten hat nun drei Abschnitte (4 × 3 = 12).

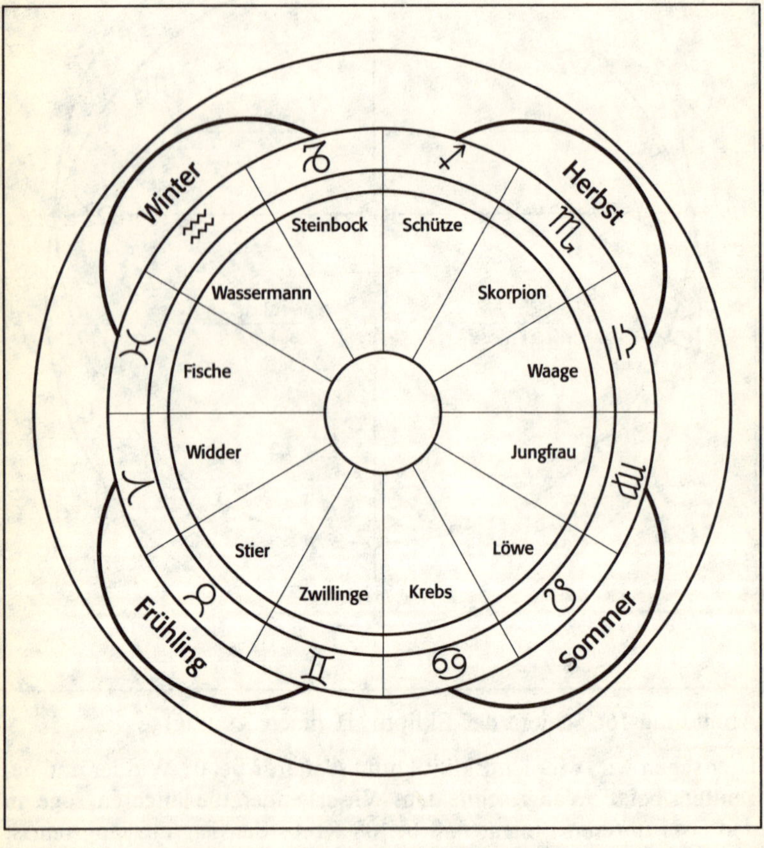

Abbildung 17: Die Tierkreisabschnitte und die Jahreszeiten

Je drei Abschnitte werden nun nach einer alten Erfahrung eingeteilt, um – wie eben erwähnt – die Motorik der jeweiligen Jahreszeit zu erfassen. Motorik bedeutet hier soviel wie innerer Schwung, der ja auch meist differenziert ist: Alles, was bewegt wird, wird stabil, und schwingt wieder ab.

Die Motorik in der Astrologie hat drei Formen:

1. Bewegend
2. Fest
3. Anpassend.

Auf die vier Jahreszeiten bezogen heißt dies:

Die Jahreszeit bricht bewegend herein, sie ist fest (oder stabil), und sie paßt sich danach der kommenden Jahreszeit an.

Die Jahreszeiten:

Bewegend = Widder (Frühling), Krebs (Sommer), Waage (Herbst) und Steinbock (Winter).
Fest = Stier (Frühling), Löwe (Sommer), Skorpion (Herbst) und Wassermann (Winter).
Anpassend = Zwillinge (Frühling), Jungfrau (Sommer), Schütze (Herbst) und Fische (Winter).

Es folgen jetzt einige grafische Übersichten.

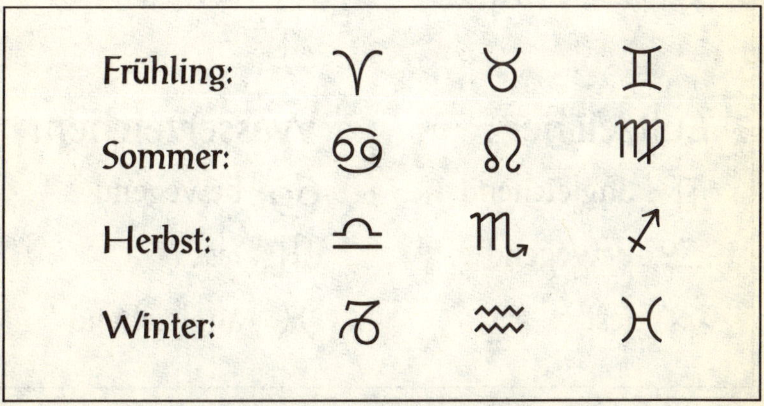

Abbildung 18: Grafische Übersicht der Tierkreiszeichen in den vier Jahreszeiten

bewegend:	♈	♋	♎	♑
fest:	♉	♌	♏	♒
angleichend:	♊	♍	♐	♓

Abbildung 20: Die grafischen Zeichen und ihre Motorik

Feuerzeichen:		Erdzeichen:	
♈	bewegend	♉	fest
♌	fest	♍	angleichend
♐	angleichend	♑	bewegend

Luftzeichen:		Wasserzeichen:	
♊	angleichend	♋	bewegend
♎	bewegend	♏	fest
♒	fest	♓	angleichend

Abbildung 19: Übersicht über die Tierkreissymbole und ihre Motorik, geordnet nach Elementen

Nun haben die Alten noch eine wichtige und bewährte Einteilung vorgenommen. Und zwar die Einteilung in Tag und Nacht. Die Namen waren Tag und Nacht, zeigten aber Qualitätswertungen, die es nicht geben darf. Dann wählte man die Namen plus und minus, was auch eine Wertung darstellte. Auch die Benennung von männlich und weiblich galt lange Zeit als Maßstab, als der Mann sozusagen allein die Vorherrschaft hatte. Besser war dann die Benennung in zeugend und empfangend oder in anrufend und antwortend. Heute, da die Gleichberechtigung zwischen Frau und Mann hergestellt ist, kann man wieder zu den alten Namen männlich und weiblich zurückkehren.

männlich		weiblich	
♈	bewegend	♉	fest
♊	angleichend	♋	bewegend
♌	fest	♍	angleichend
♎	bewegend	♏	fest
♐	angleichend	♑	bewegend
♒	fest	♓	angleichend

Abbildung 20: Die Polarität und Motorik der Tierkreiszeichen

Die Einteilung in männlich und weiblich kam aus der Überlegung heraus, daß ein Tag ein Jahr wäre. Der Tag ist das Reich des Mannes, die Nacht das Reich der Frau. Diese Einteilung hat sich recht gut bewährt, ist jedoch nicht entscheidend. Hier darf nicht der Fehler gemacht werden, daß ein Planet im weiblichen Zeichen andere Wertungen erhält als im männlichen Zeichen! Bei manchen mechanischen Auswertungen über Zahlen wird dies jedoch gerne gemacht.

Im Laufe der Entwicklung der Astrologie kam es nun zu einer besonderen Wandlung, die auf die Griechen zurückgeht und die hervorragende Ergebnisse zeitigte.

Es war die Elementlehre des Aristoteles, die in die Astrologie Eingang fand. Dieser große Denker hatte herausgefunden, daß die vier Elemente Feuer, Erde, Luft und Wasser alles Leben beherrschen, daß das Zusammenspiel von Erde und Wasser, von Luft und Feuer alles Dasein bestimmt.

Diese Elementlehre, auf die wir hier nicht näher eingehen müssen, wurde also auch auf die Astrologie übertragen. Das heißt, die vier Elemente wurden den zwölf Tierkreisabschnitten als Prägung zugeteilt. Da wir zwölf Zeichen haben und vier Elemente, nimmt jedes Element die Prägung von je drei Zeichen vor.

Die Einteilung nach Elementen gibt die Temperamente wieder.

So sind die Feuerelemente in der Gefahr, cholerisch zu sein. Die Erdelemente in der Gefahr, zu phlegmatisch zu reagieren, die Luftzeichen sind eher dem Sanguinischen zugeneigt, während die Wasserelemente eher melancholisch reagieren können.

Die nächste Abbildung zeigt alles bisher Beschriebene auf den Tierkreis projiziert.

Man kann deutlich erkennen, daß nun kein Abschnitt oder Zeichen mehr einem anderen gleicht. So erhält jeder Abschnitt seine einmalige Differenzierung und Aussage.

Feuer- und Luftzeichen sind zwar immer männlich, wie Erd- und Wasserzeichen immer weiblich sind, aber ein Feuerzeichen ist von der Motorik her bewegend, eines fest, und das dritte angleichend. Das gilt für alle Elemente.

Was ebenfalls auffällt, ist die Tatsache, daß jeder Jahreszeit ein Element fehlt.

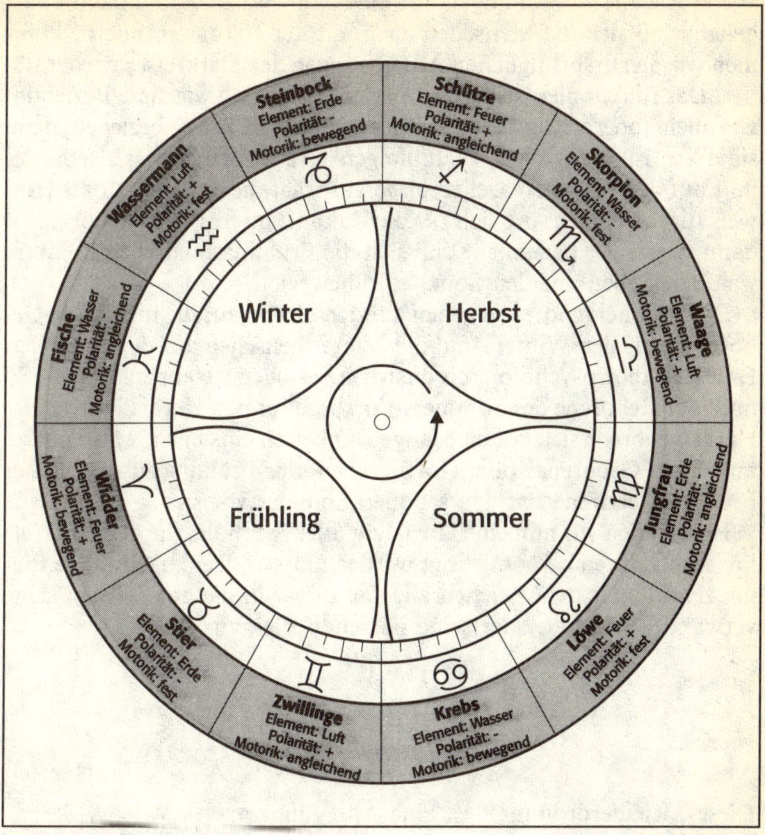

Abbildung 21: Gesamtübersicht Tierkreis mit allen Einteilungen

Das Frühjahr hat kein Wasser.
Der Sommer hat keine Luft.
Der Herbst keine Erde.
Der Winter kein Feuer.

Im Frühling – nach der Schneeschmelze – darf nicht noch mehr Wasser kommen. Im Sommer ist in der Zeit der Reife eine starke Windbewegung höchst unerwünscht. Im Herbst ist die Erde abgeerntet, sie ruht sich aus, und im Winter fehlt das Feuer.

Wenn wir alle Zuordnungen auf die Natur beziehen und davon ausgehen, daß sich die Menschen auch mit der Natur verändern, kommen wir den ursprünglichen Auffassungen des Tierkreises wieder näher. Das funktioniert selbstverständlich nur, wenn wir diese Beziehungen allein (oder wenigstens überwiegend) auf die Sonne beziehen, denn sie allein ist ja für diese Wandlungen verantwortlich. Daß sich dies im Lauf der Zeit auch archetypisch ausprägt, liegt nahe (nur als Hinweis für diejenigen, die sich für die Zukunft interessieren). Vor allem dann, wenn wir bedenken, daß sich die Frühlingsmenschen in ihrem weiteren Leben auf den Sommer zubewegen.

Die Sommergeborenen gehen auf den Herbst zu, die im Herbst Geborenen auf den Winter, und die Wintermenschen auf den Frühling. Daß sich dies psychologisch auswirkt, erscheint wahrscheinlich. So muß der Geborene des Sommers Vorsorge für den Herbst leisten, der Herbstgeborene sich auf eine lange Dunkelzeit einstellen, während der im Winter Geborene voller Hoffnung auf den Frühling zusteuert. Der Frühlingsgeborene hat den schönen Sommer vor sich.

Hier finden wir nun eine Übersicht aller Symbole, die bei den Tierkreisabschnitten berücksichtigt werden müssen. Der zugeordnete Planet zeigt hinter dem Zeichen an, daß dieser in diesem Zeichen seine verwandte Färbung oder seine passende Kleidung findet.

Die Kleider der Planeten

Diese „Kleiderordnung" ist eine Anregung.
Jeder kann ein anderes – aber passendes – Kleid wählen.
Wir schlagen als Anregung vor:

Zeichen	Verwandter Planet	Kleid
Widder	Mars	Kampfanzug
Stier	Venus als Morgenstern	Ländliche Tracht
Zwillinge	Merkur als Morgenstern	Reiseanzug
Krebs	Mond	Stimmungsvoller Sommeranzug
Löwe	Sonne	Prachtvolle Ziviluniform, Frack oder Robe

Zeichen	Symbol		Planet	Element	Motorik	Polarität
Widder	♈	=	♂	Feuer	bewegend	männlich
Stier	♉	=	♀^{M}	Erde	fest	weiblich
Zwillinge	♊	=	☿^{M}	Luft	angleichend	männlich
Krebs	♋	=	☽	Wasser	bewegend	weiblich
Löwe	♌	=	☉	Feuer	fest	männlich
Jungfrau	♍	=	☿^{A}	Erde	angleichend	weiblich
Waage	♎	=	♀^{A}	Luft	bewegend	männlich
Skorpion	♏	=	♇	Wasser	fest	weiblich
Schütze	♐	=	♃	Feuer	angleichend	männlich
Steinbock	♑	=	♄	Erde	bewegend	weiblich
Wassermann	♒	=	♅	Luft	fest	männlich
Fische	♓	=	♆	Wasser	angleichend	weiblich

Abbildung 22: Gesamtübersicht der Zusammenhänge von Tierkreiszeichen, Planeten, Elementen, Motorik und Polarität

Jungfrau	Merkur als Abendstern	Dauerhafter Arbeitsanzug
Waage	Venus als Abendstern	Elegantes Coktailkleid oder Anzug, der immer paßt
Skorpion	Pluto	Schockierende Bürgerschreck-Kleidung
Schütze	Jupiter	Teure Reiterkluft
Steinbock	Saturn	Bergsteigerkleidung
Wassermann	Uranus	An Weltraum erinnernde Kleidung, stets schillernd
Fische	Neptun	Nonnen- und Mönchskluft

Dies sind Vorschläge für die eigene Intuition und Inspiration. Saturn in einer Mönchskutte tritt sicher anders auf als in einer teuren Reiterkluft, aber er bleibt immer Saturn.

Aufgrund der bereits besprochenen Widersprüchlichkeit der Assoziationen arbeitet der Autor kaum mit den Namen der Tierkreisabschnitte. Dürfen wir Ihnen dazu folgende Anregung geben: Es ist oft besser, planetenbezogene Aussagen zu machen, statt zu sagen „die oder der ist ein Widder". Also lieber:

Widder	Kinder des Mars
Stier	Kinder der Venus als Morgenstern
Zwillinge	Kinder des Merkur als Morgenstern
Krebs	Kinder des Mondes
Löwe	Kinder der Sonne
Jungfrau	Kinder des Merkur als Abendstern
Waage	Kinder der Venus als Abendstern
Skorpion	Kinder des Pluto
Schütze	Kinder des Jupiter
Steinbock	Kinder des Saturn
Wassermann	Kinder des Uranus
Fische	Kinder des Neptun

Diese Aussagen stützen sich darauf, daß in den einzelnen Abschnitten jeder Planet seine ideale Kleidung findet, so daß er mit dieser am besten in Erscheinung tritt.

Das muß nicht übernommen werden, aber es hat den Vorteil, endlich mit den in der Banalastrologie arbeitenden Begriffen aufzuhören. Auch nähern wir uns dadurch wieder dem Ursprung der Astrologie, den Planeten. Denn diese – man kann es nicht oft genug wiederholen – sind das Herz der Sternenkunde!

Der Kern der Planeten bildet die Grundlage unserer astrologischen Aussagen und ihrer Deutungen und nicht seine Kleider. Das dürfen wir nie vergessen!

Eine Bemerkung noch zu den Horoskopformularen.

Sie fallen immer sehr verschieden aus. Viele Gestalter oder Grafiker wissen nichts von den archetypischen Bezügen dieser Zeichen. Im Buch: „Das Horoskop – seine Deutung und Bedeutung" hat der Autor dies dargelegt. Aber man begegnet immer wieder den verschiedensten grafischen Ausführungen, deswegen wollen wir hier auch verschiedene Horoskopzeichnungen zeigen, damit man sich daran gewöhnt. Auch die Planeten werden oft verschieden gestaltet. Besonders auffällig bei Uranus und noch auffälliger bei Pluto. Fast alle Computerhoroskope zeichnen Pluto mit einem großen „P", was sicher nicht ganz richtig ist, aber es ist hinzunehmen. Damit können wir uns nun den einzelnen Abschnitten der Ekliptik zuwenden. Wir lassen aber – aus schon angegebenen Gründen – allein die Sonne in der Betrachtung gelten.

Wir gehen dabei von den zwölf sich jeweils verschieden zeigenden Monaten aus.

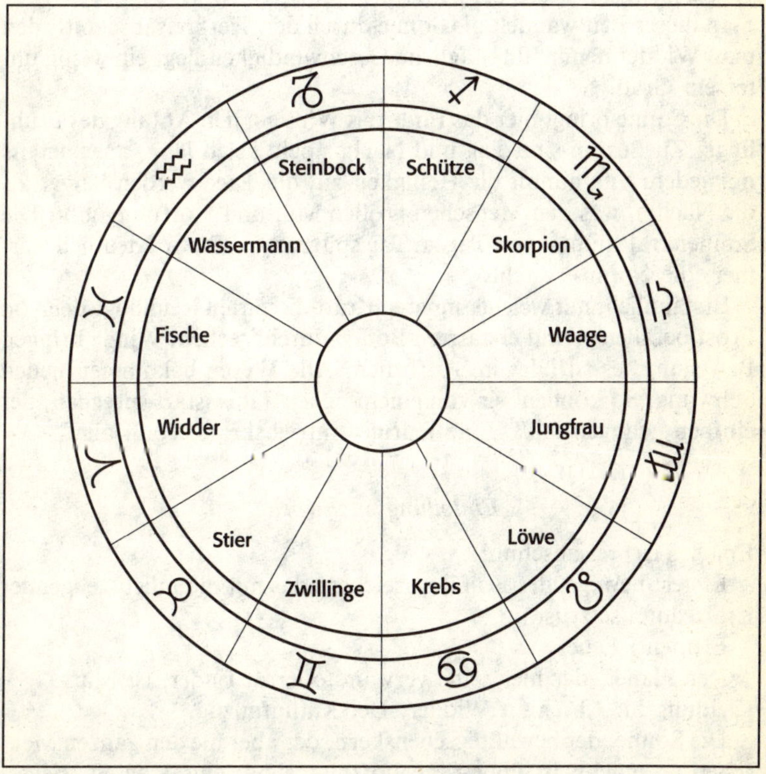

Abbildung 23: Die Namen und Zeichen der Ekliptik

Der scheinbare Durchlauf der Sonne durch die Ekliptik beträgt 365 1/4 Tage. So geht die Sonne dem bürgerlichen Kalender von 365 Tagen immer pro Jahr um einen Vierteltag voraus. Deswegen schieben wir alle vier Jahre einen Schalttag ein. Das führt dazu, daß die Sonne nicht alle Jahre den Punkt 00 Grad Widder am gleichen Datumstag erreicht, und auch nicht zur selben Stunde. So beginnt kein astrologisches oder tropisches Jahr zu genau derselben Zeit wie das vergangene oder kommende.

Zeit des Mars: Abschnitt Widder

Widderzeit: 20. März bis 20. April

In dieser Zeit wandelt die Sonne durch den Tierkreisabschnitt, den man Widder nennt. Ihre tägliche Geschwindigkeit liegt ein wenig unter ein Grad.

Die Sonne bringt hier das Ende des Winters, den Anfang des Frühlings. Zu Beginn sind Tag und Nacht noch gleich lang, aber bereits mit jedem Tag nimmt die Helligkeit zu, die Tage werden länger als die Nächte, was den Menschen großen Mut und Hoffnung gibt. Die Sonnenkraft nimmt von Tag zu Tag spürbar zu. Es wird deutlich wärmer, die Natur erwacht.

Erstaunlich, mit welcher inneren Kraft die zarten Keimlinge den von Frost befallenen und erstarrten Boden durchbrechen. Winde bringen Bewegung, es ist alles im Aufbruch. Alle Wesen bekommen neuen Schwung. So können wir von einem neuen Jahresstart sprechen, der einfach gelingen muß. Eine feurige Antriebskraft erfaßt alle.

Einteilungsstichworte:

Erster Tierkreisabschnitt.

Erstes, bewegendes Frühlingszeichen, das mit männlich-zeugender Kraft durchsetzt ist.

Element: Feuer.

Der Planet, der hier seine verwandte Kraft findet, ist Mars.

Kleidung im Abschnitt Widder: Der Kampfanzug.

Die Sonne, der bewußte Lebenskern, der aber nie den ganzen Menschen ausmacht, ist ungestüm, hoffnungsvoll, einsatzbereit, siegessicher.

Der Drang:

Siegen wollen, hohe Ziele anvisieren, die oder der Erste zu sein, wobei der Ritterlichkeit eine große Rolle zukommt. Bei allem Ellenbogengebrauch: Fairplay ist wichtig. Siegen ja, aber ohne Vernichtungsbereitschaft.

Archetypisch:

Der Frühlingspunkt prägte sich immer als Anfang ein, der kühnen Mut erforderte, aber auch weckte. Das Wagnis war und ist gefragt. Der Widder (als Symbol) war in den Sagen und Legenden immer das Tier, das andere schützte.

Mit dem Symbol Widder sind die Sagen rund um das goldene Vlies verknüpft. Das Elternpaar König Athamas und die Wolkenfrau Nephele hatte zwei Kinder „Phrixos und Helle".

Athamas heiratete erneut, denn die Wolkenfrau ging in ihr Reich zurück. Ihrer Nachfolgerin waren die beiden Kinder Phrixos und Helle bald verhaßt und sie versuchte, sie zu beseitigen. Ein goldener Widder wollte die Kinder retten. Aber Helle hielt sich nicht fest genug am Horn (Mondsymbol) des Widders fest und stürzte ins Meer, das nun nach ihr Hellespont genannt wurde. Phrixos wurde gerettet.

Das Widdersymbol wurde auf vielen Waffen angebracht, um ihre Träger unbesiegbar zu machen, und noch heute sagt man mit einigem Recht, daß der Widder mit seinem Kopf durch die Wand will, ohne dabei den Kopf (das Denken) allzusehr zu strapazieren. Doch sein Weg führt in der Regel geradeaus. Ein Widder ist berechenbar.

Die Polarität:

Der Abschnitt Widder findet seine Polarität, beziehungsweise seine Ergänzung, im siebten Abschnitt des Tierkreises, im Abschnitt Waage. Zeigt sich nach den Härten des Winters das Zeichen Widder überwiegend kämpferisch, so muß sich der Abschnitt Waage nach dem Abschied des Sommers überwiegend diplomatisch geben. Daraus stellt sich die Aufgabe für die Horoskopeigner mit der Sonne im Zeichen Widder, denn alles muß sich stets in einer Entwicklung zeigen. Wie es am Himmel keinen Stillstand gibt, so darf es diesen Stillstand auch nicht im Menschen geben. Menschen, die sich nicht entwickeln, ja, die nicht einmal an einer Entwicklung interessiert sind, sind geistig bereits gestorben, sie sind im tiefsten Sinne tot, mag auch der Körper noch dahinvegetieren.

Die Aufgabe:

Die Aufgabe der Menschen mit der Sonne im Abschnitt Widder ist es, die sehr mutige, kühne, aber meist etwas einseitige Kampfentschlossenheit einzuschränken. Wenn Einseitigkeit auch oft von Vorteil sein kann, so ist sie auf die Dauer eher recht schädlich. Der sogenannte ,,Widder" muß sich also zur ,,Waage" hin entwickeln. Er muß differenzieren lernen, muß versuchen, mit allen Menschen seiner Umgebung halbwegs gut auszukommen, muß eine diplomatische Alltagskunst entwickeln, muß lernen, verlieren zu können, und das Nachgeben nicht als Niederlage zu empfinden. Wer für den hellen Tag kämpft, muß begreifen, daß im Dunkeln auch mancher tiefe Sinn versteckt liegt.

Zeit der Venus als Morgenstern: Abschnitt Stier

Stierzeit: 20. April bis 21. Mai

In dieser Zeit wandelt die Sonne durch den zweiten Tierkreisabschnitt, den man Stier nennt. Die tägliche Geschwindigkeit der Sonne liegt ein wenig unter der des Abschnitts Widder. Die Sonne bringt hier den Frühling auf seinen Höhepunkt. Die Tage sind nun bereits entscheidend länger als die Nächte, die Menschen weilen bereits viel länger im Freien. Die Sonne wärmt gleichmäßiger, die Natur zeigt ihr wohl schönstes Kleid. Die Blüten brechen auf und verwandeln Gärten und Wiesen in ein prächtiges Farbenmeer. Die gegengeschlechtlichen Wesen finden zueinander. Die Liebe erwacht so stark wie sonst kaum im Jahr. Der äußere Schmuck der Natur hat auch auf den Menschen (was den Durchschnitt angeht) seine Wirkung.

Gleichzeitig wird der Wunsch nach Bewahrung des Frühlings immer stärker. Diese zweite Frühlingsperiode zeigt eine besonders stabile Natur, der Mensch fühlt sich erdverbunden, und jeder hofft, daß es immer so bleiben möge.

Einteilungsstichworte:

Zweiter Tierkreisabschnitt.

Zweites stabiles (festes) Frühlingszeichen, das mit weiblich empfangender Kraft Wurzeln schlägt oder schlagen will.

Element: Erde

Der Planet, der hier seine verwandte Kraft findet, ist Venus als Morgenstern.

Kleidung im Abschnitt Stier: Die ländliche Tracht.

Der bewußte Lebenskern, der aber nie den ganzen Menschen ausmacht, ist optimistisch, arbeitsam, genußbereit und freut sich des Lebens.

Der Drang:

Etwas schaffen wollen. Seinen Besitzstand mehren und das Leben auskosten. Alle sollen nach ihrer Fasson selig werden, solange die eigenen Kreise nicht gestört werden. Leben und leben lassen. Freude an der Kunst, vor allem an der Musik, wobei das Singen eine sehr große Rolle spielen kann. Freunde erfreuen das Herz.

Archetypisch:

Die Gewißheit, in der schönsten und hoffnungsvollsten Zeit des Jahres geboren worden zu sein, hat durch die Jahrtausende seine Wirkung hinterlassen. Zwar ist bekannt, daß nur Schaffen Wohlstand erwarten läßt, aber dieses Schaffen belohnt sich selbst. Der Stier war stets das Tier des Ackerbauern; als er gelernt hatte, mit Stier und Pflug umzugehen, wurde der Mensch seßhaft.

Der Stier in den Mythen geht zurück bis zum Herrscher des Olymp, zu Zeus, der sich in einen schönen, weißen Stier verwandelte, um Europa, die Königstochter von Tyros zu entführen, als sie gerade am Ufer des Meeres lustwandelte. Als sich der Stier ihr näherte, kraulte sie sein Haupt und stieg lachend auf seinen Rücken. Kaum aber war das geschehen, tauchte Zeus/Jupiter ins Meer und schwamm mit der Geraubten davon. Sie kam nach Kreta und gebar dort die Zeussöhne Minos, Rhadamanthys und Sarpedon. Alle drei wurden ihrer Weisheit wegen später zu Totenrichtern im Hades.

Europa gab dem Land der Mitte ihren Namen. Der Bruder von Zeus jedoch, Poseidon/Neptun, verlangte nun immer prächtigste Stiere als Opfer. Ohne Opfer gibt es keine Schönheit von Dauer.

Die Polarität:

Der Abschnitt Stier findet seine Polarität beziehungsweise seine Ergänzung im achten Tierkreiszeichen, im Abschnitt Skorpion. Zeigt sich die Stierzeit, die alle Menschen genießen, als wunderschön, so müssen sie doch lernen, sich mit dem Abstieg ins Dunkle zu beschäftigen. Ist im Abschnitt Stier die Natur in vollster Blüte, dann muß zur Kenntnis genommen werden, daß die Bäume kahl, die Felder traurig und abgeerntet aussehen werden. Die Vorbereitung auf das Dunkle, auf den Abstieg in Schutzzonen, gehört zur Entwicklung aller Menschen, besonders aber derjenigen, die mit der Sonne im Abschnitt Stier geboren wurden. Nur wer auch das Unglück kennt, kann das Glück voll genießen und weitergeben.

Die Aufgabe:

Die Aufgabe der Menschen mit der Sonne im Zeichen Stier ist es, die Schönheit, das heitere Wesen, die Kraft nicht als selbstverständlich hinzunehmen. Man muß Verluste ertragen lernen, und auch, daß in jedem Gewinn bereits ein Verlust enthalten ist. Der sogenannte ,,Stier" hat sich also zum ,,Skorpion" hin zu entwickeln. Er muß die Wurzeln suchen, auch die innere, tiefe Wahrheit, er muß begreifen, daß nichts auf dieser Erde nur als Geschenk anzusehen ist. Auch das Dunkle hat seine Schönheiten. Mit Wolken am Himmel zu leben, ist die Voraussetzung für die Existenz.

Zeit des Merkur als Morgenstern: Abschnitt Zwillinge

Zwillingezeit: 21. Mai bis 21. Juni

In dieser Zeit wandelt die Sonne durch den dritten Tierkreisabschnitt, den man Zwillinge nennt, und sie steuert auf den höchsten Punkt ihres Jahreslaufes zu, den sie bei 30 Grad im Abschnitt Zwillinge – gleich 00 Grad Krebs – erreicht hat. Ihr Tempo ist recht langsam, da sie nun sehr lange scheint. Bei 30 Grad Zwillinge haben wir

(50. Breitengrad) 16 Stunden Sonne und acht Stunden Nacht. Der Frühling neigt sich dem Ende zu. Der Sommer ist greifbar nah. Frühlings-/Sommergewitter bewegen die Lüfte. Die Natur bereitet sich anpassend auf die kommende Jahreszeit vor, manche Tage sind schon warm wie im Sommer. Alle Wesen, auch die Menschen, scheinen sehr kontaktbereit zu sein, die Befruchtung ist im vollen Gange, die Bienen summen von Blüte zu Blüte, das Leben ist pulsierend und vielseitig. Männliche Aufgeschlossenheit beendet den Frühling und steuert auf den Sommer zu, der schon deutlich an die Tür klopft.

Einteilungsstichworte:

Dritter Tierkreisabschnitt.

Drittes, anpassendes (labiles) Frühlingszeichen, das mit männlich zeugender Kraft Brücken in alle Richtungen schlägt.

Element: Luft.

Der Planet, der hier seine verwandte Kraft findet, ist Merkur als Morgenstern.

Kleidung im Abschnitt Zwillinge: Praktischer Reiseanzug mit vielen Taschen und Reißverschlüssen.

Der bewußte Lebenskern, der aber nie den ganzen Menschen ausmacht, ist voller Tätigkeitsdrang, sucht Kontakte nach verschiedenen Richtungen und kann sich so gut wie allen Verhältnissen bestens anpassen. Er ist aufgeschlossen, wach und schnell im Reagieren.

Der Drang:

Tätigkeit um jeden Preis. Nur keine Langeweile aufkommen lassen. Das Leben abwechslungsreich gestalten. Dazu gehört auch der Wunsch, fast überall mitreden zu können. Die Sehnsucht, mal hier, mal dort zu sein, treibt zu vielen Reisen und zu vielen Zielen. Überall herrscht Freude, wenn man sich nur freuen will. Und das ist das Entscheidende: Das Sanguinische spricht die Umgebung immer wieder an.

Archetypisch:

Zwillingspaare waren in den Mythen aller Völker tief verankert. Viele von ihnen, wie die Dioskuren (Gottessöhne) in Delphi, symbolisieren im Grunde die Beschäftigung mit der eigenen Tiefe. Zwar gelten die

„Zwillinge“ als kontaktfähig nach allen Seiten, aber der Kontakt geht auch ins eigene Innere. „Widder“ und „Stier“ sind noch nicht so weit, aber nun, da nach dem Zeichen Zwillinge die Sonne absteigt, ist der Blick in die eigene Seele als Hüterin der Tiefe unerläßlich. Archetypisch gesehen ist es also nicht richtig, die Zwillinge etwa als oberflächlich hinzustellen. Wie alle Frühlingstypen haben sie noch Schwierigkeiten mit dem Unbewußten, aber sie öffnen zumindest die Tür! Bei Kastor und Pollux, den wohl berühmtesten Zwillingen, hieß es, daß sie alles gemeinsam taten; gemeint ist jedoch, daß das Bewußte mit dem Unbewußten zumindest um die Gemeinsamkeit ringt, daher sind Zwillingspaare unzertrennlich bis in den Tod. Sie galten schon im Altertum als Mahnende, die darauf hinweisen, daß es Zeit ist, vom Licht ins Dunkle ab- oder umgekehrt aufzusteigen.

Die Polarität:

Der Abschnitt Zwillinge findet seine Polarität beziehungsweise seine Ergänzung im neunten Tierkreiszeichen, im Abschnitt Schütze. Zeigt sich die Zwillingezeit als Übergang vom Frühling zum Sommer – also zum Höhepunkt der Sonnenwirkung –, dann bildet der Abschnitt Schütze den Übergang zum Winter. So weit auch die Zeit zum Winter noch ist, Zwillinge müssen sich auch auf etwas Höheres einstellen. In der Zwillingezeit herrscht großer Optimismus, in der Schützezeit eher Pessimismus. Dieser aber muß und wird durch den Glauben ausgeglichen. In der Schützezeit wird gebetet –, in der Zwillingezeit kurz Einkehr gehalten und abgewartet. Das ist ein riesiger Unterschied, der manches in falsche Richtungen lenken kann, wenn er übersehen wird.

Die Aufgabe:

Es ist die Aufgabe der Menschen mit der Sonne im Abschnitt Zwillinge, nicht nur die eigene Tiefe anzunehmen, sondern sich auch mit dem dunkelsten Stand der Sonne (bei 30 Grad Schütze) auseinanderzusetzen. Sie müssen den Glauben annehmen, beten lernen, auch wenn es ihnen – weil keine Not es gebietet – noch nicht notwendig erscheint. Also ist neben allem irdischen Kontakt dieser auch zum Himmlischen auszudehnen. Eine Aufgabe, die Reife gibt, die wirklich merkurisch Himmel und Erde (und Hölle) verbindet.

Zeit des Mondes: Abschnitt Krebs

Krebszeit: 21. Juni bis 23. Juli

In dieser Zeit wandelt die Sonne durch den vierten Tierkreisabschnitt, den man Krebs nennt; sie hat ihren nördlichen Höhepunkt überschritten, sie steigt ab. Die Tage werden, wenn auch noch sehr unmerklich, kürzer. Aber Wärme oder gar Hitzewirkung nimmt noch zu. Auch ist das Sonnentempo so langsam wie sonst nie im ganzen Jahr. Wir haben noch fast doppelt solange Helligkeit als Dunkelheit. Der Sommer hat begonnen, nun wagt es die Natur, sich fast schutzlos der Sonne hinzugeben. Blüten werden zu Früchten, und auch unter der Erde wächst und gedeiht es. Alles vermag aus dem Vollen zu schöpfen. Die Menschen versuchen sich zu erholen, die Heilkraft der Sonne in dieser Zeit war einst fast sprichwörtlich, und wenn es mal regnet, dann trägt gerade dies zum Wachstum bei. Alles genießt die weiblich empfangende Kraft der zeugenden Sonne, die den Sommer eminent hereinbrechen läßt.

Einteilungsstichworte:

Vierter Tierkreisabschnitt. Erstes, bewegendes oder kardinales (ein alter Ausdruck aus dem Lateinischen für bewegend) Sommerzeichen, das mit weiblicher Kraft die jungen Früchte beschützt.

Element: Wasser

Der Planet, der hier seine verwandte Kraft findet, ist der Mond.

Kleidung im Abschnitt Krebs: Leichte Sommerkleidung, doch am liebsten geht man ganz ohne Kleidung, weil man der Sonne vertraut.

Der bewußte Lebenskern, der nie den ganzen Menschen ausmacht, hat begriffen, daß es nach jeder Höhe einen Abstieg gibt. Das ist die Tragik dieses Zeichens. Ansonsten gibt man sich dem Oben wie dem Unten hin. Keiner fühlt sich so von der Tiefe angezogen wie der Krebsgeborene, weil er eben die Sicherheit der Wärme spürt. So ist er empfangsbereit und gleichzeitig furchtsam, aber auch zäh und bewegend.

Der Drang:

Die Höhen und Tiefen voll auszuschöpfen. Alles, was kommt, schlägt Wunden und bringt Narben. Daher muß das Neue erst sehr langsam verarbeitet werden. So wird auch oft im Vergangenen Hilfe gesucht. Fortschritt wird begrüßt, aber der Drang geht doch dahin, das Alte dabei nicht zu zerstören. Die Erde ist nicht über Nacht fruchtbar geworden, alles, was einmal etwas bedeutete, soll seinen Sinn behalten, wenn dies auch des öfteren zu einer starken Melancholie führen mag.

Archetypisch:

Die Tragik, gerade dann geboren zu werden, wenn die Sonne umkehrt und die Tage kürzer werden, hat sicher die Seelen der Menschen mit der Sonne im Abschnitt Krebs geprägt. Daher auch der Spruch von den „zwei Schritten nach vorn und einen nach hinten", der aber das Problem überhaupt nicht trifft. Denn diese Menschen wollen nach vorn! Wenn auch die Sonne ihnen ihre Gunst zu entziehen beginnt, (so persönlich empfinden sie das), desto mehr vertrauen sie ihren inneren Kräften, ihrer Seele, was ihnen eine große Zähigkeit gibt. Ihre Liebe gilt allem, was wächst.

Deswegen kam in den Mythen im Herakleszyklus der Krebs der Hydra zu Hilfe, da in der Hydra eine so große Wachstumskraft lebte, daß jeder abgeschlagene Kopf doppelt wieder nachwuchs.

Die Göttin Hera war es dann, die den Krebs an den Himmel setzte, und so ein unscheinbares Tier damit belohnte. Von dieser Belohnung träumt heute noch jeder, dessen Sonne im Zeichen Krebs steht.

Die Polarität:

Der Abschnitt Krebs findet seine Polarität beziehungsweise seine Ergänzung im zehnten Tierkreiszeichen, im Abschnitt Steinbock. Zeigt sich die Krebskraft in der Tiefe, so versucht der Steinbock, so hoch wie möglich auf den Felsen zu kommen. Gerade in der dunkelsten Jahreszeit gilt es, die Höhe nicht nur zu sehen (wie im Abschnitt Schütze), sondern aktiv anzuvisieren. Versinken die mit der Sonne im Krebs gern in der Tiefe, in die sie sich verkriechen möchten, wagen es die mit der Sonne im Steinbock hoch zu klettern, wobei keine Mühe gescheut wird.

Die Aufgabe:

Es ist die Aufgabe der Krebsgeborenen, nach oben zu schauen und nach oben zu steigen. Es kommt zumindest auf den inneren Versuch an. Oft müssen sie sogar lernen, die fruchtbare, sonnendurchflutete Erde zu verlassen, um auf einen kahlen, kalten Felsen zu klettern. Und ist die Sonne noch so fern, das Bemühen ihr nahe zu kommen, ist zur Pflicht zu machen. Die Härte des Lebens anzunehmen, ist eine weitere Aufgabe. So gerne sich die Krebsmenschen verwöhnen lassen, so sehr müssen sie begreifen, daß das Leben dies meistens nur in Ausnahmefällen zuläßt.

Zeit der Sonne: Abschnitt Löwe

Löwezeit: 23. Juli bis 23. August

In dieser Zeit wandelt die Sonne durch den fünften Tierkreisabschnitt, den man Löwe nennt, und sie hat nun die größte spürbare Kraft, obwohl die Tage schon zu schrumpfen beginnen. Ihr Tempo ist fast gleich mit dem Tempo im Abschnitt Krebs, nur eine Spur schneller. Nun reifen die Früchte heran, die Kornfelder zeigen sich in voller Pracht. Bleierne Schwüle kann über dem Land liegen, Gewitter bringen Befreiung von der Hitze. Die Hundstage sind da. Der Boden trocknet aus, die Menschen sehnen sich nach Schatten, manche Pflanzen verdorren. In südlichen Ländern wird die Mittagssiesta zur Pflicht, dafür sind die Nächte voller Trubel, obwohl auch da die Glut dieser Zeit zu spüren ist. Der Boden bricht vor Trockenheit und Hitze auf. Das große Warten auf die Ernte setzt ein.

Männliche, feurige Glut beherrscht die Natur, die Sonne zeigt ihre Macht.

Einteilungsstichworte:

Fünfter Tierkreisabschnitt. Zweites festes (fixes) Sommerzeichen, das mit männlicher Kraft und Würde die Natur regiert, so daß alle Pflanzen gut zum Endspurt heranreifen können.

Element: Feuer

Der Planet, der hier seine verwandte Kraft findet, ist die Sonne.

Kleidung im Abschnitt Löwe: Elegant und prachtvoll, dem eigenen

Rang entsprechend. Von der Uniform bis zum Frack, von der goldenen Robe bis zum Abendkleid.

Der bewußte Lebenskern, der nie den ganzen Menschen ausmacht, weiß um seinen individuellen, eigenen Wert. Der Löwegeborene meint eine ganz natürliche Autorität zu besitzen, so daß er mit Freude und Überzeugung delegiert.

Die Durchsetzungskraft scheint ihm angeboren zu sein. Daher kann er auch schwer nachgeben. Zum Ausgleich zeigt er sich als Vaterfigur sehr großzügig, wenn seine Kinder (fast jeder ist sein Kind) nur lieb und letztlich doch fügsam sind. Kaum jemand ist sich so seines eigenen Wertes sicher – das gilt natürlich auch für die Frauen!

Der Drang:

Das Leben an führender Stelle zu genießen. Die Schönheit des Daseins voll auszuschöpfen. Der Drang, sich zu behaupten und im Mittelpunkt zu stehen. Man geht nicht ins Theater, wenn man nicht in den ersten Reihen sitzen kann, dafür ist das Trinkgeld für die Garderobenfrau sehr großzügig. Man möchte, daß man sich nach ihrem Rat richtet, sich ihrer Führung anvertraut. Der Drang geht ferner dahin, Kritik an der eigenen Person nur in ganz kleinen Dosen zu gestatten, und das Leben in jeder Beziehung großmütig und großzügig zu gestalten.

Archetypisch:

Der Kampf des Herakles mit dem Löwen war ein Kampf mit sich selbst, daher konnten Waffen hier auch nichts nutzen. Der Löwe in der Mythe konnte nur mit eigenen Händen besiegt werden. Sich selbst zu besiegen, um danach nie wieder besiegt zu werden, das prägt diese Menschen sehr tief.

Nachdem er den nemeiischen Löwen besiegt hatte, trug Herakles dessen Fell und galt seitdem als unbesiegbar. Nur Liebe kann die Löwegeborenen in die Knie zwingen, aber die Liebe der anderen muß selbstlos und ohne Ansprüche sein. Daher wehren diese Menschen allen Anfängen, die ihre Autorität schmälern könnten! Von seinem Reich gab kein König je etwas freiwillig ab!

Die Polarität:

Der Abschnitt Löwe findet seine Polarität, seine Ergänzung, im elften Tierkreiszeichen, im Abschnitt Wassermann.

Zeigt sich die Löwekraft in erdhaftem Glanz, dann will der Wassermanngeborene das Irdische überwinden und direkt zur Sonne fliegen. Löwegeborenen reicht scheinbar die Sonne, die die Erde erleuchtet, der Wassermanngeborene will höher hinaus. Er will nahe der Sonne sein, während der Löwegeborene nicht gerade gern eine andere Sonne in seiner Nähe sieht. Auch ist die schnelle Intelligenz nicht Sache der Menschen mit der Sonne im Löwezeichen, die ja dafür ihre Adjutanten (in welcher Form auch immer – und gut bezahlt –) engagiert haben!

Die Aufgabe:

Es ist die Aufgabe des Löwegeborenen sich zu bemühen, weit über seinen Horizont hinwegzusehen und zu denken. Die herrschende Autorität muß gedanklich immer neu unterbaut werden. Das Neue, das Umsturz bringt, ist einzukalkulieren. Veränderung muß manchen zwingen, von seinem Thron herunterzusteigen, und einmal andere Gleise für die innere Entwicklung zu benutzen. Auch das Unbekannte, das Risiko, birgt in sich große Freude, wenn der Mut vorhanden ist, neue Wege zu benutzen.

Zeit des Merkur als Abendstern: Abschnitt Jungfrau

Jungfrauzeit: 23. August bis 23. September

In dieser Zeit wandelt die Sonne durch den sechsten Tierkreisabschnitt, den man Jungfrau nennt. Die Sonne ruft, weil sie schon recht niedrig steht, die ersten herbstlichen Tage heran. Es ist Erntezeit. Die Früchte des Frühlings und des Sommers werden eingesammelt und eingelagert. Die Felder werden leer, Früchte, die nicht geerntet werden, fallen herab. Dafür füllen sich die Keller und die Scheunen, alle Wesen haben zu tun, um Vorbereitungen für eine erntelose Zeit zu treffen. Das Klima ist noch gut, die Hitze ist verschwunden, die Sonne spendet genügend milde Wärme, um die Ernte zu unterstützen.

Es ist auch die Zeit, da die Urlaube zu Ende gehen; die Arbeit wird wieder zu einem der wichtigsten Lebensfaktoren. Weibliche, erdgebundene Vernunft sorgt für die dunklen Monate vor, um das Überleben zu garantieren.

Einteilungsstichworte:

Sechster Tierkreisabschnitt. Drittes anpassendes (labiles) Sommerzeichen, wo die weibliche, anpassende, arbeitsbereite Vernunft das Regiment übernimmt. Die Notwendigkeiten zwingen zu einer Bescheidenheit, die im Hochsommer meist nicht zum Tragen kam.

Element: Erde

Der Planet, der hier seine verwandte Kraft findet, ist Merkur als Abendstern.

Kleidung im Abschnitt Jungfrau: Feste, haltbare, praktische Arbeitskleidung.

Der bewußte Lebenskern, der nie den ganzen Menschen ausmacht, ist voller Verantwortung, besonders für die Zukunft. Er weiß, ohne Vorausschau geht nichts. Aber dabei bleibt das Reale immer im Mittelpunkt. Utopien werden abgelehnt, und als nicht vernünftig, als gewisse Spielereien (milde ausgedrückt) abgetan.

Das Materielle (das Wort heißt Mutterstoff) rückt ganz in den Vordergrund. Deswegen versichern sich diese Menschen auch recht gern, denn man kann ja nie wissen, was kommt. Manche Jahre bringen eine gute Ernte, vielleicht siebenmal hintereinander, andere Jahre bringen eine schlechte Ernte, auch vielleicht siebenmal nacheinander. Das muß bewältigt werden, das wird nun einmal von uns verlangt.

Der Drang:

Alle Herausforderungen anzunehmen. Auch die Schattenseiten der Sonne als Prüfungen ansehen. Was ich leiste, was ich säe, das will ich auch ernten. So wendet sich der Drang auch gegen jeden, der schmarotzt, der nassauert. Ehrliche Arbeit gleich ehrlicher Lohn, da geht der Drang hin.

Erst dann kann man sich als Dank für sich selbst gewisse Wohltaten leisten. Sicherheit schenken geht vor Freude und Vergnügen schenken, und das gilt auch für die nächsten Angehörigen.

Archetypisch:

Die Göttin Demeter legte hier die Wurzeln, alles für die eigenen Kinder und für die Erde zu tun. Raubt man ihr die Tochter Persephone, dann muß sie zurückgegeben werden, auch wenn diese sich in der erotisch-dämonischen Unterwelt noch so wohl fühlt. Erst dann darf die Erde wieder Früchte tragen. Diesem ehernen Gesetz mußte sich auch die oberste Gottheit Zeus/Jupiter beugen. Vernunft macht zwar nicht stark, aber lebenstüchtig, das zeigen alle Jungfrauenmythen an. Das Lob der Reinheit ist wichtig, denn ohne Reinheit sind keine Vorräte einzulagern, weil sonst alles sehr schnell dem Verderben ausgesetzt wäre.

Auch die Jungfrauen (die Kore oder Persephone) haben sich dem Gesetz zu unterwerfen, und dürfen bestenfalls im Winter ihren Sehnsüchten und Freuden nachjagen.

Der Polarität:

Der Abschnitt Jungfrau findet seine Polarität, seine Ergänzung, im zwölften Tierkreiszeichen, im Abschnitt Fische.

Zeigt sich die Jungfraustärke in der arbeitsamen Vernunft, so ist die Fischekraft die Gabe der Hingebung. Die Jungfraugeborenen stehen in der Mitte des Himmelsweges, die Fischegeborenen am Ende, das ist ein gewaltiger Unterschied. Menschen im Abschnitt Fische können sich hingeben, weil der Frühling vor der Tür steht, die im Zeichen Jungfrau ahnen davon nichts. Die ersteren können leichter glauben, denn sie wissen, daß alles wiederkehrt, für die letzteren ist das noch eine ferne Illusion.

Die Aufgabe:

Die Aufgabe der Jungfraumenschen ist es, Vertrauen in das große Geschick zu bekommen, sie müssen erfahren, daß selbst sie nicht alles für alle meistern können. Sie brauchen das Wissen um eine höhere Kraft, sie müssen die Macht des Glaubens lernen. Das bedingt eine Auslieferung an eine unbekannte Hoheit oder Gottheit, die diesen Geborenen sehr schwer fallen mag, da man ihnen dann keine Sicherheiten garantieren kann und will.

Zeit der Venus als Abendstern: Abschnitt Waage

Waagezeit: 23. September bis 23. Oktober

In dieser Zeit wandelt die Sonne durch den siebten Tierkreisabschnitt, den man Waage nennt. Die Sonne hat mit 0 Grad Waage die Herbst-Tagundnachtgleiche hervorgerufen, aber nun geht es bergab, die Nächte werden länger, die Tage kürzer. Die Sonne wandelt jetzt schneller, knapp ein Grad pro Tag. Die Natur und alle Wesen bereiten sich auf die kommenden schwereren Wochen und Monate vor. Die Natur scheint noch einmal in die Vollen zu greifen, denn sie zeigt sich so schön bunt, wie sonst nur noch im Frühling. Doch Mensch und Tier rücken zusammen. Das Vieh kommt von der Weide, der Abtrieb beginnt, und auch die Menschen brauchen jetzt alle ein Quartier. Wer kann, entflieht wie die Zugvögel gen Süden, aber auch die sammeln sich vorher. Die Tiere, die in der Erde überwintern, kümmern sich um die Vorräte und Winterquartiere. Männliche Überlegungen, wie kommende hautnahe Gemeinsamkeiten zu meistern sind, bestimmen die Handlungen, wobei es nur eine Devise gibt, die heißt: Rücksichtnahme.

Einteilungsstichworte:

Siebter Tierkreisabschnitt. Erstes bewegendes Herbstzeichen, da männliche Entscheidungen getroffen werden müssen.

Element: Luft.

Der Planet, der hier seine verwandte Kraft findet, ist Venus als Abendstern.

Kleidung im Abschnitt Waage: Elegant und geschmackvoll für alle Gelegenheiten (Cocktailkleid, exzellenter Blazer).

Der bewußte Lebenskern, der nie den ganzen Menschen ausmacht, legt großen Wert darauf, in der Gemeinschaft mit allen gut auszukommen. Deswegen schätzt man die Diplomatie, die Anpassung, aber auch die Sauberkeit, und den Wunsch sich zu schmücken, um anderen zu gefallen. Der bewußte Lebenskern will aber auch etwas bewegen, und allen Gegebenheiten nachkommen, ohne sich dabei in eine Abhängigkeit zu begeben. Waagemenschen lieben die Kunst. Sie unterstützen die Musen und sie wissen, daß das Leben aus mehr besteht als Geburt, Arbeit und Tod. Die Ergänzung suchen sie nicht in der Selbstzufriedenheit mit sich, sondern in der Annäherung zum Du. Den anderen zu akzeptieren und nach Möglichkeit zu lieben heißt die Devise, denn die im Abschnitt Waagegeborenen wissen so genau, wie sehr das Alleinsein Schaden für das Ich bringen kann.

Der Drang:

Der Drang geht zum Du hin. Den Ausgleich zwischen zwei Individuen zu schaffen, das ist der innere Trieb. Dabei gibt es kein Tabu. Das Bewegende des Dranges ist es, Mut zu Vorleistungen aufzubringen, was erst wirklich Frieden oder Versöhnung herbeiführen kann. Eine Aufgabe am Du zu erfüllen, läßt Menschen mit der Sonne im Zeichen Waage manche Kompromisse eingehen, aber diese Kompromißbereitschaft ist nicht unendlich dehnbar. Viel Wert wird auf gute Umgangsformen gelegt, weil nur so das meist schwierige Zusammensein lebenswert gestaltet werden kann.

Archetypisch:

Das Sternbild Waage hat sich aus den Scheren des Skorpionzeichens entwickelt, was darauf hinweist, daß der Kampf doch nicht der Vater aller Dinge ist. In Griechenland wurde die Ausgewogenheit der Göttin Themis zugeteilt, sie wägt und beurteilt das Handeln der Götter und der Menschen. Das geht auf die ägyptische Ma'at zurück, die als Göttin der Gerechtigkeit bei jedem Totengericht anwesend war, denn ihre Feder durfte nicht schwerer wiegen als das Herz des Verstorbenen. Alles wird eines Tages aufgewogen und bewertet. So stammt auch von daher der Satz: „Niemand ist vor seinem Tod glücklich zu preisen“.

Die Polarität:

Der Abschnitt Waage findet seine Polarität, seine Ergänzung, im ersten Tierkreiszeichen, im Abschnitt Widder.

Bei allem Respekt vor der diplomatischen Kompromißbereitschaft müssen die Waagegeborenen lernen, mutig und bis zum äußersten entschlossen der Widderkraft nachzustreben. Dazu gehört auch die Bereitschaft, Opfer zu bringen. Der Kampf mit den Mächten, die das

Leben einschränken, ist zu lernen und dann auch einzugehen. Waagemenschen benötigen sogar manchmal den Mut der Einseitigkeit.

Die Aufgabe:

Bei allem Gemeinschaftssinn das Alleinsein in Kauf zu nehmen! Bei aller Du-Sehnsucht auch notfalls die Kraft zum individuellen Handeln zu finden. Die Diplomatie, das Schöne sind wichtige Lebensvoraussetzungen, aber sie sind nicht alles. Waagegeborene müssen lernen, daß auch mutige Einzelgänger oder Außenseiter ihr Lebensrecht haben, und daß diese Menschen oft genauso zur Entwicklung beitragen wie alle anderen.

Zeit des Pluto: Abschnitt Skorpion

Skorpionzeit: 23. Oktober bis 23. November

In dieser Zeit wandelt die Sonne durch den achten Tierkreisabschnitt, den man Skorpion nennt. Die Sonne kommt jetzt morgens schon merklich später und versinkt abends merklich früher. Sie wandelt eine Idee schneller als in der Waagezeit, aber ihre Wirkung läßt spürbar nach. Die Laubwälder werden kahl, der Boden erhält durch die abfallenden Blätter neuen Kompost für den Frühling. Die Äcker liegen grau da wie tot, Stürme ziehen über das Land, viele Menschen fallen in eine Depression, die Selbstmordrate steigt.

Der Himmel ist verhangen, Nebel steigen auf, der Horizont wirkt verengt, als wäre das eine Aufforderung, nun mehr nach innen zu schauen. Jeder erfährt, daß alles vergänglich ist. So kommt Angst vor dem Dunklen auf. Aber weibliche und feste Kraft stemmt sich gegen diese Depressionen und mobilisiert so innere Kräfte. Auf die innere Sonne kommt es jetzt an! Wer die nicht in sich weckt, wird es besonders schwer haben.

Einteilungsstichworte:

Achter Tierkreisabschnitt. Zweites festes (fixes) Herbstzeichen, da überdauernde, weibliche Kraft sehr gefragt ist.

Element: Wasser

Der Planet, der hier seine verwandte Kraft findet, ist Pluto.

Kleidung im Abschnitt Skorpion: Höchst individuelle Kleidung, die manchen Bürger schockt. Häufig mit esoterischem Touch, ohne Rücksicht auf das, was andere denken.

Der bewußte Lebenskern, der nie den ganzen Menschen ausmacht, ist geprägt von den aufkommenden Schatten der Skorpionzeit. Das Dunkle kommt näher, droht alles zu verschlingen, und da gibt es nur eine Abwehr: sich mit dem Dunklen zu beschäftigen. Daher zieht alles in dieser Richtung den bewußten Lebenskern besonders an. Man weiß auch um die Notwendigkeit, alle Kräfte einzusetzen, um drohende Gefahren zu bestehen. Das führt ein wenig dazu, daß sich jeder selbst der Nächste ist. So betont dieser Lebenskern besonders deutlich die Individualität, auch wenn er dadurch andere schockiert. Aber Gefahren suchen, um diese zu bestehen, wird eine Leidenschaft, der die Umgebung nicht immer zu folgen vermag, zumal die Ziele dieser Menschen für andere oft nicht nachvollziehbar sind. Alles Geheimnisvolle übt eine fast magische Anziehungskraft aus, der Wunsch, das zu ergründen, ist vehement, zumal das Wissen um Geheimnisse ja auch eine gewisse Macht darstellt.

Der Drang:

Er geht in die verborgene Welt des Dunklen, ja auch in die Welt des Totenreiches. Man muß von einem mutigen Drang sprechen, und das Märchen von einem, der auszog, das Fürchten zu lernen, ist sicher sehr skorpionisch gefärbt. Natürlich schlägt dieser Drang zurück und prägt den Menschen. Sich in der Gefahr zu erproben, kann durchaus zu Selbstschädigungen führen. Vor allem geht der Drang dahin, zumindest innerlich unabhängig zu sein, egal was das für Schwierigkeiten mit sich bringt. Last und Lust treiben diese Menschen an, was irgendwo dem inneren Sarkasmus, aber auch dem tiefen Lebensernst zugute kommt.

Archetypisch:

Archetypisch müssen wir uns in die Unterwelt der griechischen Mythen begeben, wo auch Hades, der Erfinder der Tarnkappe, ein Einzelgänger war. Alles, was sich in diesem Bereich der Ekliptik entwickelt, ist von Tarnungen oder Geheimnissen umwoben. Die innerlich so bereite Einstellung auf die Dunkelheiten, die ja alle wieder vergehen, erlaubt es, daß dann das Helle um so mehr geschätzt wird.

Die Polarität:

Der Abschnitt Skorpion findet seine Polarität, seine Ergänzung, im zweiten Tierkreiszeichen, im Abschnitt Stier.

Damit ist das Ende des Tunnels, der bewältigt werden muß, sehr deutlich gekennzeichnet. So viele magnetische Kräfte die Dunkelheit auch wachruft, so verlockend sie auch sein mag (und das ist sie irgendwie für alle Menschen), so muß doch der Drang und Wunsch zum Blühen stets mit bedacht werden. Auch die Blüten öffnen sich aus der Dunkelheit zum Licht. Und dieses sich zum Licht hin öffnen, sollte der Fingerzeig für alle Geborenen im Zeichen Skorpion sein.

Die Aufgabe:

Die Aufgabe heißt in erster Linie, in der kalten Dunkelheit das Licht des Frühlings nie außer acht zu lassen. Es ist schwer anzunehmen, daß aus jedem Verlust auch ein Gewinn geboren wird. Das führt zu karmischen Gedanken und Überlegungen, ohne die es einfach keine Erkenntnis von Dauer gibt. Menschen im Zeichen Skorpion müssen eine Brücke zum Frühling schlagen, so seltsam das zuerst klingen mag.

Zeit des Jupiter: Abschnitt Schütze

Schützezeit: 23. November bis 21. Dezember

In dieser Zeit wandelt die Sonne bereits sehr schnell durch den neunten Tierkreisabschnitt, den man Schütze nennt. Zwar werden die Tage noch kürzer, die Nächte noch länger, trotzdem herrscht bereits eine gewisse Helligkeit, weil sich die Nebel und häufig auch die dunkelgrauen Wolken am Himmel lichten.

Die Menschen können den Himmel so schön wie selten im Jahr sehen. Auch innerlich ist die Angst vor dem Dunkeln überwunden, man schaut himmelwärts. Es ist die Ankunftszeit, die Adventszeit, da man im Christentum (und nicht nur im Christentum) den Messias erwartete. Das Ideelle wird groß geschrieben, die Menschen holen sich mit dem lichterfunkelnden Weihnachtsbaum den Himmel ins Haus. Wer keinen Winterschlaf hält, der schaut – gerade weil es überwiegend dunkel ist –, weit über den Horizont hinaus.

Männlich konzentrierte, innerlich vergeistigte Glut rüstet für den bevorstehenden Winter, dem sich die Natur bereits anpaßt.

Einteilungsstichworte:

Neunter Tierkreisabschnitt, drittes anpassendes (labiles) Herbstzeichen, da männliche Kraft zum Überwintern Vorsorge trifft.

Element: Feuer.

Der Planet, der hier seine verwandte Kraft findet, ist Jupiter.

Kleidung im Abschnitt Schütze: Die Kluft der Reiter, die den Boden unter ihren Füßen den Pferden überlassen.

Der bewußte Lebenskern, der nie den ganzen Menschen ausmacht, zeigt sich voll ideellem Glauben, die großen Prüfungen des Winters zu überstehen. Man fühlt, es geht aufwärts, denn bei 30 Grad Schütze hat die Sonne ihren tiefsten Punkt erreicht. Durch das Zusammenrücken werden alle Lebewesen toleranter, manche sogar weise. Gerechtigkeit muß herrschen, aber auch eine gewisse Großzügigkeit. Gerade in dieser Zeit wird der Sinn des individuellen Lebens gesucht, die Entfaltung zu höheren Zielen hat ja zu erfolgen. Die Konfrontation mit den dunklen Mächten ist angenommen, und dieser Mut wird nun aus der Tiefe heraus durch eine innere Harmonie belohnt. Der bewußte Lebenskern beschäftigt sich jetzt nicht nur mit sich selbst, er versucht, Grenzen zu anderen Menschen zu überschreiten.

Der Drang:

Der Drang strebt nach höheren Erkenntnissen, der Olymp soll einem näherrücken, das Menschliche soll sich mit dem Göttlichen vereinen. Voraussetzung dazu ist eine starke Lernbereitschaft, die sich bald in eine Lehraufgabe wandelt. Fast missionarisch werden höhere Horizonte angepeilt. Der Drang richtet sich außerdem nach einer freien Selbstbehauptung, der keine Fesseln anzulegen sind. Sicher spielen der Stolz, aber auch die Eitelkeit eine große Rolle, und zuviel Kritik vermag den ideellen Drang oft zu bremsen oder gar zu zerstören. Das Allerwichtigste ist, ein Ziel vor Augen zu haben und zu wissen, wohin man will. Der alte esoterische Spruch ,,Der Weg ist das Ziel" reicht nicht.

Archetypisch:

Hier steht Cheiron im Mittelpunkt, der Pferd-Mensch und der König der Kentauren. Das Pferd war immer auch ein sexuelles Triebsymbol. So versinnbildlicht der Kentaur das Streben aus dem Leiblichen heraus, um sich aufrecht mit den Göttern messen zu können. Mit diesem Streben wurde Cheiron zum großen Lehrer für Götter- und Fürstensöhne und er war hochgeachtet. Dienen und Führen, das war das Motto, nach dem er lehrte und womit er für alle zum Vorbild wurde.

Als Herakles jedoch aus Versehen Cheiron mit einem Pfeil eine unheilbare Wunde zugefügt hatte, wünschte sich dieser den Tod herbei, denn das Leben war für ihn sinnlos geworden. Er gab seine Unsterblichkeit an Prometheus ab und hieß den Tod willkommen. Die Lehre, nicht sinnlos am Leben zu hängen, sondern dann über den Tod einen neuen, weiteren Weg einzuschlagen, vermittelt uns Cheiron wie kein anderer aus der Welt der Mythen.

Die Polarität:

Der Abschnitt Schütze findet seine Polarität, seine Ergänzung, im dritten Tierkreiszeichen, im Abschnitt Zwillinge.

Bei allem Hochhinausstreben darf der Alltag, die Suche nach der menschlichen Ergänzung nicht außer acht gelassen werden. So nah mancher dem Himmel sein möchte, es ist die Erde, die dabei nie verlassen werden darf. Das Du sind nicht nur Olympier, sondern Menschen unserer Umgebung.

Die Aufgabe:

Die Aufgabe heißt in erster Linie, die Bodenhaftung nicht nur Pferden zu überlassen. Mensch in Gottnähe zu sein, dies wird bejaht, nicht aber, sich fast göttlich zu geben, und die anderen nur leiten zu wollen. Der Mensch ist und wird kein Gott, auch das muß gelernt werden und wenn es über das Verstehen von Alltagssorgen in unserer Umgebung geht.

Zeit des Saturn: Abschnitt Steinbock

Steinbockzeit: 21. Dezember bis 21. Januar

In dieser Zeit wandelt die Sonne durch den zehnten Tierkreisabschnitt, den man Steinbock nennt, und zwar so schnell wie sonst nie im Jahr. Aber die Sonne hat ihren tiefsten Punkt überwunden. Nun steigt sie (für uns auf der nördlichen Halbkugel) wieder auf. Die Tage werden langsam länger und heller. Die Natur ist ganz auf den Winter eingerichtet, da die Jahreszeit (ohne Feuer) beginnt. Bemerkenswert die immergrünen Pflanzen. Wenn wir davon ausgehen, daß ein Blatt sich so zusammenziehen und zu konzentrieren vermag, daß es zu einer Nadelspitze wird wie etwa beim Tannenbaum, dann wissen wir, was saturnische Konzentration heißt. Mit dieser Kraft bleibt das Blatt immergrün, denn das ist das Entscheidende: die Einstellung auf das Wesentliche. So wurde der Nadelbaum zum Symbol des Überlebens. Es ist die weibliche Erdverbundenheit, die stets bewahrt oder bewahren will, damit das Leben nie ganz verlöscht.

Einteilungsstichworte:

Zehnter Tierkreisabschnitt, erstes bewegendes (kardinales) Winterzeichen, da die weibliche Kraft sich gegen alle Unbilden der Jahreszeit stemmt.

Element: Erde.

Der Planet, der hier seine verwandte Kraft findet, ist Saturn.

Kleidung im Abschnitt Steinbock: Bergsteigerkleidung, die alles mit sich führen läßt, was zur Absicherung nötig ist.

Der bewußte Lebenskern, der nie den ganzen Menschen ausmacht, zeigt sich mit Beschränkung und Konzentration. Aber dabei voll realem Ehrgeiz, wenn man sich beim Erreichen des Zieles nicht übereilt. Der Lebenskern hat erfahren, daß alles nicht nur seine Zeit benötigt, sondern auch seine Zeit hat. Die Devise: Es kommt auf die Sekunde an, wäre hier nie akzeptabel. Dafür verliert man sein Lebensziel nie aus den Augen und kann pokernd warten, auch wenn alle schon ungeduldig gegangen sind. Das bedingt eine innere Zähigkeit, die gestützt wird durch ein tiefes Wissen, daß keine Arbeit je umsonst war oder ist. Schicksalsschläge kennen die Steinbockgeborenen, aber ihr Lebenskern lernt daraus und versucht, sich nie wieder der gleichen Situation auszusetzen. Das Real/Vernünftige bestimmt den bewußten Lebenskern, so daß der Weg in die eigene Tiefe manche Anstrengungen erfordert.

Der Drang:

Der Drang geht in die Beständigkeit. Wichtiges wird nicht überstürzt, aber konsequent ausgeführt. Der Drang will auf die Spitzen der Berge, aber mit Bedacht, und wenn notwendig, wird ein Bergführer engagiert. Hindernisse werden nicht zerstört, sondern umgangen. Bei allem Ehrgeiz erträgt der Drang Kritik, aber sie muß fundiert und seriös sein. Man verlangt Zuverlässigkeit und Treue. Es stört nicht, wenn andere eher und schneller starten. Die Gewißheit, dank eines langen Atems doch als erste ins Ziel zu kommen, macht unendlich sicher.

Archetypisch:

Der bewußte Lebenskern ist archetypisch am meisten über den häßlichen Hirtengott Pan geprägt. Als er geboren wurde, lachte ihn sein Vater Hermes aus, trug ihn zu den Göttern, um diese zu belustigen. Das hatte Narben zur Folge, aber es machte hart, und Pan lernte sich zu schützen. Dabei wußte er, daß es auf sogenannte Kleinigkeiten ankommt. Er wachte deshalb über die Bienenvölker und sorgte für das Weidevieh.

Seine große Leistung war jedoch, daß er die Olympier vor einer blamablen Niederlage bewahrte. Das Dunkelungeheuer Typhon brach aus der Erde hervor und wuchs bis in die Sterne. Pan gab den Göttern den Rat, sich in Tiere zu verwandeln und in verschiedene Richtungen zu flüchten. Als Zeus trotzdem besiegt wurde, rettete ihn Pan mit Hilfe des Hermes. Der häßliche, ziegenfüßige und krummnasige, bärtige Gott war ein Held.

Polarität:

Der Abschnitt Steinbock findet seine Polarität, seine Ergänzung, im vierten Tierkreiszeichen, im Abschnitt Krebs.

Das weiche Mütterliche ist der Ausgleich zum harten, sich selbst und andere prüfenden Fels. Das Ziel ist der Sommer, der Höchststand der

Sonne im Abschnitt Krebs. Es ist die astrologische Achse schlechthin, die vom Dunkelsten zum Hellsten führt.

Die Aufgabe:

Lernen, auch Weichheit zu akzeptieren. Das verzeihende Mütterliche anerkennen, und es über stete Kritik zu stellen. Die obere Felsspitze braucht die Verbindung zur tiefen Erde, um dort das Leben zu erhalten. Der Weg nach unten (was ohne jede Wertung verstanden werden muß) ist genauso schwer wie der Weg nach oben. Die Mitte ist letztlich dann das Maß aller Dinge. Ein langer, aber ein guter Weg.

Zeit des Uranus: Abschnitt Wassermann

Wassermannzeit: 21. Januar bis 19. Februar

In dieser Zeit wandelt die Sonne durch den elften Tierkreisabschnitt, den man Wassermann nennt, noch sehr schnell. Aber die Tage werden merklich heller. Der Name Wassermann täuscht, genauso wie die meisten bildlichen oder grafischen, symbolischen Zeichen dieses Abschnitts. Wassermann hat nichts mit Wasser zu tun! Es ist ein Luftzeichen. Es herrscht die Kälte. Der Winter hat seinen Höhepunkt erreicht. Kälte und Licht, das wäre eine recht präzise Beschreibung. Der Himmel ist – abgesehen von den Schneefällen – offen, aber er ruft nicht mit wärmender Verlockung. Die Sonne, so scheint es, hat ihre Kraft verloren, sie strahlt eher weiß als goldengelb.

Dafür regen sich – leider viel zu früh – gewisse Blumenarten, wie etwa die Krokusse, die dann erfrieren, auch locken Sonnenstrahlen Tiere oft zu früh aus dem Winterschlaf. Der Drang nach Bewegung macht sich bemerkbar, aber es kommt noch auf feste, männliche Ausdauer an.

Einteilungsstichworte:

Elfter Tierkreisabschnitt, zweites festes (fixes) Winterzeichen, da männliche Ausdauer immer wieder auf die Probe gestellt wird.

Element: Luft.

Der Planet, der hier seine verwandte Kraft findet, ist Uranus. Einst war es Saturn, aber Uranus – 1781 entdeckt – ist richtiger.

Kleidung im Abschnitt Wassermann: Am allerliebsten Weltraumkleidung. Auch wird jede Maskierung gerne getragen.

Der bewußte Lebenskern, der nie den ganzen Menschen ausmacht, zeigt sich voller innerer Abenteuer. Er ist für Reformen, für neue Wege, für das Ungewöhnliche schlechthin, so daß dieser Lebenskern sich fast bis zu einem Umsturz zu engagieren scheint. Aber in der Konsequenz handelt er für sich selbst nicht danach. Das Feste ist doch wesentlich. Nicht ohne Grund fand hier einst auch Saturn eine verwandte Kraft.

Trotzdem scheint der bewußte Lebenskern aufgeschlossen und wach zu sein, lebendig und wenigstens stets bereit, Abenteuer zu überdenken. Es arbeitet in diesem Lebenskern eine echte Zerrissenheit zwischen Festhalten und Ablösenwollen. Aber die Zerrissenheit zeigt sich als sehr schöpferisch, wenn man sich nicht selbst die Federn stutzt. Dieser Zwiespalt wird meist durch ein schillerndes Wesen zugedeckt, welches es sehr erschwert, Wassermanngeborene zu begreifen. Alle Wege werden stets offengehalten.

Der Drang:

Der Drang geht zielgerichtet nach oben, weit über den Horizont hinaus. In luftigen Höhen möchte man sich befinden, aber gleichzeitig soll auf der Erde ein Auffangbecken bereitstehen, falls man sich doch zu hoch hinaufgewagt hat. Meist verachtet der Drang Gewohnheit und Routine, aber so ganz ohne Regeln und Abkommen geht es dann doch nicht. Immerhin ist der Impuls, immer mit neuen Ideen etwas Luftiges zu erreichen, unermüdlich.

Archetypisch:

Die Ikarusmythe und die offensichtlichen Folgen prägen den bewußten Lebenskern. Den Lockungen des hellsten Lichtes konnte Ikarus trotz saturnischer Warnung (durch seinen Vater) nicht widerstehen. Er flog zu weit, das Wachs, welches die Vogelfedern zusammengehalten hatte, schmolz, Ikarus stürzte ab.

Besser machte es da eine andere Wassermannprägung, das Pegasosroß, das sich zwar aus dem Reich der Medusa und der Gorgonen in olympische Höhen aufmachte, aber nie den Bereich darüber hinaus erreichen wollte. Pegasos brauchte immer einen Reiter wie Orpheus oder andere Künstler, die es lenkten.

Polarität:

Der Abschnitt Wassermann findet seine Polarität, seine Ergänzung, im fünften Tierkreiszeichen, im Abschnitt Löwe. Die natürlich gewachsene Autorität der Sonnegeborenen zu erringen, das ist der echte Gegensatz. Die innere Kraft, der innere Mut stellen an sich noch keine feste Ausstrahlungsautorität dar. Die muß erst errungen werden. Das Schöpferische ist nicht selbstverständlich. Aber es ist vorhanden, nur muß es sich hier ohne die volle Kraft der Sonne, die erst langsam aufsteigt, entwickeln.

Die Aufgabe:

Die Aufgabe ist es, etwas Eigenschöpferisches zu schaffen. Aus den klugen, revolutionären Gedanken müssen sich Handlungen entwickeln, die in die Höhe führen. Es gilt der Satz des Wagenlenkers von Delphi „seinen Wagen ohne äußere Emotionen zu lenken, damit das, was dieser Wagen bewegen soll, auch heil am Ende des Weges ankommen kann". Das heißt: Niemand kann alles allein ausführen, das Delegieren will ebenfalls gelernt sein.

Zeit des Neptun: Abschnitt Fische

Fischezeit: 19. Februar bis 20. März

In dieser Zeit wandelt die Sonne recht zügig durch den zwölften Tierkreisabschnitt, den man Fische nennt. Die Tage werden deutlich länger, es gibt schon halbwegs warme Stunden, eine Wende steht bevor. Alle Wesen, besonders die Menschen, rüsten sich. Sie reinigen sich innerlich, sie fasten, um am entscheidenden Datum der Tagundnachtgleiche fit zu sein.

Die Schneeschmelze bereitet die Erde auf den Frühling vor. Die Quellen sprudeln, die Erde scheint sich zu putzen, alles kommt wieder in Gang. Die Flüsse treten teilweise über die Ufer, aber sie bringen die notwendigen frischen Wasser vom Berg ins Tal. Weibliche Hingabebereitschaft erfüllt die Urquellen und wirkt höchst befruchtend. Die Menschen rüsten sich, den Winter zu vertreiben, wobei Maskenspiele eine große Rolle spielen. Es ist Zeit, die Bilanz des letzten Jahres zu ziehen, da das tropische oder astrologische Jahr nun dem Ende zugeht.

Einteilungsstichworte:

Zwölfter Tierkreisabschnitt, drittes anpassendes (labiles) Winterzeichen, da weibliche, empfangende Kraft die Erde neu gebiert.

Element: Wasser

Der Planet, der hier seine verwandte Kraft findet, ist Neptun. Vor seiner Entdeckung wurde Jupiter als verwandte Kraft angenommen, was sicher etwas willkürlich war.

Kleidung im Abschnitt Fische: Häufig Gewänder mit Verschleierungseffekt oder Nonnen- beziehungsweise Mönchskleidung.

Der bewußte Lebenskern, der nie den ganzen Menschen ausmacht, betont die gläubige Hingabe. In dieser Jahreszeit wenden sich die Menschen einander zu, um neue Wege des Frühlings gemeinsam zu gehen. Dieser Lebenskern ist bereit, Opfer zu bringen. Das sind meist Vorleistungen, die gerne gebracht werden, wenn ein dankbares Echo erfolgt. Fischegeborene sind voller Instinktkraft und bereit sich zu wandeln, so daß sie oft in den Ruf kommen, gute Schauspieler/innen zu sein. Was hier als Schauspielerei (und Schlimmeres) angesprochen wird, ist dabei in erster Linie die Bereitschaft, sich anzupassen, hilfreich zu sein, um jeden Start bereitwilligst zu unterstützen. Allerdings erfordert diese Bereitschaft auch eine Gegenliebe, eine Verläßlichkeit, der man vertrauen kann. Kaum ein bewußter Lebenskern fordert soviel Verständnis vom anderen sowie ein klares Du-Bekenntnis. Immerhin: geliefert wird volle Auslieferungsbereitschaft mit totaler Hingabekraft.

Der Drang:

Der Drang zeigt sich nur sehr zaghaft. Eigentlich kann man hier sagen: Der Drang ist Erwartung. Nicht in der Reserviertheit, sondern in der Hoffnungsbereitschaft. Man läßt sich gerne mitreißen. Sicher ist hier der Drang zum Du recht groß, aber die eigene Aktivität ruht, ist eher von begleitender Art, allein wagt man sich nicht zu weit heraus. Jede Hingabe soll einen persönlichen Sinn haben, zumal diese Wesen einen unerklärlichen Erfahrungsschatz in sich tragen.

Archetypisch:

Die archetypische Prägung dieses Abschnittes ist sehr neptunisch. Bei Poseidon/Neptun spielt das Opfer eine herausragende Rolle. Das Wasser verlangt von der Erde Opfer, damit es die Erde befruchtet. Wird dieses Opfer nicht gebracht, dann ist das Leben auf der Erde nicht mehr möglich. Diese Prägung scheint tief in den Fischegeborenen eingewurzelt zu sein. Das grafische Zeichen im Horoskop gibt das in etwa auch wieder, da sich hier die abnehmende Mondsichel und die auferstandene Mondsichel aneinanderlehnen.

Polarität:

Der Abschnitt Fische findet seine Polarität, seine Ergänzung, im sechsten Tierkreiszeichen, im Abschnitt Jungfrau. Hingabe und Opferbereitschaft stellen nicht die ganze Mitte dar, es muß auch eine klare Ordnung des Fleißes und der Vorsorge getroffen werden. Zwar befruchtet der Abschnitt Fische die Erde für ein Jahr, aber das allein reicht nicht aus! Das Sammeln und Bewahren, von dem die Fischegeborenen wenig wissen, ist die Ergänzung. Den Gottheiten nahe zu sein, auch den Gottheiten der Liebe, ist eines, aber die praktische Lebensmeisterung und die Nähe zum Durchschnitt, also zum Menschen, ist das andere.

Die Aufgabe:

Die Aufgabe ist also, die vorhandene Wandlungsbereitschaft auch im realen Sinn einzusetzen. Ordnung in die meist unklare Hingabe zu bringen. Gläubigkeit, wie alle Sehnsüchte anderer Art, braucht die Erde. Das Wasser muß begrenzt, die Erde vor der Sintflut bewahrt werden. Realität und Liebe führen zu der Mitte, aus der heraus das Leben gemeistert werden kann.

Fassen wir nun noch einmal alle Tierkreiszeichen oder Abschnitte in Stichworten als schnelle Übersicht zusammen.

Widder:
Erste, bewegende, männliche, feuerelementare Frühlingsfärbung

Stier:
Zweite, feste, weibliche, erdelementare Frühlingsfärbung

Zwillinge:
Dritte, angleichende, männliche, luftelementare Frühlingsfärbung

Krebs:
Erste, bewegende, weibliche, wasserelementare Sommerfärbung

Löwe:
Zweite, feste, männliche, feuerelementare Sommerfärbung

Jungfrau:
Dritte, anpassende, weibliche, erdelementare Sommerfärbung

Waage:
Erste, bewegende, männliche, luftelementare Herbstfärbung

Skorpion:
Zweite, feste, weibliche, wasserelementare Herbstfärbung

Schütze:
Dritte, anpassende, männliche, feuerelementare Herbstfärbung

Steinbock:
Erste, bewegende, weibliche, erdelementare Winterfärbung

Wassermann:
Zweite, feste, männliche, luftelementare Winterfärbung

Fische:
Dritte, anpassende, weibliche, wasserelementare Winterfärbung

Kurze Kombinationsanregungen

Wir greifen wieder etwas vor, um Übungshinweise zu geben. Zur Kleiderordnung: Daß Kleider Menschen machen können, ist bereits gesagt worden. Kleider verändern äußerlich oft sehr, aber Astrologen haben durch die Kleider hindurchzuschauen.

Es gibt Kleider, die genau zu jemandem passen. Das ist hier beim Wandel der Sonne festzuhalten, da ja die Sonne selbst für diesen Wandel in der gesamten Natur verantwortlich ist, was aber auf keinen anderen Planeten oder auf ein anderes Gestirn zutrifft.

Sicher ist, daß Menschen, die im hohen Norden weniger Sonne empfangen, weil im Winter nur dunkle Tage herrschen, anders sein müssen, als Menschen „rund ums Mittelmeer", wo die dauernde Sonne oft verflucht wird und die Ernten mehrmals im Jahr sein können.

Aber schon beim Adjutanten der Sonne, Merkur, ist dies anders! Die Sonne symbolisiert unseren bewußten Lebenskern. Um das umzusetzen, braucht es das Denken und Handeln. Denken und Handeln werden aber von Merkur symbolisiert.

Wenn nun eine kämpferische Sonne im Abschnitt Widder einen Merkur zur Seite hat, der im Abschnitt Fische steht, dann wird dieses Denken und Handeln mit Sicherheit nicht kämpferisch, sondern eher hingebend, liebend, weich und abwartend sein.

Dann bleibt von der Widdersonne nicht viel übrig, was die Umsetzung betrifft. Oder: Sonne im Zeichen Widder – Merkur im Stierabschnitt. Die kämpferische Sonne kommt wohl kaum zur Wirkung, denn in der Praxis wird sich das Denken und Handeln mehr auf die Sicherung des Lebens, die Schönheit und Beständigkeit ausrichten. Was bleibt vom Lebenskern, da dieser Merkur nicht mehr verlieren möchte, was er bereits in Händen hält? Kämpfen heißt, ein Risiko eingehen. Sicher – oft müssen auch Stiergeborene kämpfen, dann, wenn sie rotsehen; aber erst einmal versuchen sie, auf eher venushafte oder diplomatische Weise zurechtzukommen.

Bleiben wir bei der kämpferischen Sonne im Widderzeichen. Wenn es um eine sinnvolle Lebensentfaltung geht, und Jupiter, das Symbol dafür, steht im Waageabschnitt, dann trägt dieser Jupiter eine eher elegante Kleidung, die überall gern gesehen wird. Mit dieser Kleidung kämpft man aber nicht gerne, und wenn man muß, dann kämpft man schlecht. Man weicht in die diplomatische Auseinandersetzung aus. Dann aber bleibt vom sogenannten Widdercharakter nicht viel übrig.

Diese Überlegungen kann jeder gut für sich durchspielen. Etwa am Beispiel Venus, die im Abschnitt Widder eine Amazonenkleidung trägt, die manchen Mann zur Flucht veranlassen könnte. Dabei ist zu beachten, daß eben diese Amazonenerscheinung nicht dem Charakter der Venus entspricht, den wir erst hinter der Kleidung zu finden haben.

So betriebene Astrologie bringt uns an den Menschen heran, so daß wir ihn psychologisch richtig erfassen können.

Kleider machen eben wirklich Leute, was wir auch als Astrologen zu durchschauen haben.

Die Kräfte im Hintergrund

Wenn wir bisher nur von den zwölf Grundtypen für den bewußten Lebenskern gesprochen haben, dann kommen wir bald in Schwierigkeiten. Natürlich gibt es mehr als zwölf Grundtypen, und es ist auch nicht zu vertreten, daß alle „Löwen", alle „Jungfrauen", alle „Krebse" in ihrem bewußten Lebenskern gleich sind. Es ist eben ein Unterschied, ob ich als „Löwe" am Anfang des Zeichens (also etwa am 24. Juli) geboren wurde oder am Ende (etwa 21. August).

Astrologen versuchten dies zu differenzieren, indem sie die Abschnitte jeweils in drei Dekaden eingeteilt haben. Damit machten sie jedoch den Bock zum Gärtner.

Denn sie wählten als „Herrscher" (sowieso fragwürdig) die Planeten des gleichen Elementes.

Beispiel: Erste Dekade Widder war marsisch, die zweite Dekade wurde der Löwensonne zugeschrieben und die dritte Dekade Jupiter (Planeten im Feuerzeichen).

Anderes Beispiel: Erste Dekade Stier (von 1 Grad bis 10 Grad) war Venus als Morgenstern zugeteilt. Die zweite Dekade (10 Grad bis 20 Grad) Merkur als Abendstern und die dritte Dekade (20 Grad bis 30 Grad) Saturn (Planeten in Erdabschnitten). Dasselbe tat man für die Luftabschnitte, also Merkur als Morgenstern (Zwillinge erste Dekade), Venus als Abendstern (Zwillinge zweite Dekade) und Uranus (Zwillinge dritte Dekade).

Für die Wasserzeichen waren zuständig: Mond (Krebs), Pluto (Skorpion) und Neptun (Fische). Diese etwas willkürliche Einteilung vergessen wir schnell.

Wie also differenzieren?

Die Griechen wußten es. Sie gingen von der Zeitrechnung aus, was für die Horoskopie richtig ist. (Lehre von der Stunde.) Sie sagten: Eine Stunde hat 60 Minuten, eine Minute 60 Sekunden, und so fort. Wenn also der Tierkreis zwölf Abschnitte hat, dann können wir diese zwölf Abschnitte auch jeweils durch 12 teilen.

Diese zwölf Teile wurden Sektoren genannt und sie gelten für alle Abschnitte in gleicher Weise.

Jeder Abschnitt hat 30 Grad. Teile ich die 30 Grad durch 12, dann erhalte ich eine Sektorengröße von 2 1/2 Grad, oder von 2 Grad und 30 Bogenminuten.

Nun werden die Sektoren jeweils wie der Tierkreis gezählt: Der erste Sektor ist der Widdersektor, der zweite Sektor ist der Stiersektor, der dritte Sektor der Zwillingesektor usw. Der letzte Sektor ist folglich der Fischesektor. Das gilt für alle Abschnitte gleich.

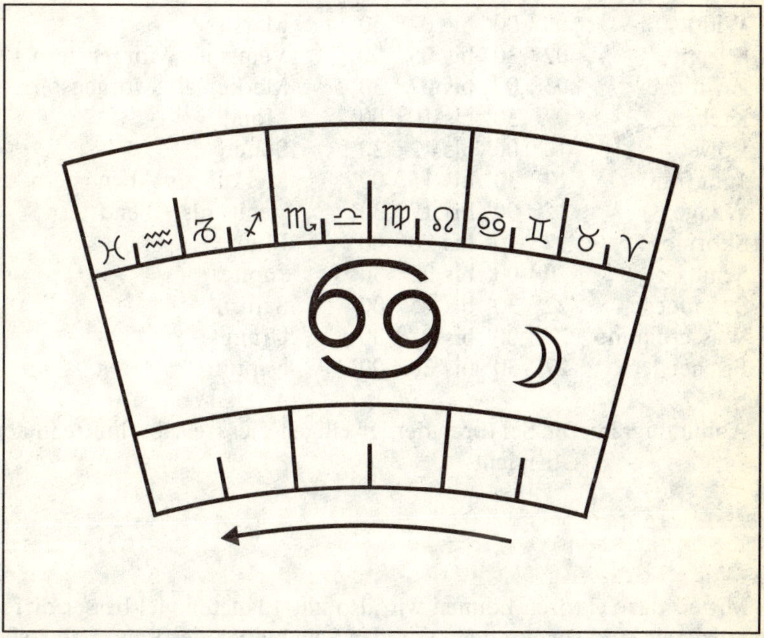

Abbildung 24: Die Sektoren am Beispiel des Tierkreisabschnittes Krebs

Wir sehen hier deutlich die Einteilung gegen den Uhrzeigersinn. Von 00° 00' bis 02° 30' den Widdersektor, von 02° 30' bis 05° 00' den Stiersektor und so fort.

Diese Einteilung ist logisch und folgerichtig, sie hat sich bestens bewährt und besagt, daß die Sektoren die Färbung oder Kleidung im

Hintergrund darstellen. Steht also die Sonne auf 17° 42' im Abschnitt Krebs, dann heißt der Sektor Skorpion (17° 30' bis 20° 30').

Die Sonne (und alle anderen Kräftesymbole) wären also nach Krebs und Skorpion zu beurteilen. Hier träfen sich Helligkeit und Suche im Dunklen.

Wir geben noch eine andere Übersicht.

Sektor		Färbungsverwandter Planet:
Widder	00° 00' bis 02° 30'	Mars
Stier:	02° 30' bis 05° 00'	Venus als Morgenstern
Zwillinge:	05° 00' bis 07° 30'	Merkur als Morgenstern
Krebs:	07° 30' bis 10° 00'	Mond
Löwe:	10° 00' bis 12° 30'	Sonne
Jungfrau:	12° 30' bis 15° 00'	Merkur als Abendstern
Waage:	15° 00' bis 17° 30'	Venus als Abendstern
Skorpion:	17° 30' bis 20° 00'	Pluto
Schütze:	20° 00' bis 22° 30'	Jupiter
Steinbock:	22° 30' bis 25° 00'	Saturn
Wassermann:	25° 00' bis 27° 30'	Uranus
Fische:	27° 30' bis 30° 00'	Neptun

Abbildung 25: Die Sektoren der jeweiligen Tierkreisabschnitte in der Übersicht.

Mittels der Sektoren können wir also alle Planeten viel besser differenzieren, und wir kommen von den Schablonen der Pauschalurteile weg. Allerdings muß mehr kombiniert werden, aber daß die Beschäftigung mit der Astrologie dadurch schwieriger wird, ist nicht von Nachteil.

Nehmen wir an, der Mond stände im Waageabschnitt auf 20° 20'. Dann fiele er in den Schützesektor (20° 00' bis 22° 30'). Die Kleidung des Mondes würde also von Waage und Schütze bestimmt oder von Venus als Abendstern und Jupiter. Der Mond trüge deren Idealkleidung.

In der Praxis hieße dies, daß die Seele sehr gefühlsbetont ist, im Hintergrund aber eher missionarisch die Horizonterweiterung sucht. Verletzbarkeit etwa durch Gefühlsschädigungen und Horizonteinschränkungen. Aber auch: Musische Gemütsausrichtungen mit den im Hintergrund lebenden Kräften nach Religionserkenntnissen, nach fernen Kulturen oder nach Dichtungen.

Wie man sieht, die Deutung mit Hilfe der Sektoren bekommt eine viel stärkere Differenzierung, ja wir können sagen: Dimension.

Kapitel 5:
Wo und Was: Die Interessenssphären oder Häuser

Die zwei Himmel

Paracelsus, der vor über 500 Jahren geborene Arzt und große Universalwissende seiner Zeit, sprach in bezug auf die Astrologie von den zwei Himmeln:

„Nichts ist im Himmel wie auf Erden, das nicht im Menschen ist. Und Gott, der im Himmel ist, ist auch im Menschen".

Dann an anderer Stelle:

„Im Menschen treffen sich äußerer und innerer Himmel".

Und weiter:

„Der Astronomus (Paracelsus bezeichnete so auch die Astrologen), der aus den äußeren Planeten die Nativitäten (Horoskope) beurteilt, der irrt, denn sie tun nichts im Menschen; der innere Himmel mit seinen Planeten, der tut's".

Was meint Paracelsus damit?

Wir haben bisher von den Planeten und der Ekliptik gesprochen. Wir können diese als äußeren Himmel betrachten.

Die sogenannten „Häuser" aber, die „rechnerischen Punkte" und die „Aspekte" stellten den inneren Himmel dar.

Deswegen sind auch Planeten und verschiedene Aspekte verbunden, wie wir noch sehen werden. Und der berühmteste Satz von Paracelsus heißt deshalb auch:

„Im Menschen nämlich sind Sonne und Mond und alle Planeten!"

Wenden wir uns nun also dem inneren Himmel zu.

Die Häuser

Das innere Horoskop teilen wir entsprechend den zwölf Ekliptikabschnitten in zwölf Häuser ein.

Der Begriff „Häuser" ist widersprüchlich. Er stammt aus dem ägyptischen Raum, wo man einst für die Gottheiten, dazu zählten auch die Planetengötter, Häuser errichtete. In Sakkara kann sich jeder Tourist heute noch diese Häuser anschauen.

Später wurde der Begriff Häuser relativiert. Zwar „herrschten" noch die Planeten über diese (auch Felder genannten) Einteilungen, aber die Räume wurden doch mehr den verschiedenen Lebensbereichen zugeordnet. Bevor wir die Häuser richtig beurteilen, verstehen und deuten können, ist es notwendig, sich ein wenig mit der Entwicklung des Häusersystems zu befassen.

Die Häuser entstanden aus Messungen.

Die wichtigste Messung war der Sonnenaufgang, beziehungsweise der Horizontaufgang. Diesem Aufgang steht genau um 180 Grad der Abgang oder der Untergang der Sonne gegenüber (A – D).

Diese Linie Aufgang-Untergang wurde die Horizontlinie genannt, sie teilt das Helle vom Dunklen, oder sie trennt Tag und Nacht. Alles, was über dem Horizont liegt, zeigt den Tag, alles, was unter dieser Linie liegt, zeigt die Nacht. Man sagt auch Außen- (oben) und Innenwelt (unten).

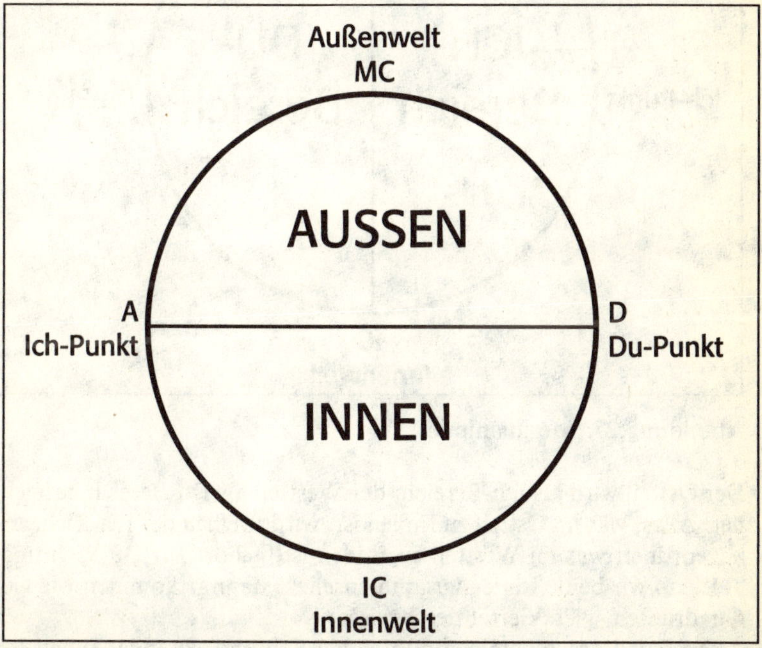

Abbildung 26: Horizontlinie

Der A (Aszendent) wurde und wird auch der Ich-Punkt genannt. Der gegenüberliegende D (Deszendent) wird auch der Du-Punkt genannt.

Der nächstwichtigste Punkt war der Höchststand der Sonne, die Himmelsmitte oder Medium Coeli = MC. Diesem MC liegt um 180 Grad das IC = Himmelstiefe oder Imum Coeli gegenüber. Diese Linie wird auch Meridianlinie genannt. Meridian heißt astronomisch Mittagskreis oder Mittagslinie.

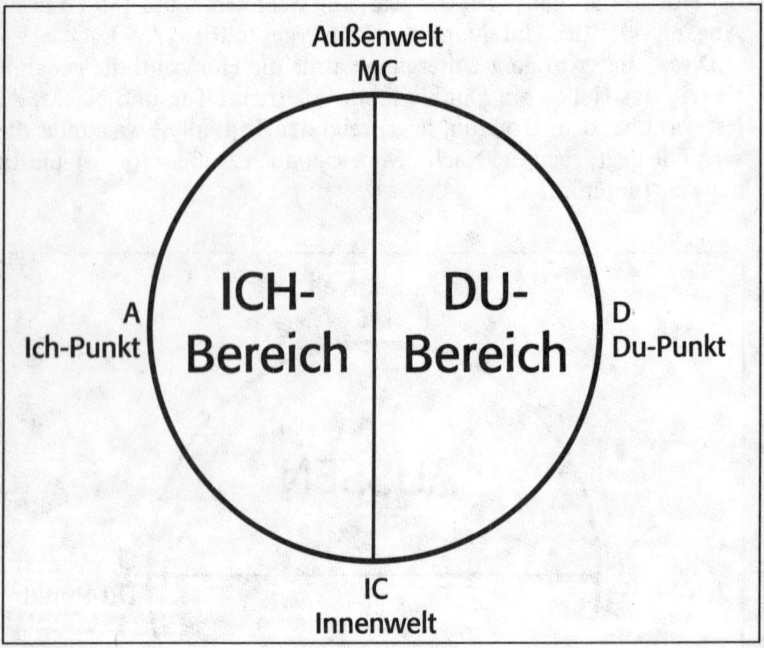

Abbildung 27: Meridianlinie

Der Ostteil wird als Ich-Bereich, der Westteil als Du-Bereich bezeichnet. Alles, was im Ostteil zu finden ist, wird folglich der Ich-Richtung zugeordnet, was im Westteil zu finden ist, gehört zur Du-Richtung.

Wenn wir beide Linien zusammensehen, dann bekommen wir vier Quadranten, vier Viertel des Kreises.

Die Quadranten vereinen nun Außen-Ich und -Du oder Innen-Ich und -Du in die erste grobe, aber entscheidende Differenzierung.

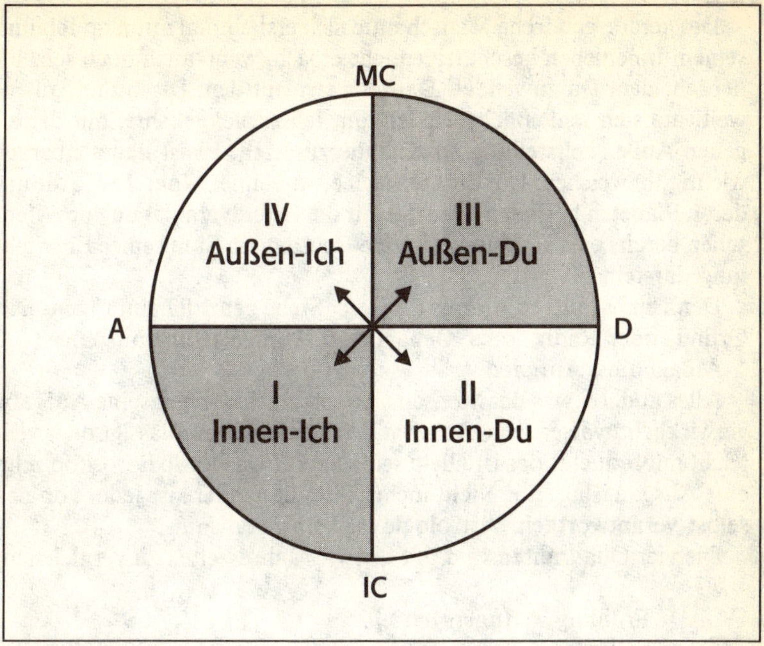

Abbildung 28: Die vier Quadranten

Durch die Schiefe der Ekliptik bedingt, sind diese vier Quadranten im Horoskop selten klar in je 90 Grad eingeteilt. Aber die vier Eckpunkte und die Bedeutung der Quadranten sind im Gegensatz zu den Häusern selbst und ihrer Größe in allen astrologischen Schulen unbestritten, egal, welche Berechnungsmethoden angewandt werden.

Mit den vier Begriffen: Ich – Du – Außen – Innen können wir das innere Horoskop schon sehr gut differenzieren.

Die Schreibweisen sind verschieden. Wir finden A oder AC oder ASZ für Aszendent, D oder DC oder DSZ für Deszendent. Ebenso kann man für Medium Coeli ein M oder MC lesen, oder für Imum Coeli ein I oder IC. Wir beginnen mit allen Rechnungen und Bewegungen immer beim Aszendenten und zwar gegen den Uhrzeigersinn.

So beschäftigen wir uns zunächst mit dem Innen-Ich, kommen zum Innen-Du, von da zum Außen-Du und schließlich zum Außen-Ich.

Oder:

Der gerade geborene Mensch muß sich erst einmal mit dem Ich und seinem Innenleben beschäftigen, ehe er sich, wenn auch noch sehr innerlich, dem Du zuwendet. Dann tritt er mit dem Du in die Außenwelt, um sich schließlich, wieder zum Ich zurückgekehrt, mit der eigenen Außenweltstellung auseinanderzusetzen. Es ist daher überaus wichtig, in welchem Quadranten sich etwa Sonne, Mond sowie die anderen Planeten befinden, weil das für die Grundveranlagung des Menschen bereits eine richtungweisende Deutung im Sinn seiner Entwicklung darstellt.

Denn eines müssen wir uns an dieser Stelle ganz tief einprägen: Das Grund- oder Radix- oder Geburtshoroskop zeigt uns nur eines:

Anlage und Aufgabe!

Alles andere, was der Mensch aus sich macht, wie er seine Aufgabe verwirklicht, wie er seine Anlagen befruchtet, vernachlässigt oder vielleicht mißbraucht, das ist allein seine Sache. Das Radixhoroskop zeigt eine Ausgangslage an. Nicht mehr! Für alles andere ist jeder von uns selbst verantwortlich. Astrologie ist kein Fatalismus.

Die vier Quadranten sind mit den vier Jahreszeiten zu vergleichen.

Frühling	=	Innen-Ich
Sommer	=	Innen-Du
Herbst	=	Außen-Du
Winter	=	Außen-Ich

Der Frühling zeigt den Menschen in seiner inneren Ich-Entwicklung, der Sommer in seiner langsam wachsenden Du-Einstellung, während der Herbst der Außen-Du-Stellung entspricht, um dann zum Außen-Ich zu kommen.

Nun ging es darum, diese inneren Jahreszeiten, die in uns leben, weiter einzuteilen, um zu besseren Unterscheidungen zu kommen. Praktisch hieß dies: Wie teilen wir die Quadranten in je drei Teile? Es gibt da inzwischen verschiedene Systeme, die sich vor allem in der Berechnungsart unterscheiden.

Teile ich die Quadranten in Raum oder Zeit oder in beides? Es sind so im Laufe der Zeit die verschiedensten Häusersysteme entwickelt worden, die – bis auf eines – alle höchst kompliziert sind, und es werden weitere Systeme entstehen. Wir wollen die Streitereien darüber hier nicht untersuchen, dafür ist ein eigenes Buch notwendig, sondern wir stellen hier das einfachste und nach unserer Erfahrung das wohl einzig richtige System vor, das sich vom Altertum über die Antike, über das Mittelalter bis heute bestens bewährt hat. Im Sprachgebrauch wird es das 30-Gradsystem genannt oder das „äquale" System, weil es auch am Äquator für alle anderen Systeme automatisch stimmt. Unsere Begründungen:

I. Gemäß dem obersten und eigentlich einzigen Gesetz der Astrologie „Oben wie Unten – Unten wie Oben" teilen wir auch das innere Horoskop in zwölf Häuser zu je 30° auf.
Die Zählung beginnt – wie beim Tierkreis und den Jahreszeiten – entgegen dem Uhrzeigersinn am Aszendenten.
II. Dieses System funktioniert überall auf der Welt, ob im höchsten Norden am Nordpol oder am Südpol.
III. Es ist das einzige System, das Außenweltstellung und Berufung differenziert, was wir bei den rechnerischen Punkten noch genauer begründen werden. Andere Systeme können dies nicht.
IV. Bei den Zukunftstendenzen wird mit diesem System viel persönlicher gearbeitet als bei den inäqualen Häusern. Der Name „inäqual" kommt daher, weil diese Häuser generell nicht den Häusern entsprechen, wie wir sie beim Äquator haben.
V. Wenn wir – aus welchen mathematischen Gründen auch immer – ungleiche Häuser benutzen, und ungleich groß sind die Häuser der anderen Systeme (außer dem 30-Gradsystem) immer, dann müßten wir auch die Abschnitte der Ekliptik in ungleiche Größen einteilen, weil das Tempo der Sonne zu jeder Jahreszeit oder in jedem Monat auch verschieden ist. Und die Sonne bestimmt einzig und allein die Jahreszeiten und Abschnitte!

Durch die verschiedenen Häusersysteme kommen selbstverständlich stets andere Aussagen zustande, die meist große Verwirrungen entstehen lassen. Denen wollen wir auch ausweichen. Und letztlich: Das 30-Gradsystem hat sich auf der ganzen Welt bestens bewährt.

Wie wir mit dem Horoskop den äußeren Himmel mit den Tierkreisabschnitten und Planeten einteilen, so teilen wir auch das innere Horoskop mit den Häusern ein.

Dabei behalten die Planeten – wie wir sehen werden – ihre Verwandtschaften.

I. Die Jahreszeiten gleich Quadranten.
   Frühlingsquadrant : Haus 1 – 2 – 3 (Innen-Ich)
   Sommerquadrant : Haus 4 – 5 – 6 (Innen-Du)
   Herbstquadrant : Haus 7 – 8 – 9 (Außen-Du)
   Winterquadrant : Haus 10 – 11 – 12 (Außen-Ich)

II. Es gibt auch hier im Innen-Horoskop die Einteilung in männlich gleich zeugend oder ansprechend und weiblich gleich empfangend oder antwortend.
   Männlich : Häuser 1 – 3 – 5 – 7 – 9 – 11 (also alle ungeraden Häuser)
   Weiblich : Häuser 2 – 4 – 6 – 8 – 10 – 12 (also alle geraden Häuser)

III. Auch die Motorik wird auf die Häuser übertragen.
   Bewegend sind die Häuser : 1 – 4 – 7 – 10
   Fest sind die Häuser : 2 – 5 – 8 – 11
   Angleichend sind die Häuser : 3 – 6 – 9 – 12

IV. Natürlich werden die Häuser auch den Elementen entsprechend eingeteilt. Nur benutzen wir dazu andere Namen, weil wir das Elementare mehr auf den Menschen übertragen, was uns als sehr wichtig erscheint.

Das Feurige bezeichnen wir als persönlich
Das Erdhafte als materiell
Das Luftige als geistig
Das Wässrige als seelisch

Und wie jeder Tierkreisabschnitt einen Namen hat, der insgesamt gesehen recht unbefriedigend ist, so hat auch jedes Haus seinen Namen, der besser, aber auch nicht ganz, den Kern trifft.

Im Mittelalter galt folgender Spruch in bezug auf die Häuser, (wobei unter den Worten die Hausnumerierung zu finden ist).

„Es lebt reich Bruder Vater Kind krank Hausfrau
1 2 3 4 5 6 7
alles Todesgesind und wandelt mit Herrlichkeit
8 9 10
hat Glück wo Gefängnis nicht bringt Leid!"
11 12

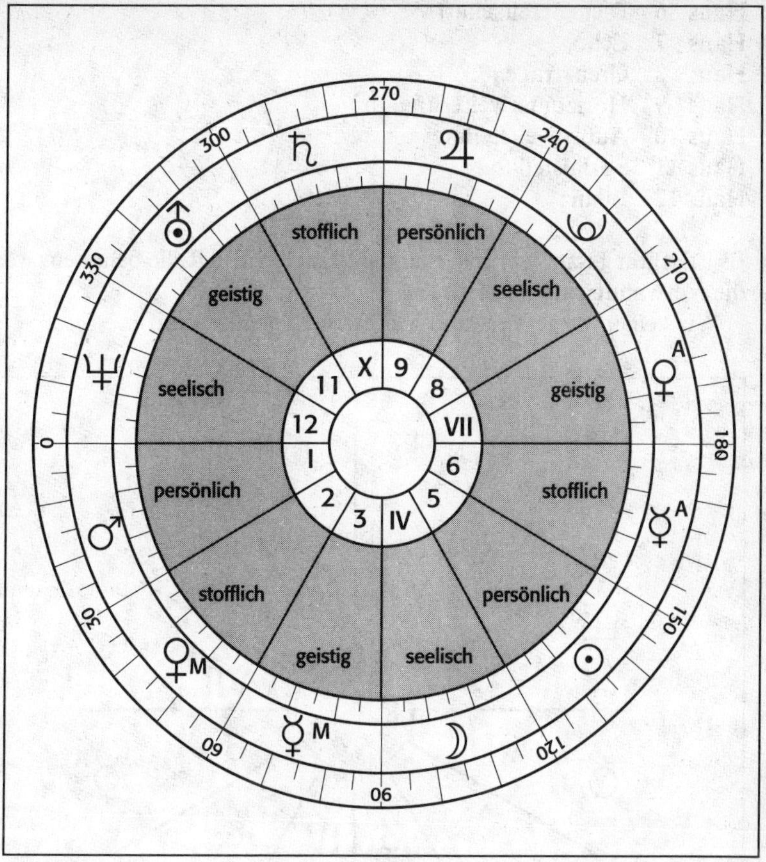

Abbildung 29: Die Elemente der Häuser

Das reicht natürlich nicht. Wir geben neue Stichworte, die aber wirklich nur als Stichworte zu verstehen sind.

Haus	1	Lebenseinstellung
Haus	2	Vermögen
Haus	3	Alltag
Haus	4	Heimat
Haus	5	Kreativität

Haus 6 Dien-Bereitschaft
Haus 7 Echo
Haus 8 Grenzfragen
Haus 9 Horizonterweiterung
Haus 10 Außenweltstellung
Haus 11 Sozialstellung
Haus 12 Bilanz

Es ist schon gesagt worden, daß die Planeten ihre Rolle behalten, was die Verwandtschaft betrifft.

Wir zeigen diese Verwandtschaft in folgender Grafik.

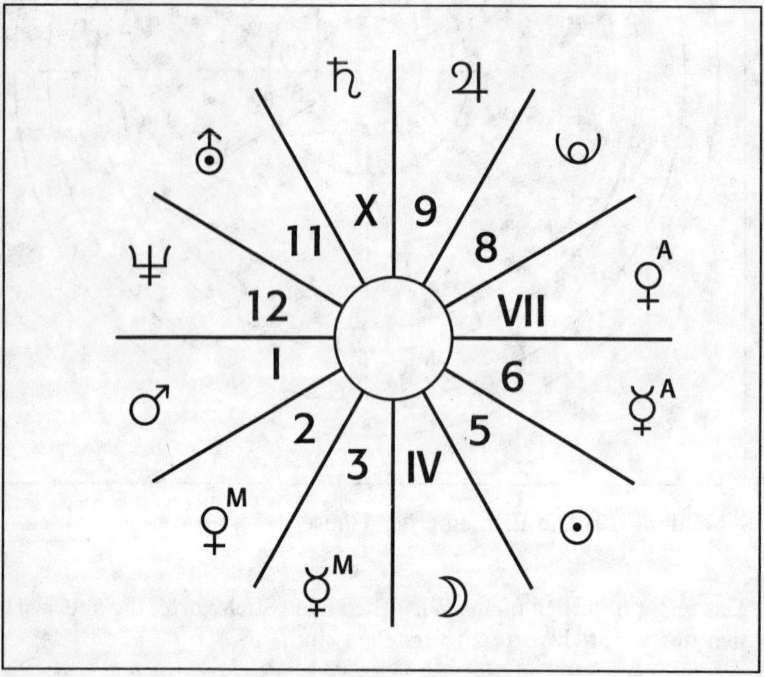

Abbildung 30: Planeten und Häuser

Wir haben, wie es oft getan wird, in dieser Grafik die bewegenden Häuser römisch numeriert. Auch hat Pluto ein anderes Symbol, weil sich die Gesamtastrologie noch nicht auf ein Zeichen geeinigt hat.

1. Haus ist ähnlich dem Marsprinzip
2. Haus ist ähnlich dem Venusprinzip als Morgenstern
3. Haus ist ähnlich dem Merkurprinzip als Morgenstern
4. Haus ist ähnlich dem Mondprinzip
5. Haus ist ähnlich dem Sonnenprinzip
6. Haus ist ähnlich dem Merkurprinzip als Abendstern
7. Haus ist ähnlich dem Venusprinzip als Abendstern
8. Haus ist ähnlich dem Plutoprinzip
9. Haus ist ähnlich dem Jupiterprinzip
10. Haus ist ähnlich dem Saturnprinzip
11. Haus ist ähnlich dem Uranusprinzip
12. Haus ist ähnlich dem Neptunprinzip

Nun können wir eine Gesamtübersicht geben.

Gesamtübersicht der Zusammenhänge von Häusern, Planeten, Elementen, Motorik und Polarität

Haus:	Planet	Element	Motorik	Polarität	Stichwort
1	Mars	persönlich	bewegend	männlich	Lebenseinstellung
2	Venus M	materiell	fest	weiblich	Vermögen
3	Merkur M	geistig	anpassend	männlich	Alltag
4	Mond	seelisch	bewegend	weiblich	Heimat
5	Sonne	persönlich	fest	männlich	Kreativität
6	Merkur A	materiell	anpassend	weiblich	Dien-Bereitschaft
7	Venus A	geistig	bewegend	männlich	Echo
8	Pluto	seelisch	fest	weiblich	Grenzfragen
9	Jupiter	persönlich	anpassend	männlich	Horizonterweiterung
10	Saturn	materiell	bewegend	weiblich	Außenweltstellung

11	Uranus	geistig	fest	männlich	Sozialeinstellung
12	Neptun	seelisch	anpassend	weiblich	Bilanz

Die sogenannten Kleider kennen die Häuser nicht, da sie Interessenssphären bedeuten. Auch wandeln die Planeten nicht in den Häusern, sie treten nur – durch die Tierkreisabschnitte, in denen sie stehen –, äußerlich anders auf.

Es gibt ferner keine Tierkreishäuser, also keine Steinbock- oder Widderhäuser, wie hier und da auch gesagt wird, dafür eben Merkur- oder Venus-Häuser etc., die von Planeten bestimmt werden.

Fassen wir noch einmal alle Begriffe in einem Bild zusammen:

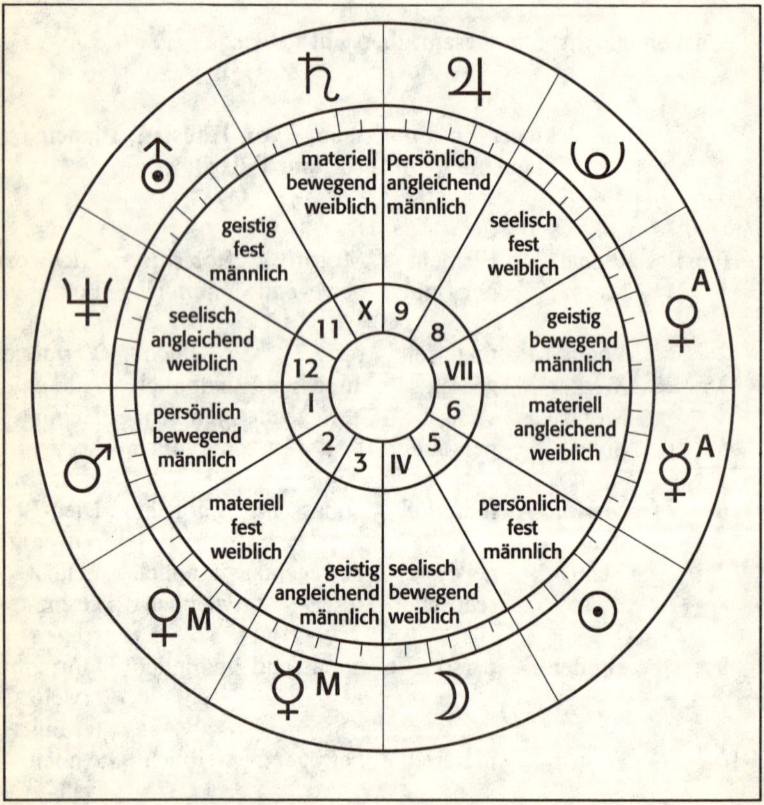

Abbildung 31: Häuserkreis I

Die Tierkreisabschnitte lassen wir also, das kann nicht oft genug betont werden, weg.

Wir haben dann noch ein Bild für das Häusersystem, das alles Gesagte im psychologischen Sinn auf das Wesentliche konzentriert. Aber es sei darauf hingewiesen, daß die einzelnen Begriffe natürlich wie Vokabeln gelernt werden sollten. Dabei kommt es weniger auf das Auswendiglernen an als auf den Sinn, der hinter den einzelnen Häuseraussagen verborgen steckt, weil dieser Sinn das ,,Oben wie Unten gleich Unten wie Oben" besonders unterstreicht.

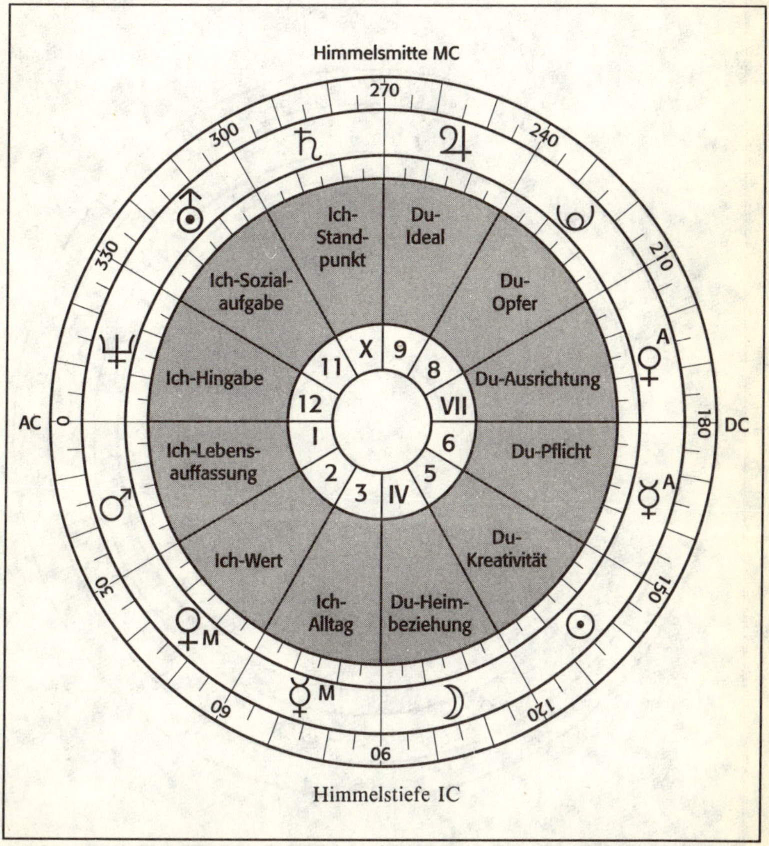

Abbildung 32: Häuserkreis II

Manche Stichworte sind hier besonders neu konkretisiert. So wurde aus dem Stichwort Vermögen (was vom Begriff ,,was ich vermag" stammt) das Wort Ich-Wert. Denn je mehr ich vermag, um so mehr steigt mein Ich-Wert. Wir werden die anderen konkretisierten Begriffe bei der Beschreibung der Häuser genauer darlegen. Uns ging es darum, in den vorherigen Übersichten den Weg der ,,Klassischen Astrologie" bis heute nachzuvollziehen. Denn einen echten Fortschritt gibt es nicht ohne Erhalt der Tradition – ganz besonders nicht auf dem Gebiet der Astrologie, doch sie darf nie ein starres System sein, das keine Entwicklungen erlaubt.

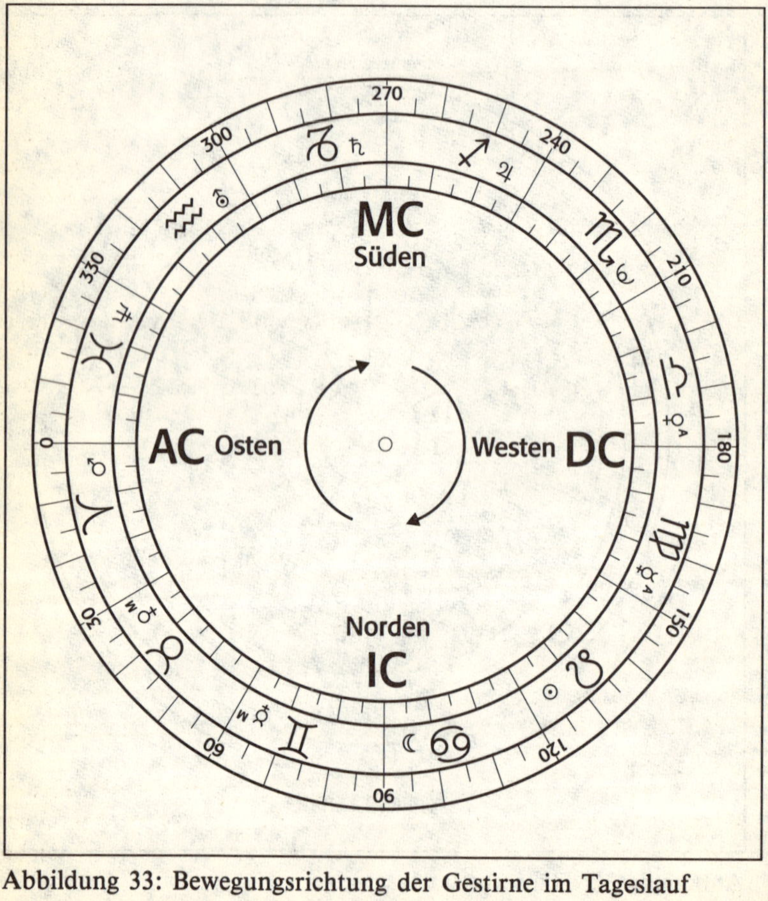

Abbildung 33: Bewegungsrichtung der Gestirne im Tageslauf

Zur Häuserzählung

Wir zählen die Häuser – wie einige Grafiken gezeigt haben – gegen den Uhrzeigersinn, also wie die Tierkreisabschnitte. Das entspricht durchaus dem Motto des „Oben wie Unten".

Und doch ist es verwirrend. Wie beschrieben, haben wir zwei Bewegungen der Erde. Eine davon, die Drehung unseres bewohnbaren Planeten um die eigene Achse, bringt Tag und Nacht.

Das hat zur Folge, daß die Sonne scheinbar morgens im Osten aufgeht. Anders als auf der Landkarte liegt der Osten im Horoskop links. Der Süden liegt oben. Wenn nun die Sonne im Osten aufgeht und sich scheinbar nach oben bewegt, dann steigt sie im Horoskop dem Süden zu.

Unter Astrologen wurde schon oft die Meinung vertreten, es müßten die Häuser im Uhrzeigersinn gezählt werden. Eine recht gute Überlegung, die wir auch bei der Zukunftsbetrachtung durchaus vornehmen. Aber wenn es um die seelische Prägung geht, dann müssen wir gegen die Uhrzeigerrichtung zählen, da die Art, wie wir unsere Interessenssphären meistern, für unser Leben entscheidend ist. Dies ist ein Entwicklungsprozeß, der sich nicht in einem Tag vollzieht. Wir wachsen aus der Tiefe in die Höhe, aus dem Dunklen ins Licht, aus dem Unbewußten ins Bewußte. Deshalb ist die Zählung gegen den Uhrzeigersinn im Sinne der angesprochenen Entwicklung richtig. Jedoch bei den Zukunftstendenzen muß die Gegenrichtung durchaus mit beachtet werden. Wir kommen später darauf zurück.

Nun zu den einzelnen Häusern.

Die Ich-Lebensgestaltung: Erstes Haus

Mitbestimmendes Planetensymbol: Mars

Bei der Deutung des ersten Hauses müssen wir den mitbestimmenden Mars immer beachten. Mars als Symbol des Aufbruchs, des Lebenswillens und des Antriebes bestimmt im Grunde die Bedeutung dieses Hauses.

Hier erkennen wir die Grundlebensauffassung des Horoskopeigners, seinen Ich-Willen. Das erste Haus ist der Ausgangspunkt überhaupt. Der Mensch ist geboren, jetzt zeigt er, wie er das Leben anzugehen gewillt ist.

Aber das erste Haus darf nicht mit dem Aszendenten gleichgesetzt werden (darüber werden wir später sprechen), sondern es gibt Auskunft über das nackte Ich, über die ihm innewohnende Kraft, mit der es das Schicksal meistern möchte. Es geht hier folglich um die seelische Antriebskonstitution, um den Mut und die Zivilcourage.

Das erste Haus ist völlig egozentrisch ausgerichtet, was aber nicht mit Egoismus verwechselt werden darf. Egozentrik muß sogar sein, wenn das Ich eine gewisse Durchschlagskraft erhalten soll. Hier liegt die Wurzel für die Lebenszuversicht oder Grundhoffnung. Somit sagt uns dieses Haus etwas über die Startkräfte, mit denen der Marathonlauf des Lebens angegangen wird.

Einteilungsstichworte: Männlich – bewegend – feurig – marsisch und persönlich ausgerichtet.

Die Ergänzung und die Polarität finden sich im siebten Haus.

Haus eins und Haus sieben sind immer zusammen zu betrachten.

Der Selbstwert: Zweites Haus

Mitbestimmendes Planetensymbol: Venus als Morgenstern

Bei der Deutung des zweiten Hauses müssen wir die mitbestimmende Venus als Morgenstern immer beachten. Venus als Morgenstern als Symbol der realen Lebensliebe, des Schönen, der Freude, des Genusses und des Dranges, das alles zu sichern, bestimmt im Grunde die Bedeutung dieses Hauses.

Hier erkennen wir die Talente, die Begabungen, das Vermögen, also all das, was die einzelnen Horoskopeigner für die Gestaltung ihres Lebens von Anfang an besitzen. Mit dem Vermögen ist nicht nur das materielle Vermögen gemeint, das natürlich auch eine Rolle spielt, sondern all das, was ein Mensch individuell vermag. Zum Ausgangspunkt der Lebensgestaltung (erstes Haus) kommt nun die Antwort auf die Frage: Welche Kräfte habe ich denn, um meine innersten Wünsche praktisch in die Tat umzusetzen?

Wenn ich meine Kräfte nicht kenne, dann führen mich meine eigenen Wünsche eventuell auf Irrwege, weil die Erwartungen, die ich an mich stelle, vielleicht zu hoch oder auch zu niedrig angesetzt werden. Die Hoffnungen und Sehnsüchte werden folglich zurechtgestutzt, die Möglichkeiten müssen realistisch untersucht werden. Oder anders: Ich muß wissen, von welcher Art meine Basis ist, auf der ich mein Lebenshaus erbauen möchte. Auf Fels baut es sich anders als auf Sand.

Einteilungsstichworte: Weiblich – fest – erdig – venushaft und materiell ausgerichtet.

Die Ergänzung und die Polarität finden sich im achten Haus.

Haus zwei und Haus acht sind immer zusammen zu betrachten.

Der Alltag: Drittes Haus

Mitbestimmendes Planetensymbol: Merkur als Morgenstern

Bei der Deutung des dritten Hauses müssen wir den mitbestimmenden Merkur als Morgenstern immer beachten. Merkur als Morgenstern ist das Symbol des wachen, schnellen Handelns und Denkens. Als Symbol der praktischen Umsetzung von Ideen, Anregungen oder Forderungen bestimmt er im Grunde die Bedeutung dieses Hauses. Es ist – man kann es nicht besser ausdrücken – der Raum des Alltags. Alle alltäglichen Ereignisse und deren mögliche Meisterung werden hier von der Anlage her beurteilt. Damit ist dieses Haus so enorm wichtig, denn 90 Prozent unseres Lebens dienen nun einmal dazu, den Alltag zu bewältigen. Hier bewähren sich der grundlegende Anspruch und die Begabungsvoraussetzungen (oder auch nicht). Erst muß der Alltag in Angriff genommen werden, ehe an das Festtägliche gedacht werden kann, und der Alltag umfaßt weite Gebiete des Lebens wie alle Verträge, die Nachbarschaft, den Verkehr, die Bezahlung meiner Rechnungen, die Steuer usw., usw. Hier liegt die erste Bewährungsprobe. Wer den Alltag nicht bewältigt, der wird kaum darüber hinausspringen können. Auch die ersten Lebenserfahrungen werden hier gesammelt und verarbeitet: Die Prüfungen von der Schule bis hin zu allen anderen Aufgaben, die unerläßlich sind. Oft wird der Alltag zum Schicksal, da er alle Träume und Hoffnungen zunichte machen kann.

Einteilungsstichworte: Männlich – anpassend – luftig – merkurhaft und geistig ausgerichtet.

Die Ergänzung und die Polarität finden sich im neunten Haus.

Haus drei und Haus neun sind immer zusammen zu betrachten.

Die Heimat: Viertes Haus

Mitbestimmendes Planetensymbol: Mond

Bei der Deutung des vierten Hauses müssen wir den mitbestimmenden Mond immer beachten. Den Mond als Symbol der Seele, des Vergangenheitsgedächtnisses, und als Symbol unserer Tiefe, unseres Inneren bestimmt im Grunde die Bedeutung dieses Hauses. Hier liegt unsere seelische Heimat, unsere archetypische Herkunft. Dieses Haus zeigt auch die Aufgabe der Seele an, die unser Leben immerhin sehr entscheidend bestimmt. Aber es vermittelt uns auch Auskünfte, wie wir uns aus dem Heimat- oder Vaterhaus lösen, um nun auf der Suche nach dem Du unseren Weg allein fortzusetzen.

Es hat auch etwas mit dem inneren Erbe zu tun und kann die Frage beantworten, ob ich in der Heimat verwurzelt sein muß oder ob ich meinem Fernweh folgen darf.

Wie wachse ich über meine innere Herkunft hinaus? Was vermag ich ohne die alten Familienbindungen zu tun, wie halte ich es mit der Vergangenheit und den Erinnerungen? Welches Erbe muß ich in mir wahren oder gar fördern, welches überwinden? Welche Träume vermag ich mir zu erfüllen, wie sollte ich mich in meinem Haus einrichten? Also alle Fragen, die mit der Herkunft und Vergangenheit, und damit auch mit dem Alter (denn der Kreis schließt sich stets) zusammenhängen.

Einteilungsstichworte: Weiblich – bewegend – wässrig – mondhaft und seelisch ausgerichtet.

Die Ergänzung und die Polarität finden sich im zehnten Haus.

Haus vier und Haus zehn sind immer zusammen zu betrachten.

Die Kreativität: Fünftes Haus

Mitbestimmendes Planetensymbol: Sonne

Bei der Deutung des fünften Hauses müssen wir die mitbestimmende Sonne immer beachten. Die Sonne als Symbol unseres bewußten Lebenskerns, als Symbol der schöpferischen Kraft und unserer Kreativität, sowie unserer Jahresfärbung bestimmt im Grunde die Bedeutung des fünften Hauses.

Es ist das Haus unserer Kreativität, unserer Lebensfreude und der sinnenvollen Lust. Früher sah man darin auch das Haus der Kinder, was insofern richtig war, da Kinder mit das Kreativste sind, was es gibt, da sie das Leben erhalten, indem sie es weiterführen.

In diesem Raum zeigen sich die schöpferischen Kräfte, die in unserem Herzen leben. Dieses Haus baut auf unserem inneren Erbe auf und führt uns hin zu unserem Du-Echo, um dann aus der inneren Tiefe nach außen zu wirken. Jedoch nur die Kreativität, die mit Freude – Lebensfreude und Schaffensfreude – verbunden ist, ist schöpferisch. Sie macht frei und beschwingt, solange sie auf eigenen Talenten beruht. Dann vermag sie zu helfen, so daß wir über uns hinauswachsen, ohne den Boden unter den Füßen zu verlieren. Hier erkennen wir, was uns Freude und tiefe Herzensbefriedigung bringt, und uns immer wieder anspornen und mutig machen kann.

Einteilungsstichworte: Männlich – fest – feurig – sonnenhaft – und persönlich ausgerichtet.

Die Ergänzung und die Polarität finden sich im elften Haus.

Haus fünf und Haus elf sind immer zusammen zu betrachten.

Der Kräfteverbrauch: Sechstes Haus

Mitbestimmendes Planetensymbol: Merkur als Abendstern

Bei der Deutung des sechsten Hauses müssen wir den mitbestimmenden Merkur als Abendstern immer beachten. Merkur als Abendstern als Symbol unserer Denktiefe, unserer vorsorgenden und philosophischen Ausrichtung, unserer ernsten Mühe und Plage bestimmt im Grunde die Bedeutung des sechsten Hauses.

Auch die Aufgabe der Pflichterfüllung ist hier auszumachen. Es ist der Raum, der das Opfer anzeigt, das von uns gefordert wird, der Raum der Anstrengung und damit auch der Raum, der aussagen kann, wie es um unseren Kraftverbrauch aussieht. Keiner kann sich auf die Dauer um seine Pflichterfüllungen herumdrücken, die wir hier im sechsten Haus erkennen können. Nach der Lebensfreude, der Lust an der Kreativität kommt die Aufgabe der Pflichten, vielleicht auch der Mühen, wobei alles auf das Du hin bezogen sein sollte. Dieses Haus hört am Du-Punkt auf, was seine Deutung noch wesentlich unterstreicht. Früher sprach man auch vom Krankheitshaus, das scheint so nicht richtig zu sein, wenn auch jeder Einsatz von Kräften gewisse Substanzverluste aufweisen kann.

So gesehen mag uns dieser Raum – wenn auch sehr eingeschränkt – etwas über die Gesamtveranlagung unserer Gesundheit sagen.

Einteilungsstichworte: Weiblich – anpassend – erdig – merkurisch und materiell ausgerichtet.

Die Ergänzung und die Polarität finden sich im zwölften Haus.

Haus sechs und Haus zwölf sind immer zusammen zu betrachten.

Das Du-Echo: Siebtes Haus

Mitbestimmendes Planetensymbol: Venus als Abendstern

Bei der Deutung des siebten Hauses müssen wir die mitbestimmende Venus als Abendstern immer beachten. Venus als Abendstern als Symbol der ewigen Liebe im kleinen wie im großen Bereich, als Symbol des Musischen und der inneren Schönheit, die sich vor allem dem Du zuwendet, bestimmt im Grunde die Bedeutung des siebten Hauses. Hier ist unsere Echo-Möglichkeit zu erkennen, ob von der Sehnsucht, dem Wollen oder der Außenwelt her. Es ist das Du-Haus schlechthin, zumal es auch am Du-Punkt beginnt. Nach der Mühe kommt der Lohn, oder besser: Ohne Mühe um das Du bekommt man keinen Lohn, kein Echo. Dabei ist das Echo nicht nur im Du der Lebenspartnerschaften zu sehen, sondern im weitaus größeren Rahmen. Der Arzt hat auch sein Echo durch die Patienten, der Künstler durch das Publikum, der Lehrer durch die Schüler, der Rechtsanwalt durch die Klienten, der Minister durch die Wähler und so fort. Dieser Raum sagt etwas über die persönliche Ergänzung schlechthin aus. Ohne die vermag keiner auf die Dauer glücklich und segensreich zu leben, denn das Ich muß zum Du, erst dann ist die Vereinigung, welche zur Mitte führt, gefunden, erst dann kann das Leben als sinnvoll bezeichnet werden.

Einteilungsstichworte: Männlich – bewegend – luftig – venushaft und geistig ausgerichtet.

Die Ergänzung und die Polarität finden sich im ersten Haus.

Haus sieben und Haus eins sind immer zusammen zu betrachten.

Die Grenzen: Achtes Haus

Mitbestimmendes Planetensymbol: Pluto

Bei der Deutung des achten Hauses müssen wir den mitbestimmenden Pluto immer beachten. Pluto als Symbol des Machtbewußtseins, der Dämonie und der tief erdverbundenen Erotik, sowie der Tarnung und der Unterwelt der Toten bestimmt im Grunde die Bedeutung des achten Hauses. Hier ist der Raum, wo wir die Möglichkeiten der Auseinandersetzung mit den Grenzen, die uns umgeben, erkennen. Die Grenzen beginnen als Lernerfahrungen, mit unseren Verlusten, und enden mit unserem Tod. Aber die Grenzen sind auch zu überwinden, wenn wir die äußeren Werte mit den inneren Werten abwägen und dann erweitern. Alle Grenzfragen stehen zur Diskussion, was uns oft auch zur Beschäftigung mit Psychologie und Esoterik führt bis hin zur Sterbebegleitung. Hier gilt es, abzuschätzen, inwieweit wir die Fähigkeit besitzen, über uns innerlich hinauszuwachsen. Das Symbol Pluto führt uns in die Auseinandersetzung mit dem in uns lebenden Cerberos, den wir besiegen müssen, um wieder in das Licht zu kommen, nachdem wir den Tunnel innerer Erfahrungen durchschritten haben. Wie ertragen wir Verluste? Wie lernen wir aus ihnen, wie überwinden wir sie letztlich? Das alles ist hier zu erkennen. So wird diese Konfrontation zur größten inneren Prüfung unseres Lebens.

Einteilungsstichworte: Weiblich – fest – wässrig – plutonisch und seelisch ausgerichtet.

Die Ergänzung und Polarität finden sich im zweiten Haus.

Haus acht und Haus zwei sind immer zusammen zu betrachten.

Das Himmelsstürmende: Neuntes Haus

Mitbestimmendes Planetensymbol: Jupiter

Bei der Deutung des neunten Hauses müssen wir den mitbestimmenden Jupiter immer beachten. Jupiter als Symbol der Entfaltung und der Sinnsuche, der Gerechtigkeit und der höheren Sonne, die über die Grenzen hinausstrebt und uns unermeßliche Weiten anzeigt, bestimmt im Grunde die Bedeutung des neunten Hauses.

Es zeigt uns die Möglichkeiten der Horizonterweiterung an, ob nun innerlich oder äußerlich. Also innere und äußere Reisen in die Ferne. Innerlich auch im Hinblick auf Religion, Metaphysik oder Philosophie, äußerlich auf Fahrten zu anderen Kulturen. In diesem Raum tritt die Ichbezüglichkeit der individuellen Sonne zurück, der Horizont weitet sich gewaltig aus, wenn die Zeichen der Zeit (und des Horoskops) richtig erkannt werden.

Um über sich hinauszuwachsen, bedarf es einer großzügigen Anlage, die sich nicht im geregelten Ablauf des Alltäglichen erschöpft. Das Symbol Jupiter ist ein Hinweis auf die allgemeine und umfassende Nähe des Göttlichen, die jeder Mensch als Ahnung in sich trägt, ob der einzelne das nun zugibt oder nicht. In jedem von uns lebt die Sehnsucht sich vom Alltag abzuheben, innerlich fliegen zu können, andere Horizonte zu erreichen. Man kann es das große Fernweh nennen, das in uns – vor allem innerlich – vorhanden ist.

Einteilungsstichworte: Männlich – anpassend – feurig – jupiterhaft und persönlich ausgerichtet.

Die Ergänzung und die Polarität finden sich im dritten Haus.

Haus neun und Haus drei sind immer zusammen zu betrachten.

Die Außenweltstellung: Zehntes Haus

Mitbestimmendes Planetensymbol: Saturn

Bei der Deutung des zehnten Hauses müssen wir den mitbestimmenden Saturn immer beachten. Saturn als Symbol der Mühe, der Konzentration, des stillen Ehrgeizes, der Beschränkung und Hemmung. Auch Saturn will hoch hinaus – wenn auch langsam und sicher – und das alles bestimmt im Grunde die Bedeutung des zehnten Hauses. Es zeigt uns unsere Außenweltstellung an, die meist mit dem Beruf – aber nicht nur damit – zusammenhängt. Der Aufstieg, den jeder ersehnt, die Achtung, die jedem mehr oder weniger entgegengebracht wird, ist vielen, meist mühsamen Prüfungen unterzogen. Der Respekt, den man sich erobern will, die Anerkennung, die auch oft ausbleiben kann, wird durch diesen Raum ersehen. Hier geht es um die präzise und meßbare Leistung, da aller Schein, alle Scharlatanerie durchschaut werden. Erfolg im Leben wird letztlich keinem geschenkt, wenn auch manche Menschen eher und leichter davon partizipieren als andere. Aber irgendwann wird jedem seine ihm zustehende individuelle Rechnung präsentiert. Höher als hier angezeigt kann niemand in seinem Leben hinaus, wenn wir davon ausgehen, daß niemand den Boden unter seinen Füßen verlieren will. Der höchste Berg ist zwar dem Himmel nah, aber in den Himmel selbst ragt er nicht hinein.

Einteilungsstichworte: Weiblich – bewegend – erdig – saturnisch und materiell ausgerichtet.

Die Ergänzung und die Polarität finden sich im vierten Haus.

Haus zehn und Haus vier sind immer zusammen zu betrachten.

Das Soziale: Elftes Haus

Mitbestimmendes Planetensymbol: Uranus

Bei der Deutung des elften Hauses müssen wir den mitbestimmenden Uranus immer beachten. Uranus als Symbol der Wandlung und der Wende, des Neuen, des Umsturzes und der Revolution. Uranus ist ferner das Symbol für die Intuition, für das Schöpferische, das aus der Tiefe kommt, und für die Pflege der sozialen Beziehungen, die sich erst darin bewährt, wenn auch das Überraschende voll akzeptiert wird. Das alles bestimmt im Grunde die Bedeutung des elften Hauses.

Es ist das letzte der geistigen Häuser, daher vermag man hier auch die mögliche geistige Reife zu erkennen, wenn sie auch nicht immer erreicht wird. In diesem Raum sind die andauernden oder intuitiven Freundschaften zu sehen, die nun mal etwas mit der sozialen Einstellung zu tun haben. Auch das Lehrhafte, das in den Menschen lebt, kann hier abgemessen werden, zumal die am meisten lernen, die sich der Mühe des Lehrens unterziehen. Es ist der Raum derjenigen, die die gleiche Sprache sprechen, der Raum des Teams. Früher war es der Salon, in dem sich Gleichgesinnte trafen, um ihre Gedanken auszutauschen, um sich gegenseitig zu fördern und eine neue Sicht zu gewinnen.

Einteilungsstichworte: Männlich – fest – luftig – uranisch und geistig ausgerichtet.

Die Ergänzung und die Polarität finden sich im fünften Haus.

Haus elf und Haus fünf sind immer zusammen zu betrachten.

Die Bilanz: Zwölftes Haus

Mitbestimmendes Planetensymbol: Neptun

Bei der Deutung des zwölften Hauses müssen wir den mitbestimmenden Neptun immer beachten. Neptun als Symbol des Grundlebensinstinktes, als Symbol der Vernebelung aber auch der Inspiration, und als Symbol der Zurückbesinnung auf den oben erwähnten Lebensinstinkt bestimmt im Grunde die Bedeutung des zwölften Hauses. Es wird auch als Raum der Bilanz bezeichnet, was in sich richtig ist, denn der Lebensinstinkt muß aus den Fehlern oder aus der richtigen Einstellung lernen. Aus beiden kann sich eine ungeheure menschliche Inspiration entwickeln, die nur wenigen geschenkt wird, und die sich manchmal zu hohem Format entwickeln kann. Hier in diesem Raum mag auch die Fähigkeit zu einer gewissen Hellsichtigkeit, vielleicht sogar – zwar höchst selten – zu einem gewissen Sehertum zu erkennen sein, wenn sich die Instinkterfahrungen umsetzen lassen. Doch dazu ist eine fast gnadenlose und ehrliche Bilanz bei sich selbst zu ziehen.

Tiere folgen ihrem Instinkt, der sich aber erst über Generationen zu ändern vermag, etwa bei der Entwicklung vom Wolf zum Haustier. Diese Art von Anpassungen kann der Mensch überspringen, wenn er sich in der Abgeschlossenheit oder gar Einsamkeit einmal auf seine Urkräfte und dann auf seine Erfahrungen besinnt. Diese Aufgaben sind hier eventuell zu sehen.

Einteilungsstichworte: Weiblich – anpassend – wässrig – neptunisch und seelisch ausgerichtet.

Die Ergänzung und die Polarität finden sich im sechsten Haus. Haus zwölf und Haus sechs sind immer zusammen zu betrachten.

Kapitel 6:
Die Achsen

Es ist schon sehr eindringlich darauf hingewiesen worden, daß bei der Ausdeutung der Häuser immer zwei Häuser gemeinsam beurteilt werden müssen; und zwar die Häuser, die gegenüberliegen. Wichtig sind also die Achsen.

Haus 1 zu Haus 7 und umgekehrt: Achse Ich und Du
Haus 2 zu Haus 8 und umgekehrt: Achse Gewinn und Verlust
Haus 3 zu Haus 9 und umgekehrt: Achse Alltag und Horizont
Haus 4 zu Haus 10 und umgekehrt: Achse Herkommen und Ziel
Haus 5 zu Haus 11 und umgekehrt: Achse Kreativität und Soziales
Haus 6 zu Haus 12 und umgekehrt: Achse Dienen und Bilanz

Die einzelnen Achsen:

Die Achse „Ich und Du“

Diese Ergänzungsachse, auch Ich-Du- oder Du-Ich-Achse genannt, verdeutlicht das Bestreben, vom Ich zum Du zu gelangen. Also von der Egozentrik zum Opfern für das Du. Im Gegensatz dazu die Entwicklung von einer gewissen Echosucht, also der ständigen Suche nach Bestätigung und Anerkennung durch andere, hin zu einem selbständigen, eigenverantwortlichen Ich.

Das Du und Ich müssen sich ergänzen, wobei weder das Ego noch die Echobedürftigkeit die Oberhand gewinnen dürfen. Wie das zu geschehen hat, entscheiden die Planeten, die in den Räumen eins und sieben stehen.

Die Häuser unter dem Horizont (also die Häuser 1 bis 6) zeigen immer den Ausgangspunkt an, die Häuser über dem Horizont das anzuvisierende Ziel. Selbstverständlich kann es vorkommen, daß über das Ziel hinausgeschossen wird und damit manche Entwicklung zurückgedreht werden müßte.

Aber beide Interessengebiete, das des Ego oder der Grundlebensauffassung des Ich und das der Ergänzungsnotwendigkeit, müssen eins werden, um die Mitte zu finden. Das Bedürfnis des Ich und das Bedürfnis des Du müssen ausgeglichen werden! Das ist sehr schwierig, und auch nie vollkommen zu erreichen, aber es muß um diese Ausgewogenheit zumindest gerungen werden.

Dabei ist die Wandlung des Ichs sehr wichtig. Eine gewisse Egozentrik gehört sicher zum Leben, ja, ist notwendig, aber sie hat sich absolut in den Hintergrund zu stellen, um eine Aufgabe am Du zu erfüllen. Gerade auf diesem Gebiet vermag die Astrologie beste Hilfe zu leisten.

Ein Künstler etwa, der sein Ich an das Du, das Publikum, verkauft, hat sicher damit bereits sein wirkliches künstlerisches Schaffen aufgegeben. Ein Maler jedoch, der nur zu seiner eigenen Befriedigung, also für sich, malt, ist genauso verkehrt am Platz, da künstlerische Arbeiten einfach danach verlangen, an das Publikum gebracht zu werden. Ein Arzt hat nicht nur sich selbst zu heilen, sondern muß für die Kranken da sein, aber er darf den Kranken auch nicht nach dem Munde reden oder nur nach dem Geldbeutel schielen.

Die Häuser zeigen die Anlagen, die Achsen die Aufgaben. Diese Achsen sind also mehr als Färbungen oder Kleider, sie verlangen die Erfüllung einer Aufgabe! Wir haben viele Aufgaben, aber alle beginnen bei der Ergänzung. Erst dies macht uns fähig, auch die anderen Herausforderungen in Angriff zu nehmen.

Die Achse „Gewinn und Verlust"

auch Wertachse genannt, zeigt die Aufgabe an, unsere Talente und Gaben (auch die materieller Art) so zu entwickeln oder zu fordern, daß wir damit alle Verluste, die eintreten, auffangen können. Verluste sind unausweichlich, denn jeder stößt an seine Grenzen, aber in den Verlusten liegt meist ein Gewinn, wie im Gewinn ein Verlust liegt.

Wer nur den materiellen Erfolg anstrebt, der verliert die Beziehung zu den inneren Werten, wer sich nur nach den inneren Werten ausrichtet, der verliert die Beziehung zur Materie. Dabei sei noch einmal darauf hingewiesen, daß das Wort Material Mutterstoff bedeutet (Mater gleich Mutter).

Das zweite Haus unter dem Horizont beginnt mit den Gaben, mit dem Vermögen, und es entwickelt sich hin zur Erkenntnis der Grenzen und der Möglichkeiten. An den Grenzen reifen wir, mit der Reife überwinden wir dann gewisse Grenzen, so daß wir Neuland gewinnen können.

Grenzen sind lebensnotwendig, genauso notwendig wie die Entwicklung dessen, was wir unsere Vermögen nennen, oder das, was jeder vermag. Verluste sind oft schwere Einschnitte in unserem Leben, aber sie haben uns anzuspornen, die eigenen Talente zu aktivieren, sie auszugleichen und in Gewinne umzusetzen.

Die Wertachse heißt deswegen so, weil wir hier unseren eigenen und echten Selbstwert erkennen.

Das führt uns dann in weitere Dimensionen der Entwicklung. Den größten Sprung in der Entwicklung machen wir, wenn wir uns selbst überwinden, und so Grenzen sprengen, die eigentlich nur Prüfungen waren. So führt uns auch der Tod über eine scheinbare reale Grenze in ein neues Leben.

Die Achse „Alltag und Horizont"

auch Missionsachse genannt, zeigt die Aufgabe an, sich aus dem Alltäglichen zu erheben, um seine eigene innere Mission zu erfüllen. Das setzt voraus, daß der Alltag geregelt, ja gemeistert ist, denn nur von einer soliden Basis aus kann man nach den Sternen greifen. Vielen fällt der Alltag deshalb so schwer, weil Ungeduld sie belastet, weil die Zeit wegzurennen scheint, und es herrscht das Gefühl vor, den Anschluß nach oben zu verpassen. Dabei sollten alle (auch die inneren) Flüge gut vorbereitet sein. Mit der Zeit der Reife verliert der Mensch meist seine Ideale, sie lebendig zu erhalten, ist eine Mission. Die Ausrichtung auf ein Ideal erkennen wir im neunten Haus, die Zeit der inneren Reife im dritten Haus. Hier zeigt sich in Haus drei das Muß, und in Haus neun die angeborene Sehnsucht. Beides muß miteinander in Einklang gebracht werden, was meist recht schwierig ist. Man frage nur einmal Menschen, die noch im Lebenskampf stehen! Aber auch die „Ruheständler" finden kaum mehr zu ihren Idealen oder Wünschen zurück, der Alltag hat sie zermürbt. Die Missionsachse mahnt uns, die Ansätze, die uns mitgegeben wurden, nicht zu verspielen! Ein Hinweis darauf über das Horoskop erweist sich in der Regel als beste Lebenshilfe. So liegt es also an jedem von uns, ob wir diese Achse begreifen, verwerten und umsetzen. Die Mühe lohnt sich, wenn die Erkenntnis für die Notwendigkeit des Strebens ins Auge gefaßt wurde. Hier können wir am besten die Ergebnisse der Wertachse verarbeiten und uns mit dem uns gegebenen Erbe auseinandersetzen.

Die Achse „Herkommen und Ziel"

auch Erbachse genannt, verdeutlicht die Frage: Wo kommst Du her – wo willst Du hin? Diese Frage bewegt die Menschen, seitdem sie denken können. Es ist im Grunde die Frage nach dem Lebenssinn.

Der vierte innere Raum des Horoskops läßt uns das Herkommen (im weitesten Rahmen) erkennen. Hier sehen wir auch die Anlagen, die uns durch die Herkunft mitgegeben wurden. Das zehnte Haus dagegen zeigt die Anlagen für die zu erstrebende Außenweltstellung. Beides zusammen ergibt die Aufgabe für dieses Leben, um die Entwicklung voranzutreiben, denn Stillstand bedeutet Rost anzusetzen, was die Seele überhaupt nicht erträgt.

Echter Fortschritt ist stets auch auf Tradition aufgebaut, das lehrt diese Achse auch, da die beiden Planetensymbole Mond und Saturn fest mit eingebunden sind.

Wer sein Erbe verleugnet, der verleugnet letztlich seine Herkunft, damit alles, was in ihm verwurzelt und angewachsen ist. Wer jedoch nicht wie ein Baum dem Himmel zustrebt, der vernachlässigt seine Wurzeln. Die Wurzeln wie die Spitzen des Baumes müssen gepflegt werden. Sich nur um die Höhe des Baumes zu kümmern, das ist genausowenig zulässig, wie nur auf die Wurzeln zu achten. Dazu gehört auch zu wissen, was die Wurzeln oder das Herkommen hergeben, welche Höhe sie noch tragen können, denn zuviel Wachstum kann genauso schädlich sein wie zuwenig. Diese Mitte sollte man möglichst früh anvisieren, wenn es geht, vor der Berufswahl. Die Achse in ihrer Gesamtheit anzunehmen, ist eine der wichtigsten Weichen, die man sich für ein Leben stellen kann.

Die Achse „Kreativität und Soziales"

auch Kreativachse genannt, verdeutlicht unsere schöpferische soziale Aufgabe. Was vermag Deine innere Sonne, welche schöpferische Kraft lebt in Dir, und wie bringst Du diese Kräfte in eine sozialverträgliche Umgebung ein? Alles, was man schafft, muß auch in der Umwelt anderer Menschen wirksam werden, ohne diesen zu schaden. Die kreativste Aufgabe war es stets, für den Erhalt des Lebens zu sorgen. Das Ergebnis waren die Kinder. Aber diese Kinder mußten lernen, sich sozial einzuordnen. Von daher kommt die alte Überzeugung, daß das elfte Haus auch als Raum der Lehrer angesehen wurde. Daran ist ein wahrer Kern. Was geboren wird (das müssen nicht nur Kinder sein), muß erzogen oder in eine gute Form gebracht werden.

Alles Kreative, alles Schöpferische braucht seine feste Gestalt, die in unsere Welt hineinpaßt. Nichts gegen Außenseiter, aber wenn diese nur sich selbst als Mittelpunkt sehen, sprengen sie die Welt in ihrem sozialen Gefüge. Einsamkeit oder Ablehnung sind davon dann die Folge.

Nun spielt sich das nicht immer so dramatisch ab; aber auch im kleineren Rahmen kann ein Ungleichgewicht zwischen Kreativität und sozialer Einordnung zu empfindlichen Störungen führen.

Soziales Engagement ohne eigene Kreativität führt wiederum zu einer Einseitigkeit und lähmt das Schöpferische. Das ist gerade heute auf der ganzen Welt zu spüren: Soziale Anpassung wird mit als höchstes Gut angesehen und kollektive Mittelmäßigkeit wird dann die Folge sein.

Im Mittelalter sprach man in bezug auf die Häuser fünf und elf von dem Kinder- und dem Freundschaftshaus. Hier steckt manch guter Hinweis, denn Kinder zu Freunden zu machen, und Freunde wie Kinder zu pflegen, das wäre schon eine brauchbare Lebensbasis.

Die Achse „Dienen und Bilanz“

auch Leidachse oder Karmaachse genannt, da viele Menschen ihr Leid als karmisch ansehen. Das ist insofern richtig, weil man für jedes Leid mitverantwortlich ist, wenn hier auch immer differenziert werden muß.

Das Leid ist oft die Folge nicht erfüllter Pflichten (Haus sechs), der Gegenpol (Haus zwölf) zeigt dann die Folgen an. Daher nannte man dieses zwölfte Haus früher Raum für Krankheiten und Gefängnisse. Das war gar nicht so schlecht ausgedrückt, denn wer sich an seiner Gesundheit versündigte, der kam ins Krankenhaus, wer sich am Sozialen versündigte, ins Gefängnis.

Psychologisch betrachtet, sehen wir aber in diesem Raum die Kraft zur Bilanzierung von Tagen oder Lebensabschnitten. Da jeder Regenerierung oder Heilung jedoch eine Bilanzierung vorausgehen muß, können wir hier die Regenerationsmöglichkeiten der Kräfte sehen, die wir im Raum der Pflichten und Mühen verbraucht haben. Und damit kommen wir vielleicht zur schwersten Aufgabe: Nämlich zu erkennen, wo die Kräfte enden, um diese nicht zu spät zu regenerieren. So muß hier der innere Arzt entdeckt werden, oder die in jedem Menschen lebende Heilkraft, was nun wahrlich nicht gerade einfach ist. Manche Illusionen sind dabei abzubauen, denn wer überschätzt seine Kräfte nicht immer wieder? Das zu erkennen, ist auch eine der sechs großen Aufgaben. Eine Aufgabe, die sich in der Regel in der Jugend nicht stellt, die aber oft über das ganze Leben entscheidet.

Alle sechs Aufgaben, die hier genannt wurden, sind schwer zu meistern. Aber ohne Aufgabenerkennung und -erfüllung lebt man bestenfalls farblos dahin und gestaltet das Leben nicht selbst.

Ohne den Wunsch Aufgaben zu erkennen, ist Astrologie für den Praktizierenden eigentlich nur zur Hälfte wertvoll, denn sie kann dann nur eine Bestandsaufnahme liefern. Die Möglichkeiten und Potentiale einer Persönlichkeit erkennt nur derjenige, der gewillt ist, das Leben als Aufgabe anzunehmen und erfolgreich auszuschöpfen. Das Horoskop kann dabei sehr gute Hilfe leisten, die wir alle in Anspruch nehmen sollten.

Kleine Zwischenbilanz

Wir haben bisher von den fünf Hauptkapiteln drei ausführlich behandelt. Dabei ging es um die Planeten als Symbole für unsere Hauptkräfte, ferner ging es um die Färbungen und Kleider der Planeten, und drittens um die genaueren Bestimmungsorte oder Interessenssphären, in denen die Planeten symbolisch die Handlungsrichtungen anzeigen. Die einzelnen zwölf Interessenräume zeigen uns die Anlagen an, die wir bei der Geburt für dieses Leben mitbekommen haben. Das Zusammenspiel der sich gegenüberliegenden Häuser die Aufgaben, für die wir geboren sind. Es wird nicht verlangt, daß wir die Aufgaben völlig lösen, aber es geht um die Bemühung, weil wir dadurch unsere Lebensrichtung erkennen, und auch die Antwort auf den Lebenssinn erhalten. Die zwei folgenden Kapitel weisen uns auf das Zusammenspiel der einzelnen Kräfte hin und schließlich werden wir im Anschluß daran den Wegweisern unseres Lebens begegnen.

Kapitel 7:
Die Kräfteverbindungen

Die Aspektfolge

Aspekt heißt Anblick. Die Planeten blicken sich an. Der Anblick ist ein dauernder, aber die Astrologie schränkt die Aspekte auf gewisse Winkel ein.

Es gibt fast unzählige Aspekte. Der einfachste und richtigste Weg für die Aspektwinkelfindung scheint uns der zu sein, alle 30 Grad einen Aspekt anzusetzen. Die 30 Grad spielen in der Astrologie eine bedeutende Rolle. Wir haben Ekliptikabschnitte von 30 Grad, wir haben die Häuser, die 30 Grad groß sind, und auch der Mond verändert alle 30 Grad seine Gestalt am Himmel so auffällig, daß wohl daher die Alten auf diese Aspekteinteilung gekommen sind.

Auch wenn sie häufig gebraucht werden – alle anderen Aspekte lassen wir weg. Die Übersicht geht verloren, viele Aspekte überschneiden sich, so daß ein Urwaldbild entsteht, und wir den klaren Anblick verlieren. Beschränken wir uns, so kommen wir zu acht Grundaspekten, die für die Horoskop-Praxis völlig ausreichen.

Außer Sonne und Mond kennen wir acht Planeten, das erklärt auch, daß jeder Aspekt zu einem dieser Planeten gehört. Oder anders: Aspekte sind Planeten-Kräfte.

Wir können auch sagen: Die Planeten sind die Aspektführer.

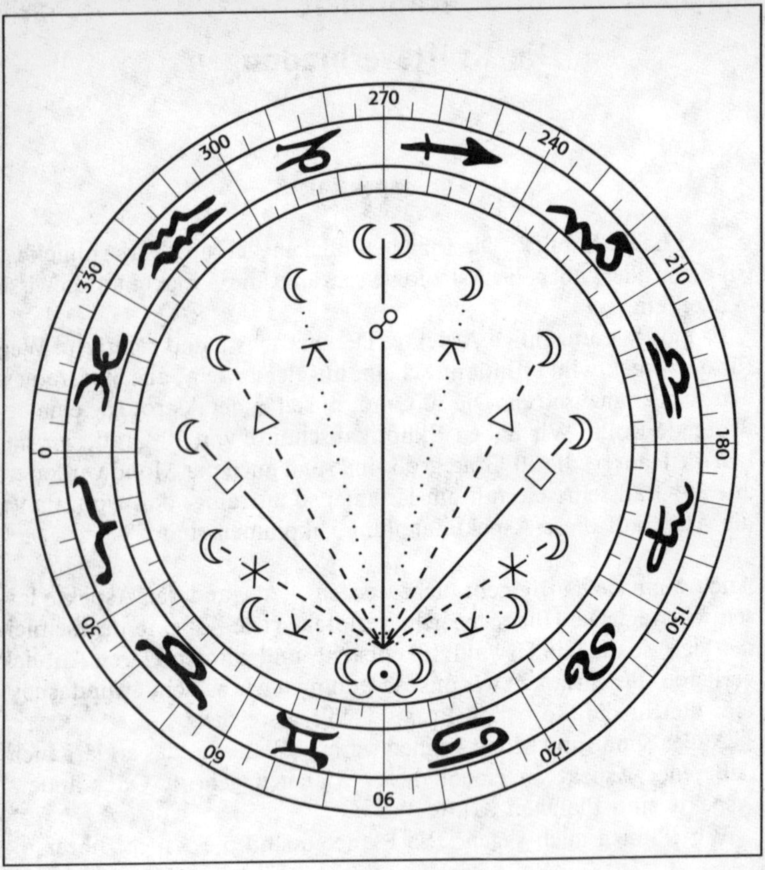

Abbildung 34: Der Mond und die Aspekte.
Rechts zunehmender Mond – links abnehmender Mond. Ausgangspunkt bei Null Grad Krebs. Bei Null Grad Steinbock ist dann Vollmond.

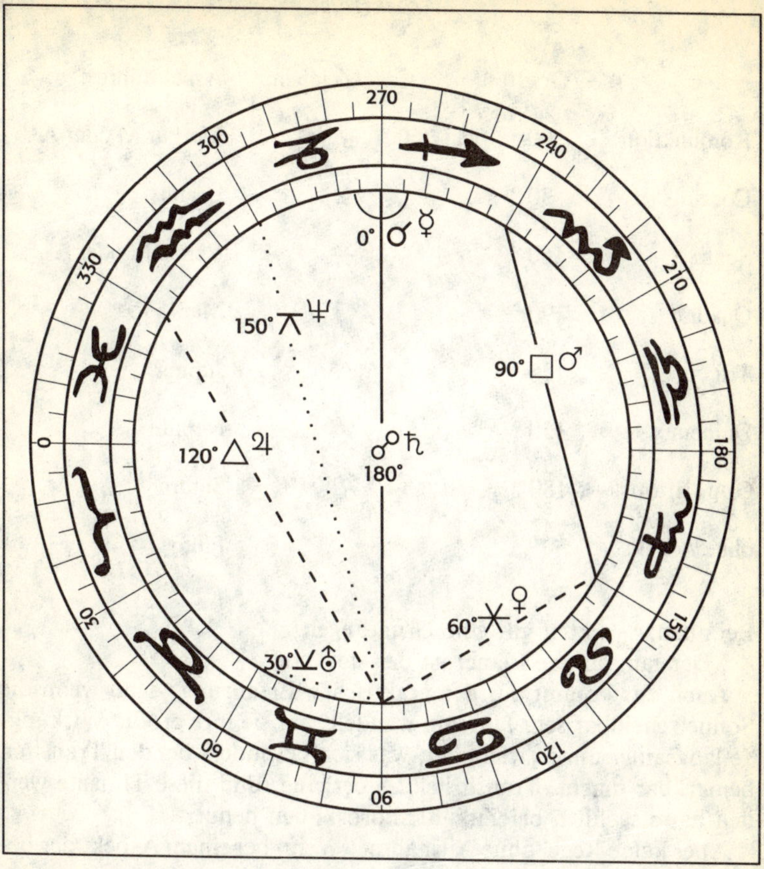

Abbildung 35: Neben den Symbolen der Aspekte haben wir die Symbole der Aspektführer eingezeichnet.

Name:	Grad:	Zeichen:	Aspektführer:
Konjunktion	00 ° oder 360 °	☌ ⌒	Merkur M oder A
Confinis	30 °	⚺	Uranus
Sextil	60 °	⚹	Venus M oder A
Quadrat	90 °	□	Mars
Trigon	120 °	△	Jupiter
Quincunx	150 °	⚻	Neptun
Opposition	180 °	☍	Saturn
ohne Aspekt			Pluto

Bei allen Aspekten gilt eine Grundregel:
„Der langsamere Planet ist der stärkere".

Auch das kommt aus der praktischen Erfahrung, denn wenn die Sonne scheinbar sehr langsam wandelt, hat sie ihre größte Wirkung. Je langsamer um so wichtiger, was sich besonders bei den Transiten bemerkbar macht. Transit heißt Übergang, und diese Transite werden hauptsächlich bei Zukunftshoroskopen benutzt.

Aber keine Regel ohne Ausnahme! Wenn bei einem Aspekt der betreffende Aspektführer beteiligt ist, dann ist dieser der stärkere Planet. Also, bei einer Konjunktion zwischen Sonne und Merkur ist Merkur der Aspektführer, weil seine Funktion bei diesem Aspekt führend ist. Wir werden das noch bei den einzelnen Aspekten näher erläutern.

Wer sich länger mit Astrologie beschäftigt, der begegnet sicher einem der unzähligen anderen Aspekte. Besonders verwirrend sind da die sogenannten halben Aspekte. Also das Halbquadrat, und das Anderthalbquadrat. In der Astrologie gibt es jedoch nichts Halbes!

Wenn es so wäre, dann wäre das Quadrat eine Halbopposition, denn der Neunziggradaspekt – das Quadrat – ist die Hälfte vom Einhundertachtziggradaspekt, der Opposition. Oder das Sextil, das ein Sechziggradaspekt ist, wäre ein Halbtrigon, weil es die Hälfte vom Einhundertundzwanziggradaspekt ist, den man Trigon nennt. Genauso wäre das Confinis ein Halbsextil, – ein Begriff, der heute noch häufig benutzt wird.

Es gibt sogenannte alte und bewährte Astrologen, die nehmen nicht nur einen Zweiundsiebziggradaspekt, das Quintil (hervorgegangen aus der Teilung des Tierkreises von 360 Grad durch 5 = 72 Grad), sondern darüber hinaus noch zusätzlich einen 75 Gradaspekt. Wie man allerdings dazu kommt, ist völlig unklar.

Lassen Sie sich also vorerst nicht durch diese sogenannten Nebenaspekte verwirren. Im Laufe Ihrer Erfahrungen in astrologischer Praxis können Sie dann selbst Sinn oder Unsinn dieser Vielzahl von Aspekten ausloten, zumal sich diese Aspekte überschneiden müssen.

Diese Überschneidung resultiert aus dem sogenannten Orbis eines Aspektes. Orbis heißt Umkreis, und damit werden wir uns nun weiter beschäftigen.

Der Umkreis

Wirft man einen Stein in ein Gewässer, dann sieht man nicht nur den Ort, wo der Stein ins Wasser schlägt, sondern es entstehen einige ringförmige Wellen, die sich vom Ort des Einschlags nach außen wegbewegen. Der Stein wirkt folglich nicht nur genau dort, wo er ins Wasser fällt. Das ist der Orbis.

Auch die Aspekte haben einen Orbis, der von Planet zu Planet verschieden groß ist. Dieser Orbis ist am Himmel gut sichtbar. Jeder Planet, der sich der Sonne nähert, oder dem sich die Sonne nähert, der verschwindet in den Strahlen der Sonne vom Himmel, wenn der Abstand zehn Grad und weniger beträgt.

Die verschiedenen Orbisgrößen:

Sonne und Mond haben einen Orbis von je	10 Grad
Merkur, Venus und Mars von je	08 Grad
Jupiter und Saturn von je	06 Grad
Uranus, Neptun und Pluto von je	04 Grad

An den Aspektmessungen sind immer zwei Planeten beteiligt.

Ein Beispiel: Eine Konjunktion von Sonne und Uranus.

Sonne hat einen Orbis von	10 Grad
Uranus von	04 Grad
das ergibt:	14 Grad

Diese 14 Grad werden durch zwei geteilt, weil zwei Planeten beteiligt sind, ergibt: 14 : 2 = 07 Grad.

Diese Rechnung ist einfach. Sie gilt für folgende Aspekte:

Konjunktion – Sextil – Quadrat – Trigon – Opposition.

Für die Aspekte Confinis (30 Grad) und Quincunx (150 Grad) rechnen wir jedoch einen halb so großen Orbis, wir teilen demnach die oben erhaltene Summe von 07 Grad noch einmal durch 2. Das ergibt einen Orbis von 03 Grad 30 Bogenminuten (Schreibweise 03° 30').

In der Praxis brauchen wir die Berechnung nicht, denn das speziell vom Autor und dem Astrodienst in Zürich erstellte Computerprogramm schließt alle diese und andere Berechnungen automatisch ein. Es galt nur klarzumachen, wie die Vorgehensweise erfolgt, damit Sie selbst einen Orbis richtig definieren können. Das kann wichtig sein, wenn Sie ein anderes Computerprogramm zur Berechnung benutzen. Die meisten dieser Programme erlauben eine individuelle Anpassung des Orbis.

Da die Voreinstellung der Software oft einen gleich großen Orbis für alle Planeten aufweist, sollten Sie die richtigen kennen.

Applikation und Separation

Zwei Begriffe der Aspektlehre sind enorm wichtig, obwohl sehr wenig darüber gesprochen wird.

Die Begriffe lauten: Applikation und Separation.

Applikation heißt soviel wie Zulaufen.

Separation heißt soviel wie Trennung.

Wie bereits ausgeführt, haben alle Planeten durchschnittliche Geschwindigkeiten, die darüber entscheiden, ob ein Planet langsamer oder schneller ist als ein anderer. Die Reihenfolge vom schnellsten zum langsamsten Planeten sieht so aus:

Mond mit einer durchschnittl. Tagesbewegung v.	13° 20' 00"
Merkur mit einer durchschnittl. Tagesbewegung v.	01° 19' 00"
Venus mit einer durchschnittl. Tagesbewegung v.	01° 15' 00"
Sonne mit einer durchschnittl. Tagesbewegung v.	00° 59' 08"
Mars mit einer durchschnittl. Tagesbewegung v.	00° 38' 00"
Jupiter mit einer durchschnittl. Tagesbewegung v.	00° 05' 00"
Saturn mit einer durchschnittl. Tagesbewegung v.	00° 03' 49"
Uranus mit einer durchschnittl. Tagesbewegung v.	00° 03' 00"
Neptun mit einer durchschnittl. Tagesbewegung v.	00° 01' 40"

Pluto ist schwer berechenbar, er ist im Durchschnitt der langsamste Planet. Selten ist Neptun noch langsamer.

Diese Reihenfolge sollte sich jeder einprägen, wobei die Tagesgeschwindigkeiten nicht auswendig gelernt werden müssen.

Wenn Venus auf die Sonne zuläuft, weil sie in einem Radix im Tierkreissinn hinter der Sonne steht, dann haben wir es mit einer Applikation zu tun. Die Venus unterwirft sich der Sonne. Das Gefühl geht also ganz im Bewußtsein auf (Abb. 36).

Wenn Venus im Sinn des Tierkreises vor der Sonne steht, dann löst sich die Venus, wir haben es mit einer Separation zu tun. Das Gefühl macht sich dem Bewußtsein gegenüber also selbständig.

Dies gilt für alle Planetenkonstellationen, auch für alle Aspekte, wobei jedoch Applikation und Separation besonders bei der Konjunktion zu beachten sind.

Mit ein wenig Übung kann diese Problematik gut beherrscht werden. Leider wird heute die Unterscheidung von Applikation und Separation in der Praxis kaum mehr angewendet, obwohl sie so ungeheuer wichtig ist.

Man kann sagen:

Eine Konjunktion (wie jeder andere Aspekt) ist mehr als eine Konjunktion, im Grunde beinhaltet sie in der Deutung zwei Konjunktionen; denn es ist ein Unterschied, ob etwa – bei einer Konjunktion von Mars und Saturn – der Mars auf Saturn zuläuft oder sich von ihm ablöst.

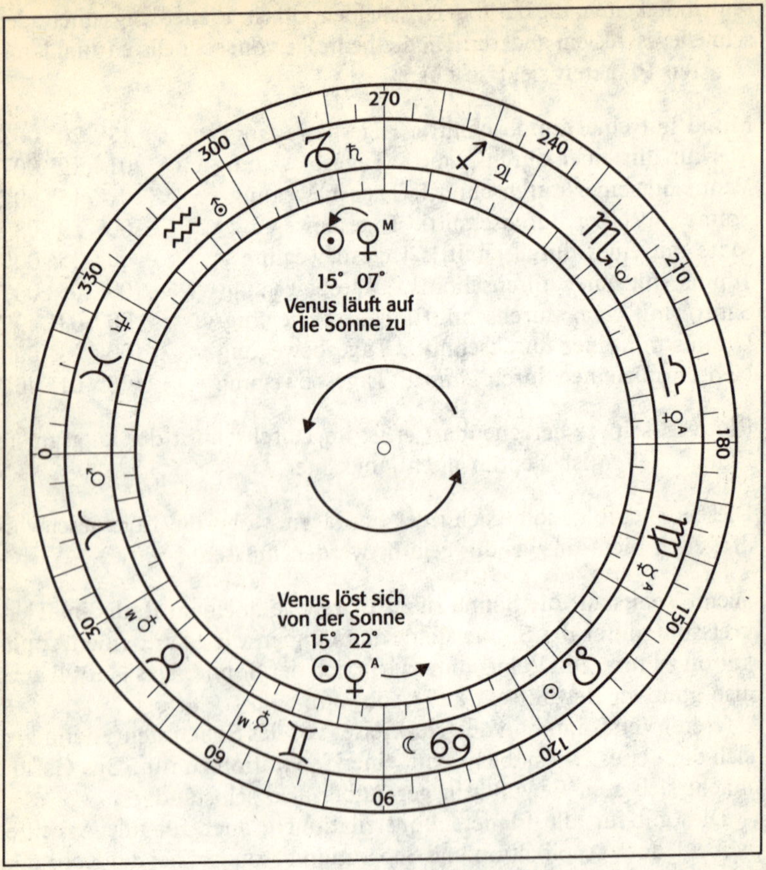

Abbildung 36: Applikation und Separation in zwei Beispielen

Läuft Mars auf Saturn zu, dann unterwirft sich der Antrieb und Wille der Tradition.

Löst sich dagegen Mars von Saturn, dann ist das eher ein revolutionärer Aspekt, da sich der Wille und Antrieb von der Tradition trennt, also neue Wege beschreiten will. Wer dies nicht – oder zu wenig – beachtet, der wird bei der Deutung kaum richtig weiterkommen und er wird nicht ins Schwarze treffen. Befassen wir uns nun mit den einzelnen Aspekten.

Aspektführer Merkur: Die Vereinigung (Konjunktion, ☌ oder ⌒ oder ⌐)

Die Konjunktion ist ein Basisaspekt: Die Planeten stehen im gleichen Tierkreisabschnitt, haben also die gleiche Basis. Sie sind sich demnach von der Kleidung her ähnlich, können aber vom Grundcharakter völlig verschieden sein.

Astronomisch sind diese Planeten zwar sehr weit voneinander entfernt, aber von der Erde aus betrachtet, stehen sie scheinbar eng zusammen. Dieser Anblick ist entscheidend!

Ist der Mond vom Himmel verschwunden, weil es Neumond ist, der Mond also in den Strahlen der Sonne verschwindet, dann haben wir eine Konjunktion, obwohl Sonne und Mond weit auseinander stehen. Auch bei der sogenannten „großen Konjunktion" zwischen Jupiter und Saturn sind diese beiden Planeten weit voneinander und von uns entfernt. Aber die große Konjunktion ging in die Geschichte ein, weil Jesus bei einer großen Konjunktion im Abschnitt Fische geboren wurde; seitdem nennt man diese Konjunktion den Messiasaspekt.

Stehen nun zwei Planeten wie Saturn und Mars zusammen, dann haben wir zwei symbolisch sehr unterschiedliche Kräfte in einer Gemeinsamkeit: Das Vorwärtsdrängende (Mars) und das Verwurzelte (Saturn). Damit aber werden nun nicht so einfach aus zwei Kräften eine vereinte Kraft!

In so einem Fall (wie in allen anderen Konjunktionsgegebenheiten) hilft uns der Aspektführer Merkur weiter.

Merkur, der unser Denken und Handeln symbolisiert, muß diese beiden Kräfte mit Verstand zum gemeinsamen Handeln zusammenschweißen! Das heißt, wir müssen uns bei dieser Konstellation und in der Ausdeutung darauf konzentrieren, wie wir diese Konjunktion praktisch verwerten. Das Vorwärtsdrängende muß sich zurücknehmen, die Verwurzelung dagegen muß sich lockern. In diesem Sinn hat der Ratgebende den Ratsuchenden zu beraten.

(Für diese Kombinationsschulung gibt es ein spezielles Lehrbuch vom Autor, das den Titel trägt: „Das Horoskop – seine Deutung und Bedeutung", es ist ein Kombinationslehrbuch. Siehe Literaturverzeichnis.)

Natürlich müssen wir auch die oben besprochene Applikation beziehungsweise die Separation berücksichtigen. Ausnahmen kommen durch eine Rückläufigkeit zustande. Da muß der Schüler achtgeben, weil die Rückläufigkeit ja eine Richtungsänderung darstellt. Die Rückläufigkeitsrichtung bewegt sich gegen den Uhrzeigersinn.

Eine besondere Position nimmt der Aspektführer ein. Wenn etwa der schnelle Planet Merkur auf die Sonne zuläuft, dann unterwirft er sich nicht automatisch der Sonne, weil er ja bei der Konjunktion der Aspektführer ist. Hier herrscht absolute Gleichwertigkeit vor. Merkur ist der Planet, der in der Ober- wie Unterwelt seine Qualitäten ausspielen mag, der alle anderen Götter ungestraft an der Nase herumführen darf. Er ist (in der Konjunktion) durchaus der Planet schlechthin. So ist es gut, dem merkurischen Rat zu folgen, und durch klares Denken und Handeln eine Konjunktion zu deuten und zu führen.

Aspektführer Uranus: Die Zerrissenheit (Confinis, ⊻)

Confinis bedeutet Ende der Gemeinsamkeit. Es ist der 30-Gradaspekt, und nach 30 Grad wechselt die Färbung beziehungsweise das Kleid. Da die nebeneinanderliegenden Zeichen oder Abschnitte immer das Gegensätzlichste sind, was man sich denken kann, zeigt dieser Aspekt meist eine große Zerrissenheit zwischen den Planetensymbolen an.

Diese Zerrissenheit kann nur – das signalisiert der Aspektführer – durch eine Intuition, durch eine neue Wendung, einen entscheidenden Einfall geklärt werden. Dann allerdings ist dies mit der schöpferischste Aspekt, den wir kennen. Alles Große, alles Kreative, dies lehrt die Geschichte, spornt zu ungewöhnlichen Leistungen an. Hier kommt dann das Pegasussymbol des Uranus bestens zum Ausdruck.

Treffen sich zwei Menschen auf dem Wiener Opernball, von denen der eine richtig mit einem Frack bekleidet ist, der andere jedoch mit einer Montur, als wenn er gerade vom unterirdischen U-Bahnbau gekommen wäre, dann ist der in der Montur sicher unpassend angezogen, er fühlt sich in der Glitzerwelt überhaupt nicht wohl und versucht, ganz schnell dem Ball zu entfliehen. Umgekehrt: Besucht der Mann in seinem Frack den Mann vom U-Bahnbau an dessen Arbeitsstelle, dann ist er dort fehl am Platz.

Gemeinsam können sie also weder auf einem festlichen Ball feiern, noch beim unterirdischen Bau gemeinsam arbeiten.

Und dies, obwohl beide die gleiche Herkunft haben und Bauingenieur gelernt haben, also im Kern und Charakter sogar sehr ähnlich sein können. Mehr sagt die Stellung eines Planeten in einem Tierkreisabschnitt nicht aus, aber das ist schon entscheidend. Doch nehmen wir nun an, daß der Mann im Frack sich in seiner Kleidung so wohl fühlt, daß er den Galadreß nicht mehr ablegen will, genausowenig wie der andere bereit ist, statt der Montur eine andere Kleidung zu tragen.

In diesem Fall wäre eine direkte Zusammenarbeit kaum mehr möglich! Ein Einfall könnte aber die gemeinsame Aufgabe retten. Der Mann im Frack (oder anderer, aber stets eleganter Kleidung) bemüht sich, in seiner Umgebung Aufträge für eine nun neu gegründete Baufirma zu bekommen, da er über gute Beziehungen verfügt. Der Mann in der Montur führt alle diese Aufträge aus. So kann langsam und sicher eine Großfirma daraus werden, zumal unser Mann im Frack auch viel von der praktischen Arbeit versteht und durch seine gepflegte Kleidung Vertrauen gewinnt.

Der Mann im Frack wäre ein Jupitertyp (Jupiter in dem Abschnitt Waage), während der Kollege ein Merkurtyp sein könnte, der in dem Jungfrauzeichen seine Montur verpaßt bekam.

Normalerweise wären diese beiden Menschen nie zusammengekommen oder sie hätten sich schnell getrennt, aber nun sind sie ein sich bestens ergänzendes und erfolgversprechendes Team.

Der Aspektführer (Uranus) hat hier also die Lösung gebracht, wobei zu beachten ist, aus welchem Haus oder aus welcher Interessenssphäre die zündende Idee gekommen ist.

Das Gegensätzlichste zu einer schöpferischen Aufgabe zu vereinen, das ist es, wozu uns der Confinisaspekt immer wieder auffordert, denn das Horoskop – wir wiederholen uns – zeigt die Anlage eines Menschen und weist auf seine Aufgabe hin –, mehr nicht.

Aspektführer Venus: Die Ergänzung (Sextil, *)

Das Sextil ist der 60-Gradaspekt und verbindet stets zwei Elemente, die sich gegenseitig brauchen. Also entweder Wasser und Erde (oder umgekehrt) oder Feuer und Luft (oder umgekehrt). Dabei gilt das Sextil als Begabungsaspekt, was aber nichts über gut oder schlecht aussagt, sondern nur auf eine Möglichkeit hinweist. Wenn zwei Elemente sich benötigen, um zu einer fruchtbaren Entfaltung zu gelangen, dann ist dies noch keine Garantie, daß es auch gelingt. Die Chancen sollten über das Gefühl, über künstlerische Gaben, aber auch über Diplomatie und viel Taktgefühl wahrgenommen werden. Dies gilt gerade dann, wenn sich zwei Planeten im Sextil anblicken, die in sich sehr verschiedene Charaktere symbolisieren, also etwa Mars und Saturn oder Jupiter und Pluto.

Aber das Sextil gibt stets Hoffnung, daß sich hier über die Elemente gerade gegensätzliche Charaktere gut zusammenschließen können. Die Gefahr liegt darin, daß man auf die Sextile zuviel positive Erwartungen setzt, also nicht genügend Opfer zu bringen bereit ist und auch mit Eigenanstrengungen spart.

Da es keine guten oder schlechten Aspekte gibt, was wir nicht oft genug betonen können, muß auch das Sextil mit Konsequenz und Fleiß ausgefüllt werden. Gerade Venus benötigt oft eine starke Disziplin, und da dieser Planet hier Aspektführer ist, gilt für diesen Aspekt diese Forderung nach Disziplin in besonderem Maße.

Wenn das begriffen wird, dann kann das Sextil wirklich zu manchen kleineren Glückserlebnissen führen, aber dieses Glück muß man stets neu festhalten, stets neu erarbeiten!

Aspektführer Mars: Die Herausforderung (Quadrat, □)

Den 90-Gradaspekt nennt man das Quadrat. Es ist der Viertelaspekt des Kreises von 360 Grad.

In der Vergangenheit schrieb man diesem Aspekt (ähnlich wie der Opposition) alles nur mögliche Schlechte zu. Er galt als Unheilsaspekt. Man berücksichtigte dabei überhaupt nicht, daß alle großen Persönlichkeiten – ob Künstler, Manager oder Politiker, ob Nobelpreisträger, Kirchenführer oder andere herausragende Menschen, die der Welt Hilfe, ja Heil zukommen ließen – meist viele Quadrate in ihren Geburtshoroskopen aufwiesen.

Kepler, einer der wohl größten deutschen Astronomen aber auch Astrologen, bezeichnete den Hintergrund dieses Aspektes als Herausforderung. Das ist nur zu unterstreichen. Wenn wir anerkennen, daß das Quadrat eine Herausforderung darstellt, dann kommen wir dem Charakter dieses Aspektes bedeutend näher. Sicher mag manche Herausforderung eine Krise zur Folge haben, sicher wird manche Krise nicht immer leicht auszuleben sein, jedoch ohne Krise gibt es keine Entwicklung, ja Krise heißt auch sprachlich nichts anderes als Entwicklung.

Entwicklungen sind notwendig, um einem Fortschritt die Wege zu öffnen. Ein Leben ohne Krise ist langweilig, führt zu nichts, woraus man folgern kann, daß Stillstand Tod bedeutet.

Das Quadrat ist daher ein ungeheuer wichtiger Aspekt. Sicher: Hier treffen Elemente zusammen, die sich eher feindlich sind, wie Wasser und Feuer oder Wasser und Luft (beziehungsweise umgekehrt) oder Feuer und Erde oder Luft und Erde, aber genauer betrachtet brauchen sich diese Elemente auch. Denn eine Erde ohne jedes Feuer – sprich Wärme – wäre unfruchtbar, um nur ein Beispiel zu nennen.

Jede Bewältigung einer Krise oder einer Gefahr gleicht einer Mutprobe. Daher ist es völlig zutreffend, wenn Mars hier der Aspektführer ist. Der symbolische Mars bringt Mut, besser, er fordert zum Mut auf! Allerdings nicht zum Übermut. Wahrer Mut zeigt sich gerade auch in der Beschränkung.

Ist der Planet Mars selbst an einem Quadrat beteiligt, dann ist er es, der dem Aspekt seinen Stempel aufdrückt.

Paracelsus hat davor gewarnt, sich von den Aspekten abhängig zu machen. Sein Wahlspruch war: „Ringe mit Deinen Planeten“.

Damit ist der innere Mut, meist auch die Zivilcourage gefragt. Es hat keinen Zweck darauf zu warten, bis der Aspekt – etwa bei Übergängen oder Transiten – vorbei ist. Das ruft nur neue Schwierigkeiten hervor. Daher forderte Paracelsus zum Kampf mit diesen Aspekten auf, was eigentlich bedeutete, zum Kampf mit sich selbst.

Wird das Quadrat so angesehen, dann ist es einer der willkommensten Aspekte, die man sich denken kann! Ein Horoskop ganz ohne Quadrate verheißt auf jeden Fall ein gefährlicheres oder gar schwereres Leben als eines mit vielen Quadraten. Das hat die Geschichte der Astrologie immer wieder bewiesen!

Wer vor Quadraten Angst hat, und das sind mehr Menschen als man erwarten dürfte, der hat nicht nur vor dem Leben und seinem Ablauf Angst, sondern auch vor sich selbst, und das allerdings ist das Schlimmste, was man sich wünschen könnte.

Aspektführer Jupiter: Die Verwandtschaft (Trigon, △)

Der 120-Gradaspekt, das Trigon, galt immer als der Glücksaspekt. Man sollte dies schnell vergessen. Sicher kam die Bezeichnung Glücksaspekt durch die Tatsache zustande, daß ein Trigon immer gleiche

Elemente verbindet. Also Feuer zu Feuer, Erde zu Erde, Luft zu Luft und Wasser zu Wasser. Aber das ist schon alles und bringt keine aufregenden Merkmale.

Das Trigon war immer Jupiter zugeschrieben, der ja auch als Planetensymbol umstritten ist. Ein Glücksbringer ist er, wie bereits ausgeführt, mit Sicherheit nicht immer. Man hat – etwas bösartig – das Trigon auch als Vereinsmeieraspekt bezeichnet, weil zuviel Gleichklang durch das immer gleiche Element fast langweilig ist.

Kurz: Das Trigon wurde und wird stets überschätzt. Viele Ratsuchende und Astrologen warten bei Transiten sehr häufig auf einen Trigonübergang, dann kommt er, und es tut sich nichts. Von daher sollte man diesen Aspekt mehr als Erwartungsaspekt bezeichnen.

Was sagt uns das Trigon? Es zeigt uns, wie das Sextil, gewisse Chancen an. Aber auch eine innere Harmonie, die nur leider Menschen mit vielen Trigonen eher einlullt als aufmöbelt. Man kann auch sagen: ein Trigon bringt Menschen kaum in Schwung. Hier fehlt der Elan. Anstöße müssen meist von außen kommen, um zur Verwirklichung einer Aufgabe zu führen. Sicher, das Trigon gibt eine gewisse Zufriedenheit, aber das darf ja nicht alles im Leben sein. Wer in seinem Geburtsbild viele Trigone und daneben keine Quadrate hat, der ist der Gefahr ausgesetzt, in schweren Tagen von Schicksalsschlägen überrannt zu werden. Diese Menschen sind nicht trainiert, harte Zeiten durchzustehen. Sie sind meist irgendwie vom Leben verwöhnt. Viele von ihnen haben in der Jugend keine strengen Eltern oder Lehrer gehabt. Aber schon die Chinesen wußten: „Wer keine strengen Lehrer hatte – zu dem ist das Leben streng".

Nun gibt es Trigone (drei müssen es sein), die gemeinsam ein geschlossenes Trigon bilden. Dieses geschlossene Trigon galt als besonderes Glückssymbol. Nun, es zeigt bestenfalls eine gewisse innere Harmonie an, weil sich hier keine entgegengesetzten Elemente verbinden, doch eine Verbindung zwischen zwei Planeten – und das ist entscheidend – wird über die Planetensymbole entschieden. Hier spielt der Aspekt an sich keine so große Rolle. Wichtiger ist der Aspektführer. In unserem Beispiel etwa können wir davon ausgehen, daß Jupiter der bedeutendste Faktor in diesem geschlossenen Erdtrigon ist und nicht Saturn im Abschnitt Steinbock, wie oft angenommen wird. Bitte immer daran denken: Die Planeten sind in der Astrologie das A und O über-

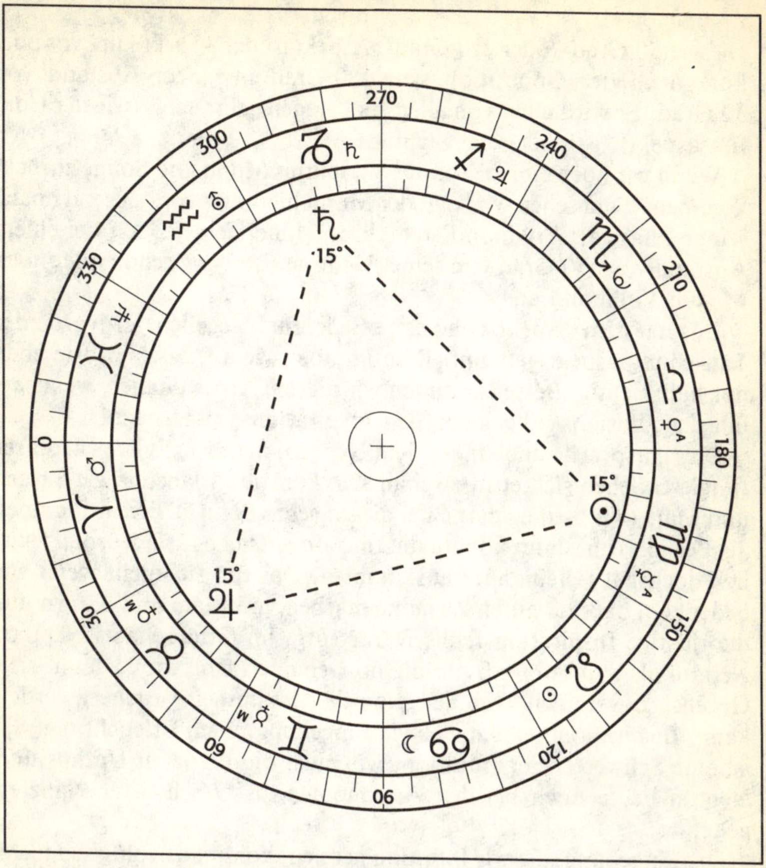

Abbildung 37: Das geschlossene Trigon am Beispiel Jupiter, Sonne, Saturn

haupt! Alles, was danach kommt, sind ergänzende Hinweise beziehungsweise Differenzierungen.

Die Einsteiger in der Astrologie tun gut daran, sich erst einmal nur auf die Planeten zu konzentrieren.

Jupiter symbolisiert die Entfaltung. Ein Trigon gibt unbestritten die Chance zur Entfaltung. Aber mehr nicht. Und Chancen sind wahrlich noch lange keine gemeisterten Aufgaben.

Aspektführer Neptun: Die Täuschung (Quincunx, ⊼)

Dieser 150-Grad- (oder 210-Grad-) Aspekt ist der Aspekt kurz vor oder kurz nach der Opposition von 180 Grad in einem Abstand von 30 Grad. Er wird nicht von allen Astrologen gebraucht, (wie der Confinisaspekt), ist aber sehr wichtig.

Wenn wir noch einmal auf das Verhältnis Mond und Sonne zurückkommen, dann sehen wir, daß der Mond hier kurz vor oder kurz nach seiner Phase als Vollmond steht. Der Mond sieht jedoch bei einem Abstand von 150 Grad von seiner Neumondstellung schon oder noch wie ein Vollmond aus.

Das hat dem Aspekt seine erste Bedeutung gegeben. Er wurde der Täuschungsaspekt genannt. Richtig, aber wie alle Schlagworte eben nur halb richtig. Besser kommen wir diesem Aspekt näher, wenn wir ihn den Illusions- aber auch den Inspirationsaspekt nennen.

Dies entspräche auch mehr dem Neptun, der hier als Aspektführer fungiert. Sehen sich etwa zwei an sich konträre Planeten wie Saturn und Mars (wir bleiben gerne bei diesen sehr gegensätzlichen Planeten als Beispiel) an, dann könnte die Illusion entstehen, sie würden letztlich doch gut miteinander auskommen. Das tun sie auch, wenn wir bedenken, daß der guten Zusammenarbeit von Mars und Saturn nur die richtige Inspiration fehlt. Dafür sorgt im Grunde stets Neptun. Neptun als Symbol weiß um die notwendige Inspiration, damit sich Gegensätze vereinen, weil nur dann die Gesamtheit gesichert werden kann. Inspiration heißt soviel wie Eingebung, auch Erleuchtung. Sie ist eine Schwester der Intuition, wie auch die Planeten Uranus und Neptun heute noch bei den Astronomen als Geschwister-Planeten gelten.

Die Eingebung, die wir Intuition nennen, kommt astrologisch mehr aus dem Merkurbereich. Man hat sich lange über Probleme den Kopf zerbrochen, dann kommt der rettende Einfall. Die Eingebung, die wir Inspiration nennen, kommt dagegen mehr aus den Emotionen oder dem Gefühlsbereich; so sind hier die Täuschungen wahrscheinlicher.

Uranus gilt als höhere Stufe des Merkur, wie Neptun als höhere Stufe der Venus angesehen wird – das erklärt den Unterschied am deutlichsten.

Die meisten Illusionen und falschen Vorstellungen entstehen aus Gründen der Liebe, der Gefühlswünsche, der Sehnsüchte. Andererseits lernt man nur aus seinen Erfahrungen. Daher kommen fast alle

Menschen erst nach hundertfachen Erfahrungen zu wahren Eingebungen oder Erleuchtungen. Es ist der harte Boden der Enttäuschungen, der zu hellsichtigen Erkenntnissen führt.

Damit leuchtet ein, daß dieser Aspekt zwar sehr wichtig, aber schwer zu deuten ist, weshalb ihm viele Astrologen möglichst aus dem Wege gehen. Die Lösung bringt hier der Aspektführer Neptun, wenn wir dieses Planetensymbol jeweils in die Deutung mit einbeziehen, auch wenn er bei diesem Quincunx nicht direkt mit beteiligt ist. Im Beispielhoroskop werden wir diesen Aspekt – wie alle anderen – praktisch deuten.

Aspektführer Saturn: Der Gegenschein (Opposition, ☍)

Der 180-Gradaspekt, die Opposition, ist schlechthin der Aspekt des Zieles, der zur Schwelle oder zur Vollendung führt. Gerade deswegen wird er als nicht so leicht empfunden. Der Aspektführer Saturn, den man auch den Hüter der Schwelle nennt, prägt diesem Aspekt seinen Stempel sehr deutlich auf. Es ist genausowenig ein böser oder ein Spannungs- oder ein disharmonischer Aspekt wie der Marsaspekt des Quadrates. In der Opposition wird das Ziel erreicht. Man denke nur wieder an den Ausgangspunkt von Sonne und Mond. Wenn wir Vollmond haben und der Mond so schön wie nie vom Himmel herunterleuchtet, dann steht der Mond in Opposition zur Sonne. Er spiegelt dann ihr ganzes Licht wider und wird so selbst zum Licht der Nacht.

Alle Planeten, (außer Venus und Merkur, die aufgrund ihrer Stellung als innere Planeten keine Opposition miteinander und zur Sonne bilden können) leuchten in der Opposition so herrlich wie nie am nächtlichen Firmament, der Mars schimmert dann in leuchtend roter Farbe. Auch Jupiter und Saturn sind so klar wie sonst nie am Himmel zu sehen. Opposition hieß daher auch der Gegenschein. Goethe verwendete fast nur diesen Ausdruck und das Wort Gegenschein versinnbildlicht das oben Gesagte am besten.

Wieso kam dann die Opposition in einen bösen Ruf?

Nun, die Opposition ist eigentlich die Luftlinie. Aber über eine Luftlinie erreicht kein Planet den Gegenscheinpunkt. Um zu seiner (oder zu einer anderen) Opposition zu kommen, muß jeder Planet durch den Tierkreis wandeln, also Umwege machen. Was nicht direkt zum Ziel führt, wird oft als schwierig oder gar hinderlich angesehen.

Sicher erfordern viele Oppositionen (oder schon eine entscheidende) beim Horoskopeigner Geduld, denn das Ziel liegt meist weit entfernt. Das Gegenteil, die Ungeduld ist zu bekämpfen! Das mag als schwer angesehen werden. Aber das ändert nichts daran, daß der Gegenschein im Grunde ein Ergänzungsaspekt ist, zumal die Abschnitte, die sich gegenüberliegen, auch die Elemente symbolisieren, die sich zur Entfaltung benötigen. Es sind dieselben Elemente, die im Sextil zum Tragen kommen.

Früher sagte man oft, der Gegenschein wäre ein Schicksalsaspekt. Das ist etwas zu dramatisch ausgedrückt, aber auch diese Aussage enthält eine Wahrheit.

Saturn verlangt immer Zeit, immer Geduld, immer Konzentration. Das sind die Schlüsselworte, um eine Opposition fruchtbar zu machen. Im Hauruckverfahren finden zwei in Opposition stehende Kräfte nie zueinander. Das ist das Entscheidende.

Außerdem verbindet die Opposition die jeweiligen Gegenpole unserer Weltordnung. Polarität ist das System, auf dem die Denkweise der gesamten Esoterik aufgebaut ist. Damit sollte jedem klar werden, daß die Opposition im Grunde der esoterische Aspekt überhaupt ist. Kein anderer Aspekt führt uns zum ergänzenden Ziel. Da Saturn der Aspektführer ist, stellt dieser Aspekt (wenn vorhanden) stets eine Prüfung dar. Hier wird gewogen, wie Gegensätze angenommen und aufgearbeitet werden. Daher sind Oppositionen in Partnerhoroskopen oft so wesentlich. Doch das ist ein anderes Thema, das wir hier nicht gründlich ausführen können.

Aspektführer Pluto: Die Einzigkeit

Trotz eines recht großen Orbis kann es passieren, daß ein Planet keinen anderen Planeten anblickt, also keinen Aspekt hat. Sicher – astronomisch schauen sich alle Planeten immer an, zumindest tut dies die Sonne, sonst würde man nachts die Planeten nicht am Himmel sehen, denn sie spiegeln ja nur das Sonnenlicht wider.

Wir haben ausgeführt, warum wir den Orbis beschränken. Keinen Aspekt zu haben, ist aber ebenfalls ein „Aspekt", denn eine Unaspektiertheit sagt ja auch etwas aus. Der Aspektführer ist der symbolische Pluto. In den Mythen galt Pluto als der verfemte Gott, der keinen Anschluß fand.

Hat nun ein Planet keinen Aspekt, dann ist er sozusagen ein Solist. Solisten haben es leicht und schwer zugleich. Der Solist braucht keine Rücksicht auf andere zu nehmen, aber er hat auch niemanden, der ihm in der Not hilft.

Genau dies sagt die Unaspektiertheit aus. Planeten, die nicht eingebunden sind, besitzen eine große Kraft, eben weil sie als völlig frei anzusehen sind, aber diese Kraft verbraucht sich schnell, und Hilfe ist keine da. Unaspektierte Planeten sind also bewußt einzubinden. Hier haben die betreffenden Horoskopeigner ganze Arbeit zu leisten. Es liegt allein an ihnen, ob sie ungezügelte Kräfte (meist ist nur eine Kraft uneingebunden) in ihr Charakterbild einordnen können. Besonders in der Jugend gelingt dies sehr schwer, aber es ist doch eine lohnende Aufgabe, der sich jeder stellen sollte.

Die zwei Aspektarten

Gerade für die Praxis der Horoskopdeutung gilt es, zwei Arten der Aspekte zu unterscheiden. Dem Einsteiger in die Astrologie begegnen in erster Linie die rechnerischen Aspekte.

Hier wird nur gerechnet. Opposition ist, wenn wir einen Abstand von 180 Grad haben –, mit einem gewissen Orbis natürlich.

Rechnerisch werden diese Aspekte auf der Basis von 00- 30- 60- 90- 120- 150- und 180-Grad gerechnet, egal, in welchen Tierkreisabschnitten die Planeten stehen.

Für die Deutung wichtiger und richtiger sind die Element-Aspekte.

Von den Elementen haben wir schon gesprochen. Es sind vier an der Zahl, von denen sich zwei immer benötigen. Also Feuer und Luft beziehungsweise Erde und Wasser.

Die Paarungen von Feuer zu Wasser und Erde sind problematischer, denn das Feuer kann Wasser zu Luft wandeln und die Erde verbrennen. Fehlt das Feuer, dann kann Luft sich zu Wasser wandeln. Erde und Wasser wiederum können das Feuer löschen, und Luft kann die Erde verwehen und das Wasser aufpeitschen. Es war Aristoteles, der die Elemente in die Astrologie einführte und ihr damit eine grundlegende Tiefe gab.

Auch bei den Aspekten müssen wir die Elemente berücksichtigen. Das führt uns zu einer zweiten Ebene der Aspektbetrachtung, die auf den ersten Eindruck verwirrend scheint. Einige Beispiele können den

Sinn jedoch leicht erhellen: Es gibt Oppositionen, die keine sind, genau wie es Quadrate gibt, die keine sind. Konjunktionen, Sextile sowie Confinis- und Quincunxaspekte können einen anderen Charakter haben. Wir müssen diese Aspekte dann verschieden beurteilen und vor allem auch deuten.

Drei Beispiele:

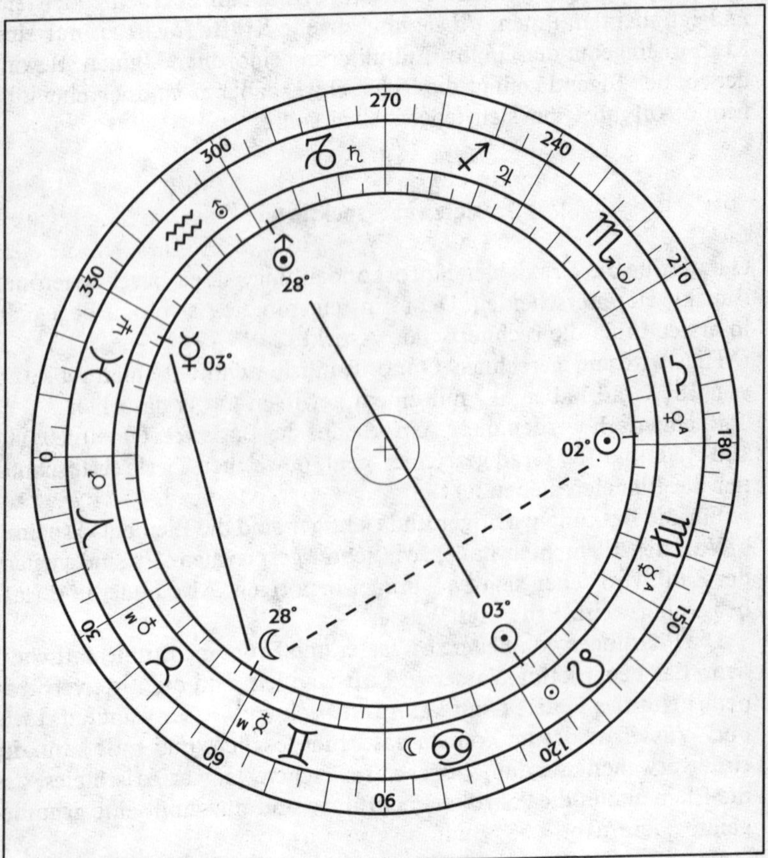

Abbildung 38: Aspektunterscheidungen I

Die Opposition von Uranus auf 28° im Abschnitt Steinbock zur Sonne auf 03° im Löwezeichen ist zwar rechnerisch eine Opposition, aber von den Elementen her ein Quincunx. Eine echte Opposition hätten wir, wenn ein Planet im Steinbockzeichen einem Planeten im Krebsabschnitt gegenüberstände. So müssen wir von einer Opposition mit Quincunxcharakter sprechen. Die Elemente Erde und Feuer vertragen sich schwer.

Das Trigon vom Mond auf 28° im Stierabschnitt zur Sonne auf 02° im Waagezeichen ist nur rechnerisch ein Trigon, in Wahrheit von den Elementen her ein Trigon mit Quincunxcharakter. Ein Trigon vom Erdzeichen Stier müßte in das Erdzeichen Jungfrau fallen. Auch hier: Ein Trigon muß immer das gleiche Element treffen!

Das Quadrat von Merkur auf 03 Grad Fische zum Mond auf 28 Grad Stier ist kein Quadrat, sondern von den Elementen her ein Sextil. Also: Ein Quadrat mit Sextilcharakter (Wasser und Erde). Ein Quadrat wäre es nur, wenn Erde auf Luft träfe. Hier aber ergänzen sich Wasser und Erde (siehe Abb. 38).

Die folgenden drei Beispiele beziehen sich auf die Abbildung 39.

Das Sextil der Sonne von 27 Grad im Abschnitt Zwillinge zum Mond auf 04 Grad im Jungfrauzeichen ist nur rechnerisch ein Sextil, von den Elementen her ein Quadrat. Also ein Sextil mit Quadratcharakter. Beim Quadrat liegen immer zwei Zeichen dazwischen. Das wären hier Krebs und Löwe. Außerdem vertragen sich Luft und Wasser nicht gerade leicht.

Jupiter auf 01 Grad Schütze bildet rechnerisch eine Konjunktion mit Venus auf 28 Grad Skorpion. Von den Elementen her ist dies aber ein Confinisaspekt. Also eine Konjunktion mit Confinischarakter. Feuer und Wasser vertragen sich nicht. Eine Konjunktion ist nur dann eine echte Konjunktion, wenn beide Planeten in einem Zeichen stehen, weil beide Planeten (oder beziehungsweise mehrere Planeten) im gleichen Element stehen und so eine Basis bilden.

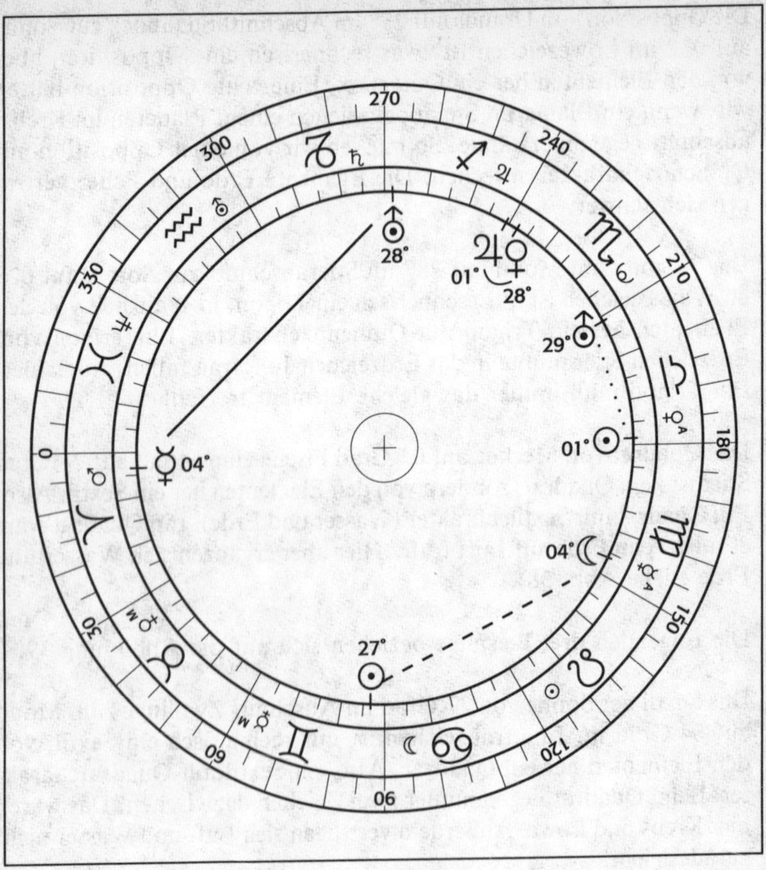

Abbildung 39: Aspektunterscheidungen II

Letztes Beispiel: Sonne auf 01 Grad Waage bildet rechnerisch zu Uranus in Waage einen Confinisaspekt. Aber da beide im gleichen Zeichen und damit im gleichen Element stehen, ist das eher eine Konjunktion oder ein Confinis mit Konjunktionscharakter. Das Element – hier das Element Luft – entscheidet.

Nur so kommen wir zu einer richtigen Deutung der Aspekte. Es geht um die Schauung und nicht um die Rechnung. Das ist besonders bei der heutigen Computerhoroskopie sehr wichtig.

Leider rechnet und zeichnet der Computer nur in der rechnerischen Manier, um so mehr muß der einzelne Astrologe auf die Schauung der Elemente achten! Aber das fällt nach einiger Übung nicht schwer, zumal es nur Planeten betrifft, die am Anfang oder am Ende eines Zeichens stehen.

Zwei wichtige Differenzierungen

Die mittelalterliche Tradition, die sich leider bis heute noch teilweise erhalten hat, unterscheidet zwischen guten und schlechten, zwischen harmonischen und disharmonischen Aspekten. Manche Aspekte sollen Spannungen bringen, manche Entspannungen, manche kündigen Leid an, andere wieder das Heil.

All das ist falsch!

Es gibt keine guten, aber auch keine bösen Aspekte, keine harmonischen und unharmonischen Aspekte, oder was man sonst so an Unterscheidungen lehrt.

Es gibt einfach nur Aspekte!

Jeder Aspekt hat seinen eigenen Charakter, der in sich einzigartig und weder glücksbringend noch unglücksvoll ist. Sicher hat alles seine zwei Seiten, die aber bei jedem Aspekt auftreten, und die einfache Einteilung in Hochgefühl und Niedergeschlagenheit stimmt im Leben und in der Astrologie so oder so nicht.

Ist die Konjunktion ein Basisaspekt, so ist die Opposition der Gegenschein, der zur Ergänzung führt.

Ist das Quadrat eine Herausforderung, so signalisiert das Trigon eine Entfaltung.

Ist das Sextil eine Chance und nicht mehr, so zeigt uns der Confinisaspekt eine Zerrissenheit an, die Voraussetzung für das schöpferische Wirken ist, und wenn uns schließlich der Quincunxaspekt auch möglicherweise eine Gefahr der Täuschung anvisiert, so führt gerade er zu einer hellsichtigen Inspiration, die uns völlig neue Möglichkeiten eröffnet.

Gut und schlecht dürfen wir nie verwenden, weil es das Rein-Gute oder das Rein-Schlechte gar nicht gibt.

Astrologie ist Menschenkunde, wie Thomas Ring ausführte, und Menschen sind nicht so einfach zu klassifizieren. Auch die Astrologie hat keine Schublade für ein Plus oder für ein Minus. Paracelsus wies schon vor 500 Jahren darauf hin, daß es der schlechte Astrologe ist, der die Menschen verängstigt, dagegen der weise Astrologe der sei, der differenzieren, richtig beurteilen und damit Mut machen kann.

Die Astrologie hat beizustehen, und stets die positiven Möglichkeiten zu sehen. Leider hören heute viele Menschen lieber etwas Negatives als Positives. Die Astrologie sollte sich davor hüten.

Es sind die Aspekte, die den Leuten einen Schreck einjagen. Da sagen sie: „Ich weiß, ich habe ein schweres Horoskop mit den fünf Quadraten . . .“.

Solche Sätze oder Gedanken sind Unsinn. Jeder Mensch besitzt das Horoskop, das individuell auf ihn allein zugeschnitten ist, und das er tragen kann.

Zugegeben, nicht alle Wege sind leicht, aber wo führen denn leichte Wege hin? In die Höhe bestimmt nicht, und in die Tiefe auch nicht! Daran sollten wir uns halten, und das beginnt damit, daß wir den Aspekten bestenfalls einen Charakter zuschreiben, wie wir es hier gemacht haben. Aber wir sollen nie einen Aspekt nach bestens oder schlechtestens werten, weil es die Wertung einfach nicht gibt.

Kapitel 8:
Die Wegweiser im Geburtsbild

Die rechnerischen Punkte

Wir nennen die rechnerischen Punkte Wegweiser, weil sie uns zur Bewältigung unseres Schicksals dienen.

Im Horoskop haben wir sechs dieser Orientierungspunkte.

Aszendent
Deszendent
Medium Coeli (Himmelsmitte)
Imum Coeli (Himmelstiefe)
Aufsteigender Mondknoten
Absteigender Mondknoten

Diese Wegweiser werden als rechnerische Punkte bezeichnet, weil sie keine Kräfte darstellen. Sie sind nur über eine Rechnung zu finden und sind weder eine Masse (wie die Planeten), noch ein Gestirn! Daher geht von ihnen auch keine Wirkung aus. Bestenfalls empfangen sie eine Wirkung von den Gestirnen und Planeten, aber das auch nur in symbolischer Art.

Es sind Wegweiser, die uns Hinweise für unsere Handlungen, für unser Verhalten geben. Dafür allerdings sind sie unentbehrlich. Sie zeigen uns an, was der Mensch – zumindest in den ersten Lebensjahren – von allein noch nicht zu finden vermag. Fast könnte man über diese Wegweiser schon ein Horoskop deuten, aber Kräfte – wie oft angenommen – sind sie nicht. Das zeigt sich besonders am Aszendenten, der ja leider zu häufig schon als Kraftausstrahlung bezeichnet wird. Fangen wir mit diesem Punkt an.

Der Aszendent: Der Willens-Wegweiser

Der Aszendent gilt meist als der wichtigste Faktor der Astrologie. Jahrhunderte hindurch wurde ein Horoskopeigner allein nach dem Aszendenten beurteilt. Mit dem Aufkommen der Psychologie, die wohl die Astrologie vor dem Untergang gerettet hat, wandelte sich die Auffassung von der Stärke des Aszendenten. Inzwischen ist wieder klar – wie einst im Altertum –, daß das bewußte Grundwesen eines Menschen nach seinem Kern beurteilt werden muß. Den bewußten Kern aber symbolisiert die Sonne.

„Mehr sein als scheinen", dieses Motto hielt erneut Einzug in die Astrologie. Mit dem Schein war der Aszendent gemeint, und das – man kann es nicht dick genug unterschreiben – zu Recht! Was ist der Aszendent? Ein rechnerischer Punkt. Der Punkt des Tierkreises, bei dem (gemessen am ersten Atemzug) zur Zeit der Geburt der Horizont aufgeht. Dies und nichts anderes.

Da jedoch der Aufgang der Sonne, damit des Lichtes, einst jeden Morgen sehnlichst erwartet wurde, übertrug sich diese Prägung der Seele grundsätzlich auf den aufsteigenden Stern.

Man sagte früher fälschlicherweise, der Aszendent symbolisiere den „Stern, der bei der Geburt aufginge".

Wir können heute sagen, daß der Aszendent deswegen sehr wichtig ist, weil dieser mit dem aufgehenden Grad am Horizont das Prinzip „Ich will leben" anzeigt.

Erweitern wir diesen Satz, dann kommen wir der tiefen Bedeutung des Aszendenten schon sehr viel näher. „Ich will leben – wie . . . ".

Das „Wie" zeigt der aufgehende Grad des Tierkreises in etwa an.

Was ist nun das „Wie"? Es ist die äußere Persönlichkeit.

Das Wort Persönlichkeit wurde vom Wort Persona abgeleitet.

In den alten, griechischen Theatern spielten die Schauspieler – es waren nur Männer – mit einer Maske vor dem Gesicht. Daher mußten sie durch die Maske sprechen. Das Wort für das Tönen durch die Maske hieß personare.

Wir tragen alle eine Maske, meist nicht um andere zu täuschen, sondern um einen Schutz zu haben. Wer gibt sich schon gerne in seiner Blöße preis? Diese Maske zeigt uns der Aszendent, jedoch so, wie wir äußerlich auftreten, müssen wir noch längst nicht sein! (Ausnahmen gibt es, wenn Sonnenstand und Aszendent sich decken.)

Der Aszendent zeigt damit an, wie wir erscheinen -- nicht wie wir sind und er rät uns sogar, diese Art von Maske (Grad des Tierkreises) anzulegen. Und zwar geht es hier um die Jahreszeitprägung (Tierkreisabschnitt) und den Sektor, die Kraft im Hintergrund.

Hat also jemand den Aszendenten bei 14 Grad Schütze stehen, dann ist sein Auftritt zwar jupiterhaft, weil Jupiter seine verwandte Kraft im Abschnitt Schütze findet; aber der 14. Grad signalisiert den Jungfrausektor, was bedeutet, daß im Hintergrund des Auftretens auch Fleiß und Ernst, und entgegen dem großzügigen Jupiterhaften auch Genauigkeit und Ordnungsliebe zu spüren sind.

Für die Beurteilung (bei allen rechnerischen Punkten) benötigen wir also Tierkreisabschnitt und Sektor. Nun gibt es eine wichtige Ausnahme: Wenn nämlich ein Planet nahe am Aszendenten steht, dann übernimmt dieser Planet die Maskenrolle des Aszendenten.

Nach der Rechnung von Ptolemäus (ein großer griechischer Astronom und Astrologe um 160 n.Chr.) beträgt der Abstand für diese Nähe fünf Grad nach beiden Seiten des Aszendenten.

Beispiel: Der Aszendent liegt bei 23 Grad im Abschnitt Löwe. Es wären also zu beachten: Löwezeichen und Sektor Steinbock. Als Maske folglich: Großes Auftreten mit stillem zähen Ehrgeiz im Hintergrund.

Steht aber Neptun nahe am Aszendenten und zwar auf 19 Grad im Löwezeichen, dann übernimmt er die Maskenrolle. Wir müssen also annehmen, daß Neptun im Abschnitt Löwe einen autoritären Lebensinstinkt aufzeigt, im Hintergrund verbunden mit der Sektorenkraft Skorpion, die eine geheimnisvolle Tiefe und ein skeptisches Auftreten vermittelt.

Wer dies nicht unterscheidet, und Tierkreis und Sektor nicht untersucht, wird auf falsche Wege gelenkt. Denn um es zu wiederholen: Aszendent Löwe reicht, wie jeder Tierkreisabschnitt, von 00 bis 30 Grad. Nach alter Manier gäbe es folglich in diesem Abschnitt keine Differenzierungen.

Erst durch den Sektor bekommen wir eine vielfältige Möglichkeit für die Aussage des Wegweisers Aszendent. Nur ist dieser Aszendent nicht die Sonne! Steht die Sonne zum Beispiel im Abschnitt Krebs, dann ist das Sein völlig anders als der Schein. Das etwas großartige, auch manchmal autoritäre Auftreten schützt einen eher gemütvollen Lebenskern, der sich – so geborgen – recht gut entwickeln kann, ehe der Kern, also die Krebssonne, auch die Führung im äußeren Auftreten übernimmt.

Es ist eine Sache der Reife, bis es soweit ist, daß die Menschen ihre Maske fallen lassen können. Allerdings besteht die Gefahr, daß sich manche in der Maskenrolle ihres Lebens so wohl fühlen, daß sie diese nie mehr ablegen wollen. Das muß der Astrologe einerseits aus dem Horoskop und andererseits aus dem Auftreten und Verhalten der Horoskopeigner erkennen. Die richtige Entwicklung wäre vom Aszendenten, dem Schein, zum Sein des bewußten Lebenskerns zu gelangen. Der unbewußte Lebenskern – durch den Mond symbolisiert – steht dabei nicht zur Debatte.

Eines ist noch einmal festzuhalten: Der Aszendent, der im Grunde nur einen Grad des Tierkreisabschnittes umfaßt, ist nicht gleichzusetzen mit dem ersten Haus, wie oft angenommen, ja gelehrt wurde, was heute kaum noch der Fall ist. Das gesamte erste Haus zeigt keine Maske, kein Auftretensverhalten an, sondern – wie ausgeführt – die Grundlebensauffassung, die nur scheinbar durch die Maske mit geprägt wird.

Der Aszendent ist auch für die Beurteilung der Reifeentwicklung eines Menschen ungemein wichtig. Hier kann jeder Horoskopeigner ablesen, wo er in seiner inneren Reife noch oder schon steht. Das Bekennen zum Kern ist eine der wichtigsten Aufgaben, denen wir uns zu unterziehen haben, wobei die Hintergrundkraft der Sektoren mit berücksichtigt werden sollte.

Der Deszendent: Der Du-Wegweiser

Der Deszendent ist der Wegweiser, der dem Aszendenten genau um 180 Grad gegenüberliegt. Er markiert den Punkt, da der Horizont untergeht.

Es ist der Du-Punkt im Horoskop (im Gegensatz zum Aszendenten, den man auch den Ich-Punkt nennt). Und das Wort Du-Punkt ist völlig richtig, aber es verführt zu falschen Schlüssen, denen über Jahrhunderte hinweg viele Astrologen erlagen.

Dieser Punkt markiert nämlich nicht, wie die Lebenspartner – jeweils auf den Tierkreis oder die Planeten bemessen – sein sollten. Nein – über andere steht nichts im eigenen Horoskop! Der Du-Punkt sagt aus, wie man sich selbst zum Lebenspartner zu verhalten hat.

Am Aszendenten, da das Ich symbolisch geboren wird, erkennt man das eigene und sicher vorwiegend egozentrische Verhalten der Horoskopeigner. Da in der Astrologie sich alles zum Gegenpol zu entwickeln hat, muß sich der Horoskopeigner von seiner Egozentrik lösen, um sich mit dem Du zu ergänzen.

Genauer: Das Ich ist im Laufe des Lebens aufzugeben, um eine Aufgabe am Du zu erfüllen. Wie die Aufgabe am Du zu erfüllen ist, dies zeigt uns als Wegweiser der Du-Punkt an.

Ein kämpferisches Widder-Ich hat sich beispielsweise zu einem harmonischen Waage-Du zu entwickeln. Ein lebensfrohes Stier-Ich muß sich zur Tiefe des Skorpion-Dus wandeln. Ein allgemein kommunikationsfreudiges Zwillinge-Ich muß zum ideellen Schütze-Du werden, ein empfindsames, eigenbrötlerisches Krebs-Ich zum zuverlässigen Steinbock-Du.

Schließlich liegt die Aufgabe des autoritären Löwe-Ichs darin, sich in ein reformerisches Wassermann-Du zu entwickeln, während das vorsorgende Jungfrau-Ich sich zum hingebenden Fische-Du steigern muß. Die anderen Beispiele funktionieren umgekehrt wie oben beschrieben.

Also ein harmonisches Waage-Ich muß sich zum kämpferischen Widder-Du wandeln, und so fort.

Und damit klar wird, daß sich damit das Ich noch lange nicht ganz aufgibt, oder ins Gegenteil verkehrt: Der Sektor des Hintergrundes bleibt stets gleich! Der Sektor wandelt sich nicht. Dahinter steckt eine großartige Logik im Aufbau der Astrologie, die – wie bei vielen anderen Details – nur immer wieder in Demut zu bewundern ist. Und wo, bitte schön, findet man diesen Wegweiser für die Partnerschaft präziser und besser? Nirgends!

Man hat das Ich immer mit der Sonne verglichen, daher auch die astrologische Zuordnung der Körperteile zum Jahreslauf der Sonne. (Siehe Literatur im Anhang unter Astromedizin.)

Die Sonne geht im Osten (am Aszendenten) auf, wandert in Uhrzeigerrichtung gen Süden nach oben im Horoskop (zur Himmelsmitte, unser nächster Wegweiser) und geht dann am Du-Punkt (am Deszendenten) unter. Den gleichen Weg sollte das Ich nehmen. Es wird geboren, darf, um sich durchzusetzen, schon auch egozentrisch handeln, hat zu lernen, bis es was geworden ist; dann allerdings muß die Ich-Egozentrik langsam abgebaut werden, um sich auf einen gemeinsamen Weg mit dem Du einzulassen, und um dem Du ab jetzt zu dienen. Sich aufgeben, um eine Aufgabe zu erfüllen!

So schön kann die deutsche Sprache sein, wie wunderbar hintersinnig und doppeldeutig ist das Wort „Aufgabe“!

Auch beim Du-Punkt gilt: Wenn ein Planet nahe an diesem Punkt im Radixhoroskop steht, ist er wichtiger als Tierkreis und Sektor für unseren Weg zum Du.

Der Du-Punkt ist rein rechnerisch, beinhaltet keine Kraft, sondern ist nur ein – wenn auch sehr wichtiger – Wegweiser. Leider geht der Deszendent im Vergleich zum Aszendenten meist unter, aber das ist in der gesamten Historie der Astrologie stets so gewesen. Doch genauso wichtig, wie der Aufgang der Gestirne ist, ist der Untergang.

Der willensstarke Aufbruch beim Beginn des Tierkreisjahres in Null Grad Widder gibt mehr Hoffnung und Frühlingsfreude als der Gang in den Herbst, hin zur dunklen Zeit, da die Nächte wieder länger werden, und sich so eine gewisse Melancholie in den Seelen der Menschen festsetzt.

Betrachtet man den Tageslauf der Gestirne, so wandern diese bei ihrem Untergang in das Haus der Pflicht (sechstes Haus), während im Jahresrhythmus (wir erinnern an die beiden Bewegungsrhythmen) ja die Gestirne aus der Pflicht zum Du aufsteigen. Beides hat eine tiefe Bedeutung. Erst wenn ich Pflichten angenommen habe (sechstes Haus), habe ich meine Ergänzung verdient. Und wenn ich das Du gefunden habe, dann lade ich mir damit neue Pflichten auf.

Erwähnt sei noch, daß der Du-Punkt oder Deszendent nicht mit dem siebten Haus gleichgesetzt werden darf! Das siebte Haus sagt über die Du-Ausrichtung hinaus etwas über das allgemeine Echo aus, das wir empfangen, das wir uns verdient haben. Ganz besonders deutlich wird dies beim Verhältnis Künstler und Publikum.

Die Himmelsmitte – Das Medium Coeli (MC): Der Ziel-Wegweiser

Die Lage der Himmelsmitte ist in der Astrologie ein ewiger Streitpunkt, der aus den verschiedenen Häusersystemen herrührt. Bei der 30-Gradmethode (oder äqual) wandert das MC und kann in verschiedene Häuser fallen. Bei der ungleichen oder inäqualen Methode (und hier ist egal, welche inäquale Methode wir wählen) deckt sich das MC immer mit der Spitze des zehnten Hauses.

Da das zehnte Haus die Außenstellung symbolisiert, damit meist auch den Beruf, ist die Himmelsmitte sehr festgelegt und kaum mehr individuell zu werten.

Das MC aber verkörpert nun einmal die innere Berufung eines Menschen und zeigt in der Achse zum IC (Himmelstiefe), wohin das Ich von der Herkunft her strebt. Bestimmt nicht immer zu einem Beruf oder gar in die Außenweltstellung. Wir haben diese Problematik bei den Häusern angesprochen und ausführlich erklärt.

Da die Himmelsmitte – (der Höchststand, auf die Ekliptik oder den Tierkreis berechnet) – unser inneres Ziel anvisiert, da es aus der Tiefe vom IC herkommt, signalisiert uns dieser rechnerische Punkt, wo unser Lebensziel liegen könnte. Nicht jeder strebt diesem Ziel nach (weil ihm dieser Wegweiser nicht nahegebracht wird), aber man sollte es tun. Wenn jemand das MC auf 09 Grad 30 Bogenminuten im Abschnitt Stier hat, dann sind zu beurteilen Tierkreisabschnitt und Sektor sowie zusätzlich bedeutend stehende Planeten in diesem Abschnitt oder Sektor. Bedeutend oder markant stehend heißt, wenn dieser Planet entweder viele Aspekte empfängt, oder wenn es sich um Sonne oder Mond handelt, oder wenn dieser Planet im selben Sektor seines Tierkreises steht.

Beispiel: Jupiter steht auf 21 Grad im Tierkreisabschnitt Schütze, dann steht er nicht nur im Zeichen Schütze, sondern auch im Sektor Schütze. Da Jupiter im Abschnitt Schütze und damit auch im Sektor Schütze seine ihm gemäße Kleidung trägt, steht er doppelt bedeutend oder markant.

Kommen wir auf den oben genannten MC-Stand von 09° 30' (9 Grad und 30 Bogenminuten) zurück, wobei wir das MC im neunten Haus finden. Hier wären der Tierkreis Stier und der Sektor Krebs im neunten Haus angesprochen. Stände zum Beispiel die Sonne (und auch Merkur und Venus sowie Pluto) im Abschnitt Krebs, hieße dies: Die Berufung ist ideell mit dem Streben nach Horizonterweiterung ausgerichtet, wobei Sicherheit (Stier) angestrebt wird, um die individuellen Vorstellungen zu erfüllen (das besagen die Planeten im Abschnitt Krebs, und das MC liegt im Sektor Krebs).

Käme der Horoskopeigner von diesem Weg ab, dann würde er sich sicher untreu werden und seinen Idealen und inneren Vorstellungen nicht entsprechen. Das Leben wäre nicht ausgefüllt, und damit wohl innerlich sehr viel schwieriger zu meistern.

In unseren Breitengraden kann das MC ins elfte Haus (soziales Engagement) fallen, oder ins zehnte Haus (seine Berufung unbedingt zum Beruf machen). Im neunten Haus wird die Horizonterweiterung angesprochen, die Ideale, während bei einem MC im achten Haus die Ausrichtung zu den Grenzfragen des Lebens, zur Esoterik, zur Beschäftigung mit Problemen des Todes zur Berufung gehören würden.

Je höher man zum Norden kommt, um so wahrscheinlicher ist es, daß das MC auch in die Häuser zwölf oder sieben fallen kann.

Diese Unterscheidungen, die erst das Horoskop individuell machen, gibt es bei der inäqualen Manier (Manier ist ein Fachausdruck für Methode) leider nicht. Aber es dürfte klar geworden sein, was die Himmelsmitte uns aussagen kann.

Dabei ist eines noch sehr zu beachten: Im Tageslauf bewegen sich die Planeten ja in Uhrzeigerrichtung –, und die rechnerischen Punkte AS – DS – MC – IC sind ja nur auf den Tageslauf ausgerichtet –. Nun gibt es Planeten, die vor beziehungsweise nach dem MC stehen.

In unserem schematischen Beispiel stehen Sonne und Jupiter vor dem MC, Mond und Mars aber nach dem MC.

Vor dem MC lernen die Planetenkräfte noch, sie sind noch nicht auf der Höhe (das wäre direkt beim MC). Nach dem MC aber haben die Planeten ihr Wissen, ihr Können an andere abzugeben.

Wer viele Planeten vor dem MC hat, vom IC aus gerechnet, ist daher oft ein ewig Lernender. Wer die meisten Planeten nach dem MC hat (bis zum IC), muß seine Kräfte mehr für die Entwicklung anderer abgeben. Natürlich können auch Lehrende ewig lernen, denn wer lehrt, lernt sowieso am meisten und am besten.

So hat uns folglich die Himmelsmitte viel zu sagen, und sie ist ein exzellenter Wegweiser, ohne den wir kaum unseren Lebenssinn und Lebensweg ausfüllen können.

Die Himmelstiefe – Das Imum Coeli (IC): Der Herkunfts-Wegweiser

Die Himmelstiefe ist von der Himmelsmitte abhängig oder umgekehrt. Beide rechnerischen Wegweiser liegen sich genau um 180 Grad gegenüber. Die Sektoren sind bei beiden Punkten gleich, so wie beim Aszendenten und Deszendenten.

Beim 30-Grad-Häusersystem, welches wir verwenden, wandert auch die Himmelstiefe. So kann in unseren Breitengraden das IC in das zweite oder dritte, ins vierte oder fünfte Haus fallen. Hoch im Norden fällt das IC sogar auch ins sechste oder erste Haus, was sehr individuelle Deutungen zuläßt.

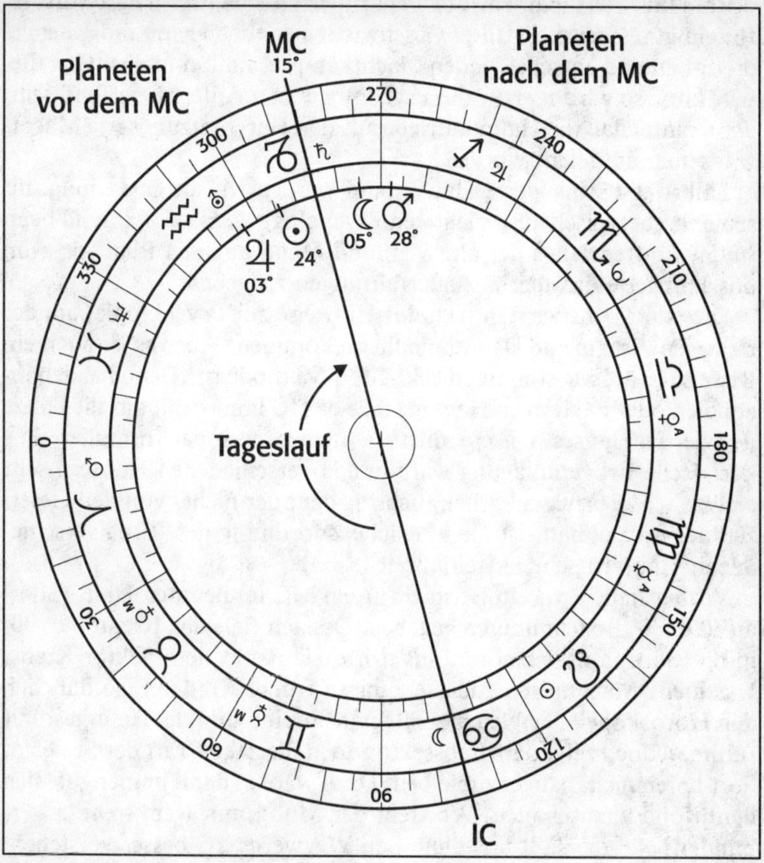

Abbildung 40: Planeten vor und nach dem Medium Coeli. Beachten Sie die Sichtweise, die sich am Tageslauf der Planeten orientiert, also im Uhrzeigersinn.

Das IC symbolisiert unseren Herkunftspunkt; an ihm kann man das innere Erbe erkennen, das nicht auf die Familie beschränkt ist. Auch sieht man hier oft die Belastungen, die einem Kind mit in die Wiege gelegt oder ihm in den ersten Lebensjahren zugefügt wurden. Kein Wunder, daß hier auch den einzelnen Herkunftshäusern gewisse Psychologieschulen oder Lehrer sehr gut zugeordnet werden können. Das dritte Haus, das man einst das Haus der Geschwister nannte, ist dafür ein gutes Beispiel. Unter Geschwistern erleben viele Kinder bereits die ersten und entscheidenden Machtkämpfe. Fällt nun das IC in dieses Haus, so wird hierfür die Psychologie von Adler zutreffend sein, der meinte, daß die Hauptantriebe aus den Durchsetzungs-, ja Machtwünschen ausgelebt würden.

Fällt das IC ins vierte Haus, dann werden wir an C.G. Jung mit seiner archetypisch ausgerichteten Psychologie denken, während beim IC im fünften Haus der alte Sigmund Freud auf den Plan tritt, um uns Hinweise aus den Sexualerfahrungen zu geben.

Dies sind selbstverständlich nur Hinweise zur Psychologie, um der richtigen Art für die Deutung näherzukommen. Aber es ist auch ein Beweis dafür, wie stimmig die 30-Grad-Methode ist. Denn bei den inäqualen oder ungleichen Häusern fiele das IC immer nur auf die Spitze des vierten Hauses. Unsere innere – man kann sogar formulieren – karmische Erbveranlagung wäre in den verschiedenen Häusern sehr viel besser zu erfassen. Aber auch für den, der nichts von den Gesetzen des Karma hält, ist die mögliche Zuordnung des IC zu verschiedenen Häusern sehr aufschlußreich.

Vorher haben wir ein Beispiel für ein MC im neunten Haus (Stier) auf 09° 30' Bogenminuten gegeben. Danach fiele das IC auf 09° 30' in das Skorpionzeichen und ins dritte Haus mit dem Sektor Krebs. Das hieße Machtauseinandersetzung in früher Kindheit, so daß sich der Horoskopeigner gleich zu Beginn in eine dunkle Tiefe gestürzt fühlte, jedoch zeigt der Krebssektor doch die zähe Kraft der Seele an, dort unten nicht hängenzubleiben. Dazu wäre es dann immer gut, sich den Mond anzuschauen. Wo steht der Mond, mit wem steht er verbunden? All das läßt uns dann den Wegweiser IC besser verstehen.

Wir müssen also die Wegweiser lesen lernen. Sie sind nun einmal keine Autobahnschilder, die anzeigen, wohin die Strecke führt. Hier soll sich jeder seine Gedanken machen, und das ist sehr gut. Warum? Nun, auf der Suche nach der Aussage der Wegweiser kommt sich der Mensch selbst näher. Er versteht sich besser und der Weg zur Selbsterkenntnis wird automatisch begangen.

Der Baum im Horoskop – Die Krone und die Wurzel: Die Achse der Mondknoten

Bei der Betrachtung der Mondknotenachse legen wir besonderen Wert auf die Betonung Achse, auch wenn die anderen Punkte, die wir nannten, ebenfalls Achsen bilden. Immerhin sind die bisher vorgestellten Punkte auch allein zu betrachten. Bei der Mondknotenachse geht das nicht. Daher erscheint es uns auch sehr wichtig, daß beide Mondknoten im Horoskop markiert sind. Über die Mondknoten haben wir schon bei den Finsternissen ausführlich berichtet, jetzt geht es um die persönliche Aussage.

Viele Astrologen achten kaum auf diese Achse, der Autor hat sie sogar Jahre hindurch abgelehnt, bis er sich von ihrem echten Wert überzeugte. Die Mondknotenachse wurde in der Astrologie schon seit über zweitausend Jahren verwendet, wenn es auch immer für die beiden Mondknoten höchst unterschiedliche Auslegungen gab. Heute wird sie zusätzlich noch im karmischen Sinn gebraucht, was wir nicht unterschreiben können.

Die Tradition sagt, daß der aufsteigende Mondknoten einen Charakter habe, der einer Mischung von Sonne und Jupiter entspreche, während der absteigende Mondknoten eher mondhaft und saturnisch zu werten sei.

Da ist viel daran. Es geht auch um die Zeitqualität, denn Jupiter wurde nun einmal stets als höhere Sonne eingestuft, weil sein Umlauf gut in zwölf Sonnenjahre einzuteilen ist. Und Saturn und Mond schreiben am Himmel das bewährte Zeitmaß der Bibel, daß ein Tag gleich einem Jahr sei.

Die Mondknoten, die vorwiegend für die Berechnung der Finsternisse benutzt wurden, hießen einst Drachenkopf (aufsteigend) und Drachenschwanz (absteigend). Die Annahme, daß es ein geheimnisvoller Drachen sei, der Sonne oder Mond das Licht wegnähme, hatte sich früh in die Seelen der Menschen eingeprägt. Damit bekamen die Mondknoten einen Hauch von dämonischer Kraft. Wer sonst konnte der Sonne ihr Licht stehlen, den Mond verdunkeln, und am Tage die Sterne leuchten lassen? Die Mondknoten, nur zwei rechnerische Punkte, können das auch nicht, aber sie erweckten den Eindruck, daß sich hinter ihnen ein gefährliches Untier verberge.

Selbstverständlich wurde beobachtet, ob nach einer der doch recht häufigen Mond- oder der viel selteneren Sonnenfinsternisse eine bemerkenswert schlechte Zeit folgen würde. Da Katastrophen weitaus länger in Erinnerung bleiben als ein Gleichklang des Lebensablaufs, meinten die Menschen ziemlich schnell, daß die Finsternisse böse Phasen ankündigen würden. Die Mondknoten wurden sozusagen mehr als Orakel mißbraucht, denn als Wegweiser gebraucht.

Auch heute werden noch besonders in der Mundanastrologie = Erd- oder Politikastrologie die Finsternisse zur Deutung von Weltentwicklungen und Ereignissen benutzt. Es gibt Schulen, die sehen in dieser Achse – wie erwähnt – das karmische Geschick eines Menschen, oder auch die Hintergründe des Anima- und Animusproblems. Wieder andere erschauen hier die Schatten von Personen, und einige sehen gar Hinweise für einen Reinkarnationswegweiser. Das bedeutet, daß die Mondknoten zum Erkennen von Zwangsmechanismen gebraucht werden oder zu Vorhersagen über den geringsten Widerstand beziehungsweise über unüberwindliche Hindernisse.

Auch zur Wunschachse wurden die Mondknoten vergewaltigt; der aufsteigende Mondknoten zeige die Wünsche des Horoskopeigners an, während die unerfüllten Wünsche vom absteigenden Mondknoten anvisiert würden. Letztlich wurde diese Achse noch als Kontakt- oder Bindungsachse eingestuft, da der aufsteigende Mondknoten die möglichen, der absteigende Knoten die unerreichbaren Bindungen deutlich mache. Wir haben hier diese Vielfalt von Zuordnungen bewußt aufgezeigt, um klarzumachen, daß sich im Laufe der Zeit manche Fehlschlüsse durchgesetzt haben. Von diesen Ausrichtungen sollten wir uns fernhalten, und die Mondknoten einfach als Wegweiser interpretieren.

Wegweiser wofür?

Es erweist sich als richtig, diese Achse auf das jetzige Leben zu konzentrieren. Es geht um das Ringen auf dem Weg zur inneren Mitte.

Da sich Mond und Sonne – mit dem Mittelpunkt unserer Erde – gegenseitig scheinbar verfinstern können (was astronomisch nicht stimmt), erkennen wir eine fast archetypische Urerfahrung, die den Kampf zwischen dem Bewußtsein und dem Unbewußten in unserem täglichen Leben widerspiegelt. Dieser Kampf prägt sich in unseren Tagen immer mehr aus, da sehr viele Menschen recht skeptisch und böse ironisch fragen: „Bitte schön, wo ist die Seele, wie sieht sie aus, kann ich mit ihr sprechen?“

Sicher kann jeder mit seiner Seele sprechen! Einmal über seine Träume und dann über die Annahme seines Geburtsbildes. Die Psychologen wissen längst, daß die Seele vorhanden ist und nicht beiseite gedrängt werden kann. Die Seele meldet sich immer! Und daß sie sich meldet, wissen alle, die sich nur ein wenig kritisch beobachten, und ihre Versprecher, Verstolperungen, ihr Fehlverhalten analysieren und sich intensiv fragen, warum sie so oft die alten Fehler wiederholen.

Jeder sollte bemüht sein, zu seiner Mitte zu finden, sich zu entfalten, ohne die eigene Verwurzelung aufzugeben. Dem aufsteigenden Mondknoten wird eher eine expansive Richtung zugewiesen. Das bewußte Ich (Sonne) will sich weiterentwickeln (Jupiter), während die Seele (Mond) eher darauf achtet, nicht allzusehr vom Boden abzuheben, sondern weiß, daß es auf die Kraft der Wurzeln (Saturn) ankommt, wenn man zur Höhe streben will. Und wie ohne Entfaltung die Wurzeln verkümmern und nicht mehr wachsen, so würde ohne Verwurzelung die Entfaltung einschlafen, weil sie keinen festen Standort hat. Ein Baum ohne Wurzeln wächst halt nicht, und Wurzeln ohne Bäume verdorren. Die Mondknotenachse stellt so einen Baum in unserem Horoskop dar. Es ist der ureigene Baum des Ichs.

Daher wird dieser Baum auch mehr nach der Stellung in den Häusern betrachtet. Die Kleidung ist ziemlich unwichtig.

Die Mondknotenachse bewegt sich nur in Uhrzeigerrichtung, also ist sie stets rückläufig und bewegt sich gegen die allgemeine Richtung im Tierkreis. Bildlich gesehen, ist sie schon von daher ein gewisser Gegenpol zu den Gestirnen und Planeten. Durch ihre sehr langsame Bewegung von 18 Jahren und 219 Tagen durch die Ekliptik scheint sie zuerst wenig individuell ausgerichtet zu sein. Auf das Häusersystem bezogen, ist sie es jedoch sehr. Erst die Häuser und die damit verbundenen rechnerischen Wegweiser machen ein Horoskop wirklich individuell. Der Mondknoten bleibt in jedem Zeichen knapp 19 Monate stehen. Da er sich am Tag im Durchschnitt drei Bogenminuten (03') rückwärts bewegt, bleibt er rund 50 Tage, sprich Jahre, in einem Sektor. Jeder von uns erlebt daher den Mondknoten im Durchschnitt nur in zwei Sektoren – höchstens in dreien.

Wenn also jemand beim Mondknoten – was statthaft ist – auch die Tierkreisfärbung mit einbeziehen will, dann sollte er dies ganz besonders im Hinblick auf den Sektor tun. Aber sehr viel bringt es nicht.

Es sei an dieser Stelle noch einmal betont, daß beide Mondknoten absolut gleichwertig sind, was ihre Aussagequalität betrifft, obwohl meist nur vom aufsteigenden Mondknoten gesprochen wird. Das Haus, in dem der aufsteigende Mondknoten steht, grenzt das Ziel in Beziehung zu den Interessenssphären ein. Entsprechend wird an der genau gegenüberliegenden Stellung des absteigenden Mondknotens deutlich, in welcher Interessenumgebung die Verwurzelung zu suchen ist.

Fällt der aufsteigende Mondknoten in das erste Haus, wird der Entfaltungswunsch in der eigenen Lebensauffassung des Ichs gesucht. Da jedoch damit automatisch der absteigende Mondknoten im siebten Haus steht, sind die betreffenden Horoskopeigner im Du und im Echo verankert. Dies bedeutet praktisch, daß die Entfaltung des Ichs nicht auf Kosten des Dus zu erfolgen hat! Ich habe also auf das Du Rücksicht zu nehmen. Wenn auch die Entfaltung egozentrisch ausgerichtet sein mag, so darf sie sich nicht zum Egoistischen hin wandeln! Täte sie das, würde sie ihre Wurzeln verlieren, der Baum hätte keine Verankerung mehr, er würde umstürzen, und damit gingen die Horoskopeigner in die Knie, denn sie hätten nun kein Rückgrat mehr.

Denn die Mondknotenachse ist das Rückgrat schlechthin, was leider oft noch zu wenig in das Bewußtsein des Denkens eingedrungen ist. Es ist das seelische Rückgrat in uns, das uns immer wieder aus der Finsternis zum Licht führt, aus der Niederlage zum Sieg, aus der Verzweiflung zur Hoffnung.

Finden wir unsere Mitte über die Aufgaben der Interessensgebiete, welche uns die Häuser signalisieren, dann werden wir auch unser Glück machen. Wie hieß es so schön bei den alten Volkssprüchen:

„Jeder ist seines Glückes Schmied".

Bitte – hier haben wir mit der Mondknotenachse den Amboß dazu!

Wir geben nun in Stichworten eine Übersicht über die zwölf Richtungen, welche uns diese Achse anzeigen kann. Wer die Achse dann noch genauer untersuchen will, der präge sich den Sinn der beiden sich gegenüberliegenden Häuser intensiv ein. Findet ein Mensch nicht seine Mitte, dann ist er mit allem unzufrieden, dann kommt er nirgends zurecht. Hat er sie jedoch gefunden, dann ergibt sich fast alles von allein. Dann weiß er, von wo er kommt und auch, wohin er will.

Stichwortübersicht zu den Finsternispunkten im Horoskop

Aufsteigend im Haus	Absteigend im Haus	Entfaltung	Verwurzelt
1	7	des Ichs	im Du und Echo
2	8	des Selbstwertes	im Erkennen der Grenzen
3	9	im Alltag	in der Weite
4	10	in der Herkunft	in der Außenwelt
5	11	in der Kreativität	im Sozialen
6	12	in der Pflicht	in der Klausur
7	1	im Du und Echo	im Ich
8	2	in den Grenzwissenschaften	im Selbstwert
9	3	über den Horizont	im Alltag
10	4	in der Außenwelt	in der Herkunft
11	5	in der Sozialwelt	in der Kreativität
12	6	in der Klausur	in der Pflicht

Diese Stichworte sind je nach den Problemen der Ratsuchenden zu erweitern, aber die Gespräche in dieser Richtung müssen auf das entsprechende Haus beschränkt bleiben. Auch wenn es oft zuerst nicht so scheinen mag, hier liegen immer die Urprobleme, aus denen man alles ableiten kann.

Diese Verläßlichkeit, die uns hier die Astrologie bietet, ist überzeugend und gibt letztlich ein starkes Zutrauen zu dieser wohl ältesten Erfahrungswissenschaft der Menschheit.

Die Aspekte zu den Wegweisern

In sehr vielen Horoskopen finden wir Aspekte zu den rechnerischen Punkten eingezeichnet, besonders zum Aszendenten und zur Himmelsmitte. Das ist insofern nicht sehr richtig, weil ja die Aspekte gegenseitig sein müssen. Rechnerische Punkte sind aber Punkte im luftleeren Raum, es sind keine Kräfte, daher gehen auch von ihnen keine Aspekte aus.

Rechnerische Punkte empfangen vielleicht Aspekte, obgleich auch das umstritten ist.

Wir haben nun drei Paarungen der rechnerischen Punkte, da sich zwei ja immer gegenüberliegen.

Diese Paarungen sind:

Aszendent	Deszendent
Medium Coeli	Imum Coeli
Aufsteigender Mondknoten	Absteigender Mondknoten

Nach dem Gesetz der Aspekte haben wir hier auch Paarungen, diese sind:

Konjunktion	Opposition
Confinis	Quincunx
Sextil	Trigon
Quadrat	Quadrat

Diese Paarungen wirken sich nun besonders bei den rechnerischen Punkten aus.

Hat ein rechnerischer Punkt einen Aspekt – wir rechnen mit einem Orbis bis zu 5 Grad nach jeder Seite, jedoch beim Paar Confinis und Quincunx nur die Hälfte, also 2° 30' – dann empfängt der gegenüberliegende rechnerische Punkt die zum Aspekt gehörende Ergänzung. Also:

Hat der Aszendent eine Konjunktion mit Saturn, dann hat Saturn gleichzeitig eine Opposition zum Deszendenten oder umgekehrt. Hat die Himmelsmitte ein Trigon zu Jupiter, dann hat dieser gleichzeitig ein Sextil zur Himmelstiefe.

Haben wir ein Confinis von Uranus zum aufsteigenden Mondknoten, dann hat Uranus gleichzeitig ein Quincunx zum absteigenden Mondknoten.

Nur einmal bleiben die Aspekte gleich. Das ist der Fall, wenn zu einem der rechnerischen Punkte ein Quadrat – sagen wir von Pluto – geworfen wird, weil Pluto dann auch den gegenüberliegenden Punkt im Quadrat anschaut, wie folgende Abbildung zeigt.

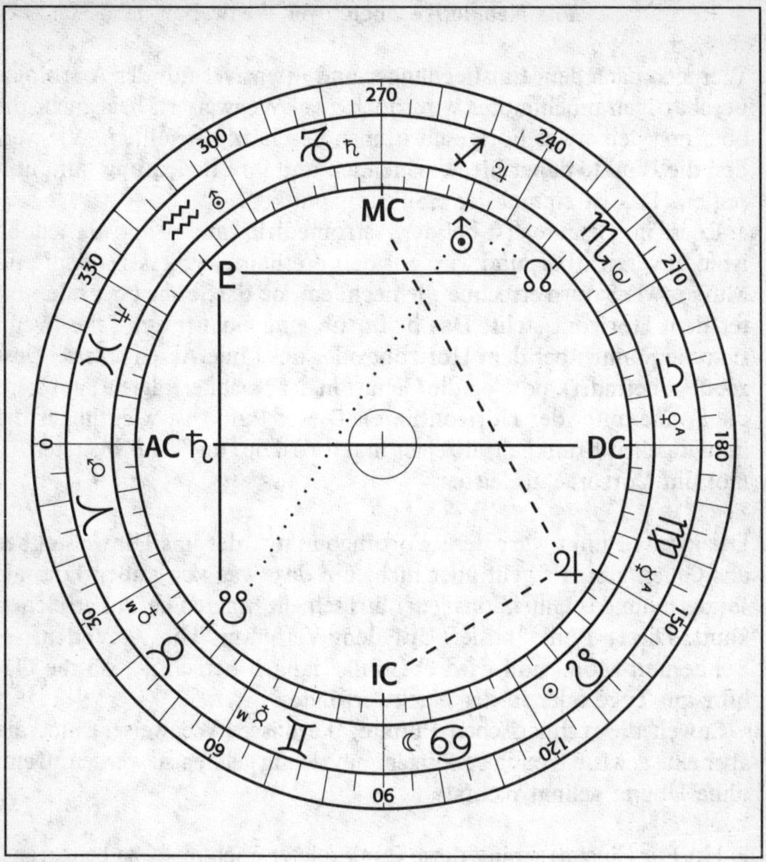

Abbildung 41: Aspekte zu den rechnerischen Punkten

Wir haben hier Pluto mit seinen Quadraten zur Mondknotenachse eingezeichnet. Dadurch wird selbstverständlich von den Aspekten her das Quadrat der wichtigste, aber vor allem der eindeutigste Aspekt zu den rechnerischen Punkten. Alle anderen Aspekte ergänzen sich fast oder heben sich gegenseitig ein wenig auf.

Wir ersparen uns aber die Einzeichnung, weil dann das Horoskopbild an Klarheit verliert, in der Aspekt-Tabelle jedoch finden wir diese Aspekte (siehe Abbildung 42).

Für Neugierige noch zwei Wegweiser

Wer sich nach dem Einstieg länger und intensiver mit der Astrologie beschäftigen möchte, der wird noch zwei Wegweisern begegnen, die aber erst den etwas Fortgeschrittenen beschäftigen sollten. Wir werden die Punkte daher hier nur nennen und ihre Bedeutung kurz umreißen. Das ist einmal der „Substanzpunkt".

Er ist im Grunde erst bei der Astromedizin interessant, da jedoch ist er unverzichtbar, und wird aus dem Verhältnis von Aszendent und Mars sowie Saturn errechnet, je nachdem, ob die Sonne über oder unter dem Horizont steht. Das heißt, ob eine Geburt am Tage (wenn sich die Sonne über dem Horizont oder der Linie Aszendent – Deszendent befindet), oder ob die Geburt in der Nacht erfolgte (dann steht die Sonne unter der Horizontlinie). Dieser Punkt ist wichtig für die individuellen Krankheitsanzeiger im Horoskop, und zwar in erster Linie, um Vorsorge zu leisten.

Der zweite Punkt wäre der „Fortunepunkt", der uns Hinweise über das Glück gibt. Es geht aber nicht um das, was von außen kommt, sondern um das Glück, das jeder aus seinem Inneren heraus erreichen kann. Dieser Punkt basiert auf dem Verhältnis von Aszendent – Sonne und Mond und wird ebenfalls danach berechnet, ob die Geburt am Tage oder in der Nacht erfolgte.

Soweit die rechnerischen Punkte, die unsere Wegweiser sind, die aber eine gewisse Übung benötigen, um richtig gelesen zu werden. Denn ohne Übung gelingt nichts!

Fazit: Für Einsteiger sind diese Punkte jetzt noch nicht zu beachten.

Kapitel 9:
Das Horoskop – Die Deutung an einem Beispiel

Das Horoskopblatt

Heute, im Zeitalter des Computers, braucht nicht mehr gerechnet oder gezeichnet zu werden. Das hat seine großen Vorteile. Die Rechenfehler sind fast alle ausgemerzt, aber Vorsicht: Nicht alle Computer rechnen richtig. Der Autor läßt sich alle Horoskope von einem Computerdienst ausrechnen und zeichnen, dadurch spart er viel Zeit, die dann dem Deuten zugute kommt.

Sicher ist es lobenswert, wenn sich jeder auch mit dem Prinzip der Berechnung einmal auseinandersetzt. Dazu gibt es Seminare und Handbücher der Astrologie (siehe Literaturverzeichnis).

Für unser Beispiel haben wir uns das Horoskop von Johann Wolfgang von Goethe ausgesucht, was mehrere Gründe hat. Einmal gibt es diese Deutung in manchen Astrologiebüchern, und wir können somit beweisen, daß wir mit unserer Art der Horoskopdeutung sehr weit kommen. Zum anderen war unser deutsches Genie ein Mensch, der sich mit Esoterik allgemein und auch speziell mit der Astrologie beschäftigt hat, wie viele seiner Zitate und Schriften bezeugen.

Drittens weist dieses Horoskop alle Aspekte auf, die wir zur Ausdeutung benötigen; auch Quadrate, die keine sind, und andere Einzelheiten, die man durchaus nicht in jedem Horoskop findet. Auch ist die Uhrzeit der Geburt von ihm selbst (und damit aus seinem Elternhaus) bestätigt, wie er es in seinem Werk ,,Dichtung und Wahrheit" ausgesagt hat. Goethe selbst führte seine Liebe (etwa zu Frau von Stein) darauf zurück: ,,. . . , die in das ,,ALL", in den kosmischen Urgrund des Lebens hineinreicht."

Betrachten wir erst einmal systematisch das Geburtshoroskop von Goethe. Wir beginnen oben links.

Hier finden wir das Marszeichen für männlich, bei einer Frau sähen wir hier das Venuszeichen. Das ist wichtig, denn wie gesagt, ist das Geschlecht im Horoskop genausowenig ersichtlich wie die Rasse.

Name: ♂ Johann Wolfgang von Goethe		ASTRODIENST ZÜRICH
geboren am: Do. 28.8.1749	Uhrzeit: 12:00	Dammstr. 23 CH-8702 Zollikon
in: Frankfurt am Main, D	GMT/ UT: 11:25:20	Typ:2.ME 17414.16-1 14.6.94
L: 8e40' B: 50n07'	Sternzt: 10:27:10	Methode: MERTZ / AEQUAL

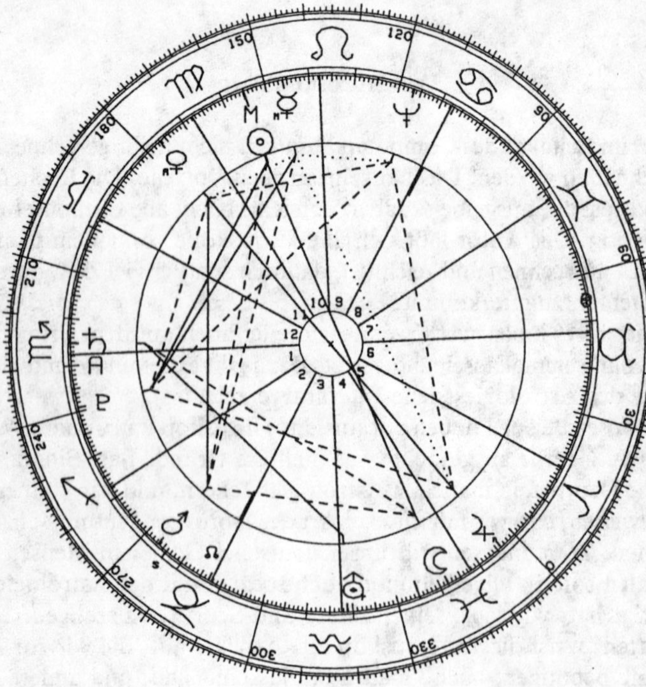

☉ Sonne	♍ 5°10'12"	
☽ Mond	♓ 11°52'16"	
☿ Merkur	♌ 25°56'20"	
♀ Venus	♍ 26°24'44"	
♂ Mars	♑ 3°33' 7"	
♃ Jupiter	♓ 25°58' 8"r	
♄ Saturn	♏ 15°12'15"	
♅ Uranus	♒ 18°48'19"r	
♆ Neptun	♋ 26°35'59"	
♇ Pluto	♏ 29°10'59"	
☊ Mondknoten	♑ 16°56'49"r	
AC: ♏ 17°38'16"	2:	3:
MC: ♍ 4°56'46"	11:	12:

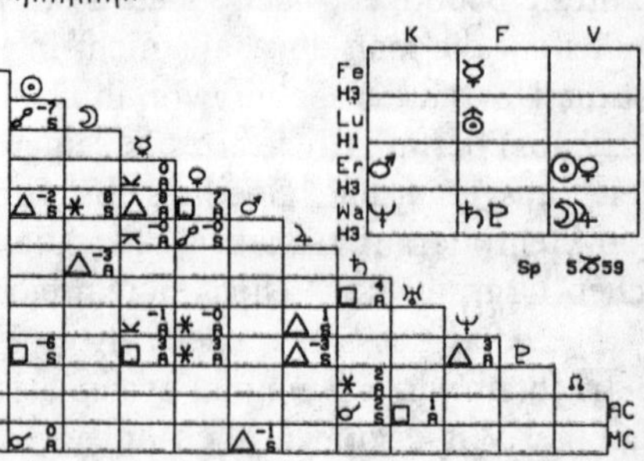

Abb. 42

Man könnte nun einwenden, daß der folgende Name uns über das Geschlecht aufklären würde, aber viele Besteller wollen ihren Namen nicht angeben, oder nur eine Buchstabenkombination. Daher ist das Zeichen Mars für männlich und Venus für weiblich nützlich. Daneben finden wir – wenn erwünscht – den Namen. Danach den Namen des Computerdienstes. In der zweiten Zeile der oberen Rubrik wird der Wochentag mit dem Datum angegeben, also Do. = Donnerstag, 28. 8. 1749. Daneben können wir die angegebene Uhrzeit, in diesem Fall 12:00, ablesen. Also genau 12 Uhr mittags! Damit ist stets die Ortszeit gemeint. Mehr wird nicht gebraucht. Alles andere rechnet der Computer – ob Sommerzeit oder Zeiten ferner Länder – auf die notwendige Zeit zur Berechnung um.

In der zweiten Rubrik von oben finden wir den Ort der Geburt, darunter die geographische Länge (L) und die Breite (B). Rechts davon die GMT/UT. Das ist die errechnete Greenwichzeit oder Weltzeit, denn alle Zeitberechnungen werden vom Ort der Sternwarte Greenwich bei London vorgenommen. Durch sie läuft der angenommene Längengrad Null.

Hinter GMT finden wir die Abkürzung UT. Sie steht für Universaltime, was dasselbe wie Greenwichzeit bedeutet und vor allem in Amerika gebraucht wird.

Unter der Adresse des jeweiligen Astrodienstes lesen wir die notwendigen Computerangaben für die Horoskopbestellung. Hier heißt es: Typ 2.ME. Das ist der Computerschlüssel für ein Horoskop nach dem Autor dieses Buches, den er mit dem Astrodienst erarbeitet hat.

Danach erkennen wir eine Computerzahl für eventuelle Reklamationen, die aber noch nie kamen, und das Datum der Ausarbeitung. Schließlich darunter noch einmal die genauere Bezeichnung für diese Art der Ausrechnung: MERTZ/AEQUAL.

In der Mitte dann der Tierkreis oder die Ekliptik mit den Tierkreisgrafiken. Eine fortlaufende Zählung alle 30 Grad – also zu Beginn eines jeden neuen Abschnitts – sowie in Buchstaben die Hinweise für Aszendent (A) und Himmelsmitte (M).

Im Kreis die Anblicke oder Aspekte zu den Planeten, sowie ohne Aspekte die Einzeichnung für den Mondknoten.

Außen ist im Innenkreis (in der Nähe vom Mars) ein „S" erkennbar. Dies ist der Substanzpunkt. Oberhalb des Du-Punktes finden wir noch ein eingeschlossenes Kreuz, was einen Hinweis auf den Fortunepunkt darstellt. Diese beiden Punkte sind jedoch für uns (noch) nicht wichtig.

Die eingezeichneten Aspekte haben unterschiedliche Linien. Die durchgehenden (kurzen) Linien zeigen die rechnerischen Quadrate an und die langen sind die Linien der Opposition. Die gestrichelten Linien stehen für Sextile (kurz) und Trigone (lang). Eine kurze, gepunktete Linie gilt für den Confinis-, eine lange für den Quincunxaspekt.

Im großen Kasten links unten finden wir eine Aspekttabelle. Hier sind alle Planetenstände mit Zeichen und Gradgenauigkeit bis auf die Bogensekunde aufgeführt. Beispiel:

Dem grafischen Zeichen für die Sonne folgt das Wort ,,Sonne", dahinter das grafische Zeichen für den Abschnitt Jungfrau und die genaue Gradangabe: 5° (Grad) 10' (Bogenminuten) 12" (Bogensekunden). Neben diesem Kasten, der wie eine absteigende Treppe angeordnet ist, die Aspekte, die von Planeten zu anderen gehen. Schauen wir auf die Reihe Mond im Abschnitt Fische auf 11° 52' 16". Im kleinen Kästchen daneben, wo wir oben das astrologische Symbol der Sonne erkennen, sehen wir das Oppositionszeichen. Oben in der Zeichnung finden wir dazu zwischen Sonne und Mond eine durchgehende, lange Linie für die Opposition.

Im Kästchen unten finden wir hinter dem Oppositionszeichen von der Sonne zum Mond einmal die Zahl – 7 und den Buchstaben S. Dies sagt: Die Opposition ist um ca. 7 Grad genau, aber der Mond befindet sich um ca. 7 Grad in der Separation (S). Also löst er sich vom genauen Oppositionspunkt der Sonne, den die Sonne als langsamerer Planet bestimmt.

Finden wir ein A hinter der Zahl, bedeutet es, daß sich der schnellere Planet auf den langsameren zubewegt. Wir hätten es dann mit einer Applikation zu tun. Die Angaben sind immer auf volle Grade abgerundet. Ein Minuszeichen (–) vor der Zahl ist etwas weniger als die angegebene Gradzahl. Bei der Opposition Sonne/Mond also weniger als 7 Grad. Stände kein Minuszeichen davor, dann wären es etwas mehr als 7 Grad.

Nun bleibt nur noch der kleine Kasten rechts unten zu erklären. Er bringt einen Ausrechnungsservice, den früher jeder für sich allein vornehmen mußte. Wir sehen oben die Buchstaben K – F – V.
Der Buchstabe K steht für kardinal oder bewegend.
Der Buchstabe F steht für fix oder fest.
Der Buchstabe V steht für veränderlich oder anpassend oder labil.

In diesem Falle sehen wir, daß Goethe, (wir rechnen von oben nach unten), kardinal stehen hatte: Mars und Neptun. Das sind zwei Planeten. Fest waren: Merkur, Uranus sowie Saturn und Pluto (vier Planeten). Anpassend waren: Sonne, Venus, Mond und Jupiter (vier Planeten). Bei der Addierung muß immer die Zahl Zehn herauskommen.

In der senkrechten Reihe finden wir zwei Bedeutungen. Zunächst zu den Buchstaben, die Elemente anzeigen.

Fe	= Feuer	zu diesem Element gehören: Merkur (1 Planet)
Lu	= Luft	zu diesem Element gehören: Uranus (1 Planet)
Er	= Erde	zu diesem Element gehören: Mars, Sonne und Venus (3 Planeten)
Wa	= Wasser	zu diesem Element gehören: Neptun, Saturn, Pluto, Mond und Jupiter (5 Planeten)

Insgesamt kommt wieder die Zahl 10 heraus.

Unter den Buchstaben finden wir Bezeichnungen mit dem Buchstaben H.

Diese Buchstaben sind in Verbindung mit den Abkürzungen für die Elemente in bezug auf die Häuser zu sehen.

Fe H bedeutet die Feuerhäuser. Wir sagen dazu persönliche Häuser.
Lu H bedeutet die Lufthäuser. Wir sagen dazu die geistigen Häuser.
Er H bedeutet die Erdhäuser. Wir sagen dazu die materiellen Häuser.
Wa H bedeutet Wasserhäuser. Wir sagen dazu die seelischen Häuser.

Die Zahl hinter dem H zeigt, wie viele Planeten in den betreffenden Häusern zu finden sind.

Dazu müssen wir aber in das obige Horoskop schauen und die Planeten selbst herauszählen, was aber – dank der Häusernumerierungen – nicht schwer ist. Also:

Persönliche Häuser:

Fe H3 (Häuser 1 – 5 – 9) = 3 Planeten: Pluto, Jupiter, Neptun

Geistige Häuser:

Lu H1 (Häuser 3 – 7 – 11) = 1 Planet: Venus

Materielle Häuser:

Er H3 (Häuser 2 – 6 – 10) = 3 Planeten: Mars, Sonne, Merkur

Seelische Häuser:

Wa H3 (Häuser 4 – 8 – 12) = 3 Planeten: Uranus, Mond, Saturn. Die Endzahl gibt wieder 10 Planeten an. Die Rechnung war richtig.

Damit wäre das Statistische erledigt. So können wir in puncto Temperament und Motorik gute erste Rückschlüsse ziehen, aber auch auf die Interessenausrichtungen. Wir erläutern dies:

Zur Motorik Goethes

Die Antriebskraft (Mars) wie auch der Grundlebensinstinkt (Neptun) sind sehr bewegend, das Antreibende also vom Willen und der Energie, aber auch vom animalischen Bereich. Das Feste und das Anpassende halten sich bei Goethe die Waage. Das Denken (Merkur) ist fest und damit kaum beeinflußbar, auch die Intuition (Uranus) geht konsequent ihren Weg. Das Schicksalhafte (Saturn) wie das Machtprinzip (Pluto) ruhen fest in sich. Anpassend zeigen sich dagegen sowohl der bewußte wie unbewußte Lebenskern (Sonne und Mond), sowie das Gefühl (Venus) und die Entfaltung (Jupiter). Goethe war also flexibel, aber er ruhte doch auch fest in sich.

Zum Temperament Goethes

Das Feurige beherrscht vor allem das Denken (Merkur), das Geistige wird durch die Intuition (Uranus) sehr klar ausgerichtet. Das Erdige oder Reale bekommt mit Mars, Sonne und Venus einen Halt. Hier herrscht schon meistens das Vernünftige vor. Im seelischen Bereich allerdings ist Goethe stark engagiert. Neptun, Saturn, Pluto, Mond und Jupiter. Das spricht für seine seelische, ja esoterische Ausrichtung. Faust I (etwa die Walpurgisnacht) und Faust II sind eine wahre Fundgrube für Esoteriker. Auch war Goethe immer in der Gefahr, für Melancholie, ja selbst für Depressionen anfällig zu sein. Sein hoher Alkoholverbrauch (täglich bis zu 3 Litern Wein) sprechen dafür.

Häufig war er sehr depressiv. Er sagte einmal: „Die Furcht vor dem Tod hat alle anderen Schmerzen erstickt.“ Er wurde oft von Todesangst heimgesucht und seine Nierenkoliken setzten ihm sehr zu.

Bleibt nun noch die Häuserbesetzung.

Die persönlichen Häuser (1 – 5 – 9) sind mit drei Planeten (Pluto, Jupiter, Neptun) nicht überbesetzt, also war Goethe kaum ein Mensch, der nur an sich und seine Interessen dachte und auch danach handelte. Aber in der Durchsetzung und Entfaltung sowie in seinem Grundlebensinstinkt war Goethe schon sehr persönlich orientiert.

Die materiellen Häuser (2 – 6 – 10) mit Mars sowie Sonne und Merkur zeigen zwar einen materiellen Ehrgeiz und auch das Streben, in der Außenwelt etwas zu gelten, aber insgesamt hält sich dies in Grenzen.

Die geistigen Häuser (3 – 7 – 11) mit Venus lassen die hohe musische und künstlerische Ausrichtung dieses Mannes erkennen. Die seelischen Häuser (4 – 8 – 12) sind in Richtung stark betonter seelischer Interessen zu deuten, da vor allem das Gemüt mit Mond und die Intuition (Uranus) sowie das Schicksalhafte (Saturn) damit stark geprägt sind.

Die Deutung

Dies gibt also schon eine sehr gute erste Klärung, bevor wir uns nun an die Grunddeutung machen.

Wie anfangen? Das ist ganz individuell zu sehen. Manche beginnen gerne bei der Sonne, andere wiederum beim Aszendenten, wieder welche bei dem Aspektbild oder bei besonders deutlichen Konstellationen. Das ist also nicht nur individuell verschieden, sondern das kann sich auch von Horoskop zu Horoskop ändern.

Es wird einleuchten, daß wir in diesem Fall beim Aszendenten beginnen, weil dort ganz in der Nähe Saturn steht.

Im Mittelalter galt die Erfahrung, daß – stände Saturn am Aszendenten – man mit einer Totgeburt zu rechnen habe. Heute jedoch gibt es so viele neue medizinischen Erkenntnisse und Hilfen, daß dies nicht mehr der Fall ist. Aber man kann sagen: Saturn am Aszendenten gibt eine besonders ernste und schicksalhafte Prägung, die ein

Leben hindurch anhält. Goethe lebte dies. Er schrieb über seine Geburt unter anderem: ,,. . . durch Ungeschicklichkeit der Hebamme kam ich für tot zur Welt, und nur durch vielfache Bemühungen brachte man es dahin, daß ich das Licht erblickte.''

Wir deuten heute: Saturn am Aszendenten in der festen Herbstfärbung (Skorpion) gibt ein sehr verantwortungsvolles Auftreten. Da Saturn näher als fünf Grad am Aszendenten ist, ist er auch Geburtsherrscher (oder Lebensforderer), der ein konzentriertes, nicht leichtes Leben mit viel Anstrengung ankündigt. Froh und munter vermag dieser Mensch nicht aufzutreten; sein Maskenspiel ist eher oft ,,hofrätlich'' (was viele über Goethe sagten), streng und Prüfungen fordernd (was Goethe als Minister oder Theaterdirektor auch immer wieder verlangte). Daß Goethe (außer in seiner Liebe zu Frau von Stein) viel gelacht hätte oder heiter wirkte, wird kaum berichtet.

Oft schien er recht gehemmt, auch frühreif, sonderte sich gerne ab, bevor er nahen Kontakt zur Umwelt fand, wo er dann sein ,,Scin'' richtig leuchten lassen konnte.

Wir sprechen heute vom ,,großen Olympier'', im Auftreten war er es zunächst ganz sicher nicht. Immerhin gab ihm das Trigon vom Saturn zum Mond ungewöhnliche seelische Tiefe und Ernsthaftigkeit, wie alle seine Werke zeigen. Und er hat sich sehr mit dem Ende des Lebens auseinandergesetzt.

Am 07. 12. 1768, also mit 19 Jahren, fürchtete man zwei Tage um sein Leben und Goethe berichtet davon, daß er in der Wertherschen Zeit einen wohlgeschliffenen Dolch neben seinem Bett liegen gehabt hatte und wiederholt versucht habe, die scharfe Spitze ein paar Zoll tief in die Brust zu senken. Er sagte, er wisse sehr gut, ,,was es mich für Entschlüsse und Anstrengungen kostete, damals den Wellen des Todes zu entkommen''. Im Januar 1801 wurde Goethe von einem Krampfhusten befallen und er bekam die Blatterrose. Da mußte er aufrecht stehen, um nicht zu ersticken. Neun Tage dauerte der Kampf mit dem Geschick. Januar 1804 ging es wieder ums Sterben, wie auch im Januar 1805. Um die Jahreswende 1812/1813 eine ähnliche Situation: ,,Immer kränklich und niedergeschlagen''. Es gab noch viel mehr gesundheitliche Krisen, die wir hier nicht alle aufführen wollen.

Goethe starb am 22. 03. 1832. Er war über 80 Jahre alt geworden. Die Mond/Saturn-Verbindung gab ihm sicher diese Kraft – trotz Saturn am Aszendenten, möchte man hinzufügen. Er hatte eben eine starke, gläubige Seele (Mond im Fischezeichen). Saturn hat nun noch ein Quadrat zum Uranus. Also eine Herausforderung zwischen Konzentrations- und Schicksalsträchtigkeit zur Ikarus-Intuition (da Uranus in dem Abschnitt Wassermann steht, wo er seine beste Kleidung findet). Aber dieser Verführung erlag Goethe nicht, sondern wandelte mit Ernst, Konzentration und viel Geduld (Saturn) die immer schnell aufkommende Intuition um in eine fabelhafte Verwertung der Einfälle, da er sich Zeit ließ und selten alles spontan umstürzte. Ohne diesen Aspekt hätte Goethe kaum seine genialen Arbeiten je so gestalten können. Das Quadrat Saturn/Uranus war es wohl auch, das ihm folgende Erkenntnisse vermittelte:

„Wie an dem Tag, der dich der Welt verliehen,
die Sonne stand zum Gruße der Planeten,
bist alsobald und fort und fort gediehen
nach dem Gesetz, wonach du angetreten.
So sagten schon Sibyllen, so Propheten;
und keine Zeit und keine Macht zerstückelt
geprägte Form, die lebend sich entwickelt.“

Ein schöneres Bekenntnis zur Astrologie ist kaum denkbar.

An Frau von Stein schrieb er einmal: „Bezwängen mich nicht übermächtige Sterne . . . “, und er war überzeugt, daß diese Verbindung von übernatürlicher Natur war. Wir würden heute von einer karmischen Bindung sprechen. Goethe sprach von Seelenwanderung.

„Ich kann mir die Bedeutsamkeit, die Macht, die diese Frau über mich hat, anders nicht erklären als durch die Seelenwanderung. Ja, wir waren *einst* Mann und Weib.“

Mond und Uranus – zwar beide in verschiedenen Zeichen, aber in einem, dem vierten Haus – vermitteln dieses tiefe archaische Erbe, das besonders der symbolische Mond anzuzeigen vermag. Die Fischefärbung gab Goethe den Bekennermut der Hingabe an eine höhere Macht.

Er sah seinen Mond als besonders bedeutsam an, denn seiner Meinung nach bestimmte allein er die Geburt.

„Am 28. August 1749, mittags mit dem Glockenschlage zwölf, kam ich in Frankfurt am Main auf die Welt. Die Konstellation war glücklich: Die Sonne stand im Zeichen Jungfrau und kulminierte für den Tag; Jupiter und Venus blickten sich freundlich an, Merkur nicht widerwärtig, Saturn und Mars verhielten sich merkwürdig; nur der *Mond*, der soeben *voll* ward, übte die Kraft seines Gegenscheins (zur Sonne) um so *mehr*, als zugleich seine Planetenstunde eingetreten war.

Er widersetzte sich daher meiner Geburt, die nicht eher erfolgen konnte, als bis diese Stunde vorübergegangen."

Gut, mit den Planetenstunden rechnen wir kaum noch, auch den Saturn unterschätzte Goethe wohl ein wenig; aber es war seiner Meinung nach der *Vollmond*, der die Geburt behinderte.

Nun hat der Mond (außer dem Trigon zu Saturn) noch ein Sextil zum Mars. Das kann der Seele eine große Antriebskraft geben, der Lebensenergie (Mars) dagegen viel seelische Einfühlung und Tiefe. Aber das wohl Entscheidende ist die Opposition des Mondes zur Sonne. Goethe wurde bei Vollmond geboren, wie schon erwähnt. Und da die Sonne genau bei der Himmelsmitte (M) steht, hat der Mond auch eine Opposition dazu, wie die Sonne damit eine Opposition zur Himmelstiefe (I) haben muß. So haben wir eine höchst wichtige Verstärkung der Meridianachse, oder der Achse aus der Tiefe zur Höhe.

Das M im zehnten Haus zeigt an, daß Goethe seine Berufung zum Beruf machen mußte, und das I (nur durch einen Strich links vom Mond gekennzeichnet) weist auf das archetypische Erbe hin, von dem wir schon gesprochen haben.

Die Opposition von Sonne und Mond bedeutet, daß wir es hier mit einer wunderbaren Ergänzungsmöglichkeit von Bewußtsein und Unbewußtem zu tun haben. Diese Ergänzung ist nicht immer leicht zu erringen, es bedarf oft vieler Umwege, und damit sie sich erfüllt, brauchen wir auch die symbolische Kraft des Saturn, denn Saturn ist der Aspektführer für die Opposition. Da dieser Planet nun sehr nah am Ich-Punkt (Aszendent) steht, ist das Ich sehr persönlich angesprochen. Die Konzentration, aber auch die vielen Schicksalsschläge, die Goethe erfahren mußte, brachten schließlich diesen genialen Mann zu hoher, einmaliger Leistung. Beides, Bewußtsein und Unbewußtes, lebten in ihm. Einmal der Naturwissenschaftler (Bewußtsein/Sonne im Abschnitt Jungfrau); denken wir als Beispiel an die großartige Farbenlehre. Daneben schuf der Dichter den Faust, um nur einen Gegenpol zu nennen. Da ist die seelische Tiefe maßgebend in Ergänzung zur Sonne. Diese hat dann noch ein Trigon zu Mars, also zum Willen, der wiederum (schon besprochen) einen Aspekt zum Mond aufweist. So sind diese drei Planeten eng miteinander verknüpft. Das Bewußtsein wie das Unbewußte bekommen viel Energie, viel Antrieb und immer wieder auflebende Kraft von großer Zähigkeit, weil Mars im bewegenden Winterzeichen (Steinbock) steht und daher für schwierige Anstrengungen gut gekleidet und bestens gerüstet ist.

Zu beachten wäre nun der als Quadrat eingezeichnete Aspekt von Mars zu Venus. Von den Elementen her – und nur dies ist entscheidend – ist diese Mars/Venus-Bindung ein Trigon. Fachmännisch heißt dies: Ein Quadrat mit Trigoncharakter.

In diesem Jupiteraspekt schauen sich Mars und Venus an. Die Energie ist also in einer verheißungsvollen Bindung mit dem künstlerischen Vermögen und der Liebeskraft. Beides hat Goethe in seinem Leben voll ausgeschöpft.

Venus ist nun neben Pluto der Planet, der die meisten Aspekte aufweist. Außerdem steht Venus hoch an der Spitze eines Drachenkopfes.

Zwei Planeten sehen sich im Trigon an. Das wären hier Pluto und Neptun. Geht nun von diesen beiden Planeten je ein Sextil (eine kurze, gestrichelte Linie) zu einem dritten Planeten – in unserem Bild zur Venus –, dann sprechen wir von einem Drachenkopf. Ein Drachenkopf ist eine Figurine, die große Begabungen anzeigen kann. Das Wort „kann" muß beachtet werden, denn was jemand aus seinem Horoskop macht, das ist seine ureigene Angelegenheit. Venus empfängt also nicht nur das Quadrat/Trigon von Pluto, sondern auch je ein Sextil von Pluto (Machtdurchsetzung) und von Neptun (Gespür und Instinkt). Wir können also von einem machtvollen Kunst- und Liebesinstinkt sprechen, den Goethe immer wieder unter Beweis gestellt hat.

Zudem hat Venus auch einen Confinisaspekt (kurze, gestrichelte Linie) zu Merkur, was auf eine Zerrissenheit zwischen Denken und Fühlen schließen läßt. Aber ohne diese Zerrissenheit gäbe es keine so bedeutende schöpferische Kraft, die zweifellos in diesem Manne lebte.

Venus, recht nüchtern aber arbeitsam gekleidet, hat nun die Opposition zu Jupiter. Goethe sprach davon, daß sich die beiden Planeten freundlich anschauten (Venus im Abschnitt Jungfrau, Jupiter im Zeichen Fische). Was die Opposition betrifft, sprach Goethe übrigens immer vom „Gegenschein", was uns auch richtiger erscheint.

Diese zweite Opposition oder der zweite Gegenschein ist nun sehr bedeutend. Das Fühlende, Liebende und Musische in Goethe kann seine Ergänzung zur sinnvollen Entfaltungskraft, die Jupiter symbolisiert, nur in einem saturnischen Aspekt finden. Sicher bedurfte es auch hier mancher Umwege, ehe diese Ergänzung gelang. Wer Goethes Leben kennt, weiß dies. Nur ein Beispiel dafür: Wie sich aus dem Jugendwerk des „Urfaust" ein so kraftvolles, zweiteiliges Werk entwickelte, das aller Bewunderung wert ist (Faust I und II). Eines der Vorbilder zum Faust war ohne Zweifel der eigenwillige Sucher Paracelsus, der auch mit dem Teufel in Verbindung gestanden haben soll und den Goethe hoch schätzte. Paracelsus wiederum hätte an Goethe seine große Freude gehabt.

Selbstverständlich kannte Paracelsus das Horoskop von Goethe nicht, welches von Saturn am Aszendenten geprägt ist. Aber über solch eine Prägung schrieb Paracelsus ca. 250 Jahre vor Goethe: „Mag er (der Mensch) auch ein Kind des Saturn sein (Mars im Zeichen Steinbock dazu) und dieser seine *Geburt überschattet* haben, so kann er sich seinem Einfluß doch entziehen. Er kann ihn (den Schatten des Saturn) überwinden und ein Kind der Sonne werden".

Goethe wurde nach manchen schwierigen saturnischen Erfahrungen ein Kind der Sonne und ein Kind des Jupiter. Er galt als der Olympier des Abendlandes. Das ist moderne und doch alte Astrologie. Jeder vermag etwas aus seinem Horoskop zu machen, wenn auch das Genie nicht im Horoskop steht.

Weiter Paracelsus:

„Der Gang des Saturn bekümmert keinen Menschen und sein Leben verlängert und verkürzt nichts. Das Glück kommt aus der Geschicklichkeit, und die Geschicklichkeit kommt aus dem Geist".

In Goethes Horoskop fällt ferner auf, daß Venus Abendstern ist, also als Signal die hohe musische und religiöse Begabung andeutet, die Goethe hervorragend ausgeschöpft hat.

Merkur dagegen ist Morgenstern. Goethe konnte also auch sehr gut real und logisch denken. Seine Reiseberichte und die Gespräche mit Eckermann beweisen dies ganz eindeutig.

Bei Merkur müssen wir etwas verweilen.

Goethes Sonne steht im Abschnitt Jungfrau, Merkur im Abschnitt Löwe. Die Bilder, die von Goethe überliefert sind, haben eher eine königliche, herrschaftliche Ausstrahlung.

Eine typische, sehr penible Jungfrau ist Goethe sicher nicht gewesen – auch nicht im Auftreten. Der Unterschied zum Auftreten und Handeln ist eminent. Es ist immer der Merkur, der unser Denken und Handeln bestimmt, und der hat hier ein königliches Kleid an. So sprach er, so schrieb er. Immer sicher, nie vom Kleinlichen geprägt. Dabei von schneller Auffassungsgabe (Merkur als Morgenstern).

Und Merkur hat nicht nur einen Confinisaspekt zu Venus, den wir schon besprochen haben, sondern auch zu Neptun. Also ist praktisches Handeln mit dem Urlebensinstinkt verbunden. Oft vielleicht zweifelnd oder zerrissen, aber immer in einer starken schöpferischen Verbindung.

Von Merkur als Morgenstern geht ein Quincunx zu Jupiter aus. Ein Quincunx (immer ein neptunischer Aspekt) zeigt meist eine große Inspiration an, aber auch die Gefahren von Süchten, von Illusionen oder von Übermaß.

Goethe war auch süchtig. Einmal im Genuß von Essen und Trinken, wie geschildert, so daß er immer wieder zur Kur nach Karlsbad mußte. Und er war süchtig bei seiner Arbeit. Als ihn am 25. November 1830 ein Blutsturz überfiel, sein Puls kaum 50mal in der Minute schlug, wie der Hofrat Vogel berichtete, hatte er wohl 2,5 Liter Blut verloren. Aber schon fünf Tage später war er bei bestem Appetit. Eckermann schrieb dazu: „Sein ewig reger Geist kann nicht ruhen. Er denkt schon wieder an seine Arbeit."

Was nun das Übermaß der Liebe betrifft, so galt dies nicht nur für seine hinreißende Liebe zu Frau von Stein, sondern vor allem auch für seine Liebe zur neunzehnjährigen Ulrike von Levetzow, da er sie als Vierundsiebzigjähriger um ihre Hand bat. Dieses Entsagungsleid, das Goethe da erfuhr, wurde durch die wunderbare Dichtung der Marienbader Elegie sublimiert. Wie gern hatte Goethe voller Hoffnungen mit der jungen Ulrike getanzt und doch war es ein aussichtsloses Verhältnis voller Illusionen und Zerrissenheit, das sich aber schöpferisch höchst positiv auswirkte.

Zu dem Quincunxaspekt des Merkur zu Jupiter kommt nun noch der als Trigon (lange, gestrichelte Linie) eingezeichnete Aspekt zu Mars. Aber dies ist *kein* Trigon!

Rechnerisch ja, aber nicht von den Elementen her. Ein Trigon – um dies zu wiederholen – gilt nur, wenn der Aspekt ins gleiche Element fällt. Also von Feuer zu Feuer, Wasser zu Wasser etc.

Hier aber sind von den Elementen verbunden: Merkur im *Feuerelement* und Mars im *Erdelement,* also ist dieser Aspekt ein Trigon mit Quincunxcharakter. Hier also auch das illusionsvolle Handeln mit dem Trieb oder Antrieb, das sich aber zu einer wunderbaren Inspiration steigern kann. Damit ist hier weitaus mehr neptunischer Einfluß (Neptun als Aspektführer des Quincunx) zu spüren, als man auf den ersten Blick erkennt.

Astrologie ist nun wahrlich nicht schwer, aber nicht ganz so leicht, wie manche meinen, die nach dem Lesen einiger Astrologiebücher gleich annehmen, nun beraten, ja sogar Unterricht geben zu können.

Jeder Planet muß auf alle seine Aspekte hin untersucht werden, um ein Bild voll abzurunden.

Dieses Bild fehlt uns noch bei der Betrachtung des Neptun. Der hat nämlich ein echtes Trigon (vom Wasserelement Krebs zum Wasserelement Fische) zum Entfaltungssymbol Jupiter. Das besagt, daß der Urlebensinstinkt und die Inspiration eine sehr talentierte Möglichkeit besitzen, sich mit der sinnvollen Entfaltungskraft zu verbinden. Was Goethe mehr als einmal genutzt und damit bewiesen hat.

Drei Planeten stehen miteinander in einem geschlossenen Trigon. Das sind: Jupiter (Fische) im Trigon zu Pluto im Wasserelement Skorpion, und Pluto zu Neptun (Krebs), und dieser zu Jupiter. So ein geschlossenes Trigon gibt natürlich eine große Begabungsmöglichkeit. Aber Vorsicht! Viele Menschen, ja die meisten Horoskopeigner mit so einem geschlossenen Trigon nutzen diese Möglichkeiten längst nicht immer.

Trigone sind große Verführungen. Man fühlt sich wohl, auch wenn sich die Wünsche nicht erfüllen. Und die Potenz, die es hier auszufüllen gilt, wird meist nicht erbracht.

Man sagt – nicht zu Unrecht – daß dann Quadrate und Oppositionen als Herausforderungen und dem Drang zur Ergänzung helfen. Goethe hat nur zwei echte (korrekte) Elementsquadrate: Pluto/Merkur und Saturn/Uranus. Aber eben zwei sehr markante Oppositionen, die er auch hervorragend nutzte. Das sind: Mond/Sonne und Venus/Jupiter. Wir betonen dies deswegen so intensiv, weil zur Zeit, da Goethes Geburt erfolgte, auch viele andere Menschen das Licht der Welt erblickten, die aber alle kein Goethe wurden.

Es liegt also immer entscheidend an einem selbst, was man aus seinen Gaben und Veranlagungen macht.

Merkur – um dies auch noch zu nennen – steht an der Spitze eines kleinen Drachens, auch Drachenkind genannt.

Diese Figurine wird aus einem Sextil und zwei Confinisaspekten gebildet. Hier also aus dem Sextil von Venus zu Neptun, das eine gewaltige musische Inspiration anzeigt und den zwei Confinisaspekten von Venus zu Merkur und Neptun zu Merkur.

Fleiß ist hier notwendig, um die Zerrissenheit des Denkens und Handelns (Merkur als Morgenstern) zu überbrücken. Diesen Fleiß erbrachte Goethe in bewundernswerter Weise. Nur Goethespezialisten können sein ganzes Schaffen überschauen.

Ein kleines Drachenkind (Horoskopfigurine) braucht immer Fleiß, um etwas darzustellen, es muß sich anstrengen, wie es eben mühsam ist, seine Intuition im Leben schöpferisch umzusetzen.

Damit zu den rechnerischen Punkten.

Wir haben kurz über den Aszendenten gesprochen, der im Abschnitt Skorpion und im Skorpionsektor (17 Grad 30 – 20 Grad 00) steht. Nahe dabei der schon oft erwähnte Saturn. Aber der Aszendent bewegt sich von Saturn fort.

Ohne Saturn würde dieser Aszendent aussagen: Ich bin geboren, um die Tiefe und damit das ganze Leben voll auszuschöpfen. Durch die Konjunktion mit Saturn wuchs er sich hier zur Schicksalhaftigkeit oder Schicksalsprägung aus.

Dieser Aszendent empfängt (aber er gibt es nicht) ein Quadrat von Uranus. (Siehe Aspekttafel vorletzte Zeile.)

Die Intuitionskraft vermittelt an den Stern des Neugeborenen eine Herausforderung, die ihn das ganze Leben hindurch begleiten wird.

Damit schaue ich mir den Uranus mit seinem nur einen Aspekt an, den wir anfangs zusammen mit Saturn beschrieben haben. Den gleichen Aspekt des Uranus haben wir auch zum Du-Punkt, zum Punkt des Echos. Hier ist das Echo nicht nur das privat erfahrene Echo, sondern – wie bei allen Künstlern – das Publikum. Dieser Echo-Punkt ist eher frühlingshaft gekleidet, was sicher durch das Erlebnis mit Ulrike von Levetzow deutlich unterstrichen wird. Hier wurde die Herausforderung allerdings nur sublimiert erfüllt, das von Goethe erhoffte, direkte Echo erfolgte nicht, es löste jedoch gewaltige Ideen und Intuitionen aus. Und diese Auslösungen durch das Du, das Echo, den Widerhall, die spornten Goethe an, weil er sie wohl unbewußt als echte Aufgaben verstand.

Wenn der Aszendent eine Konjunktion von einem Planeten hat (wie hier von Saturn), dann hat der Deszendent noch eine Opposition von Saturn. Auch hier also die starke Suche nach der schicksalhaften Ergänzung des Ichs. Goethe rang darum ein ganzes Leben, und zwar immer wieder neu. Letzteres ist auf das Quadrat von Uranus zum Du-Punkt, dem Deszendenten, zurückzuführen. So war sein Leben überreich an Begegnungen und Anregungen. Ob dies nun Ulrike oder Frau von Stein oder seine Frau, Christiane Vulpius, die einst als „Blumenmädchen“ in sein Leben trat, waren. Zu nennen wären aber auch Eckermann sowie Schiller, Herder oder Napoleon. Auch einige weitere Frauen wären noch bedeutsam.

Diese Du-Achse oder Horizont-Achse gewinnt durch die beiden Planeten Saturn und Uranus, die sich in einer gegenseitigen Herausforderung befinden, enorm an Bedeutung, was selbstverständlich schon viel individueller zu sehen ist. Wir können von einer schicksalhaften und intuitiven Herausforderung sprechen, die sowohl das Ich wie das Du stark betont.

Genauso stark, wenn nicht noch eine Spur deutlicher, müssen wir die Meridian-Achse werten. Da die Sonne direkt beim M, also der Himmelsmitte steht (was immer bei einer Geburt um Schlag Zwölf Ortszeit der Fall ist), hat sie nicht nur – wie schon erwähnt – eine Opposition zum Mond, sondern auch zur Himmelstiefe, dem I. (Durch einen Strich auf fünf Grad im Abschnitt Fische gekennzeichnet.)

Das bewußte Ich will also aus der Herkunft (Himmelstiefe) herauswachsen, ohne die Ergänzung zur Herkunft und zum Unbewußten (Himmelstiefe und Mond) zu verlieren. Dies ist sehr bedeutsam. Im Gegensatz zu vielen anderen Menschen damals und heute hat Goethe nie sein Familien- oder das archetypische Erbe verleugnet. Er wußte um das, was die Vergangenheit prägt; und wer seine Farbenlehre studiert, der staunt, wie tief und weit Goethe in die Vergangenheit zurückgeht.

Aber auch in seinen Werken (wir nennen immer Faust I und II als Beispiel) greift Goethe auf das archaische Erbe der Menschheit zurück. Er wußte um Kepler, Paracelsus, um die Künstler vor ihm; er kannte und schätzte die Mythen, vor allem die der griechischen Welt. Die Vergangenheit (Mond tief unten im Horoskop) war ihm tief vertraut, ja man kann sagen, seelenverwandt. Daher kannte er sich auch in der Astrologie so gut aus. Wie Kepler lehnte er aber die Scharlatane heftigst ab. Diese Achse von der Herkunft zur Lebenshöhe (letzteres hat nichts mit dem Alter zu tun) fordert immer dazu auf, etwas aus sich und seinem Leben zu machen.

Goethe hat die Wegweiser verstanden, weil er seinen Sternen vertraute. Bettina von Arnim berichtete am 24. November 1810, daß Goethe als Kind sehr von den Sternen angetan war. Er hatte erfahren, daß Venus und Jupiter die Beschützer seiner Geschicke wären. Und kein Spielzeug konnte ihn mehr faszinieren, als das Zahlbrett seines Vaters. Auf diesem Zahlbrett stellte er mit Spielpfennigen die Stellung der Sterne nach. Dieses baute er neben seinem Bett auf, um den günstigen Einfluß der Sterne stets festzuhalten. Besorgt sagte er einmal zu seiner Mutter: ,,Die Sterne werden mich doch nicht vergessen und werden halten, was sie bei meiner Wiege versprochen haben?“

Als die Mutter fragte, warum das so wichtig sei, da andere doch auch ohne Sterne fertig werden müßten, antwortete der Siebenjährige voller Stolz:

„Mit dem, was anderen genügt, kann ich nicht fertig werden." Jungfrau-Bescheidenheit war das sicher nicht, aber es war die königliche Antwort eines Menschen, der seinen Merkur im Löwezeichen stehen hat, das dem Denken und Handeln doch eine sehr stolze und festliche Kleidung gibt.

(Diese Story aus Goethes Jugend, die vielen unbekannt sein dürfte, entnahmen wir dem Buch von H. H. Schöffler „Goethes Leben aus den Sternen – Kleines Lesebuch der Transitastrologie", ASTRO-DATA-EDITION.) Blieben noch die Aspekte zur Meridian-Achse beziehungsweise der Erbachse, da jeder es als seine Mission betrachten sollte, sich über sein Erbgut zu erheben, um neue Maßstäbe für sich zu finden. Über Konjunktion und Opposition der Sonne zu M und I haben wir berichtet. So bleibt nur ein Aspekt: Das Trigon des Mars zu M und damit das Sextil zum I.

Dies unterstützt das bisher Gesagte außerordentlich. Der Wille und der Antrieb sowie die Energie treiben im Trigon zur Himmelsmitte, zur inneren Berufung des Horoskopeigners.

Goethe spürte diesen Antrieb, der hier einen Antrieb zum Berühmtwerden darstellt, weil auch die Sonne hoch oben von Mars aspektiert wird, und er ging diesem Wunsch mit ungeheurem Fleiß intensiv nach. Selten hat sich ein Genie um so vielfältige Interessen ernsthaft gekümmert. Seine Berufung war sein Beruf, wie an anderer Stelle ausgeführt. Goethe hätte nicht noch Staatsminister werden müssen, Goethe hätte nicht noch die Komposition erlernen wollen!

Der andere Aspekt des Mars geht als Sextil, also als Venusaspekt, zur Himmelstiefe. Alles Archetypische baute Goethe in seine Arbeit, in seine Dichtungen ein. Er ließ sich von den Musen beflügeln. Die mittelalterliche Kunst hatte es ihm – neben allen anderen Künsten – auch noch angetan. Und als sein Weimarer Theater abbrannte, erfaßte ihn eine große Traurigkeit: „Der Schauplatz meiner fast dreißigjährigen Mühe liegt in Schutt und Asche." Dies waren seine Abschiedsworte ans Theater. Wer also wie Goethe seine Wegweiser (die rechnerischen Punkte) richtig zu lesen versteht, der wird seinen Weg machen. Aus der Tiefe des Unbewußten zum bewußten Erfolg streben, so könnte man diesen Meridian-Wegweiser übersetzen. Der Mond fest an der Himmelstiefe verwurzelt, die Sonne hoch am M. Dazu Mond und Sonne in einer saturnischen Bindung.

Bleibt nun noch die letzte Achse zu untersuchen, die Mondknoten-Achse, die wir auch den Lebensbaum im Horoskop nennen können, denn hier geht es auch um Entfaltung und Verwurzelung. Der Mondknoten liegt aufgehend – also von Nord nach Süd – bei 16 Grad und 56 Bogenminuten und 49 Bogensekunden im Abschnitt Steinbock. Er steht am Ende des zweiten Hauses. Aber Achtung! Der Mondknoten geht immer rückläufig, also im Uhrzeigersinn, gegen die sonstige astrologische Richtung.

Er wandelt folglich durch das zweite Haus, das für den Mondknoten hier am Ende beginnt.

Und der absteigende Mondknoten (durch eine Linie am inneren Kreisring markiert), beginnt förmlich seine Wanderung am Ende des achten Hauses durch das achte Haus.

Diese Achse ergänzt sich. Sie ist der Stamm des Lebensbaumes, der Laub und Wurzeln verbindet.

Die Entfaltung liegt im zweiten Haus, folglich im Haus des Selbstwertes, aber auch der Talente, der Gaben und dessen, was man vermag. Es ist also angezeigt, daß der Horoskopeigner Goethe gute Chancen hat, seine Gaben zu verwirklichen, und so seinen Selbstwert sehr steigern kann. Dies war allem Anschein nach für Goethe auch von starker Wichtigkeit.

Aber – und dies zeigt der um 180 Grad gegenüberliegende absteigende Mondknoten deutlich an – man muß mit Verlusten rechnen, wenn auch wiederum in jedem Verlust ein Gewinn steckt. Dies ist selbst dann der Fall, wenn man es sich im Moment des Verlustes nicht vorstellen kann.

Goethe hatte Verluste zu verarbeiten. Die stärksten waren wohl – wenigstens zeitweise – die Verluste seiner Gesundheit. Goethe schwankte mehrmals (seine eigene Aussage) zwischen Leben und Tod. Auch in der Liebe erlebte dieser erfolgreiche Mann manche Niederlage. Eine haben wir geschildert. Aber er fügte auch anderen Verluste zu. Das sagt das achte Haus auch aus. So zum Beispiel Friederike Brion aus Sesenheim. Er schreibt selbst, daß er diesmal schuld war an der Auflösung dieser Bindung. „Ich hatte das schönste Herz in seinem Tiefsten verwundet, und so war dies die Epoche einer düsteren Reue, höchst peinlich, ja unerträglich."

Dies zeigt der Wegweiser des absteigenden Mondknotens. Goethe litt unter seiner Schuld, obwohl er wußte, daß diese Bindung ihn nie zum Glück geführt hätte, zumal Friederike durch sein Vorgehen in eine lebensgefährliche Krankheit gestürzt wurde. Auch Goethe hatte – und dies sind nur einige Beispiele – seine ihm Leiden zufügenden Erfahrungen machen müssen. Erst dadurch konnte er sich so entwickeln, alle Gaben und Talente ausschöpfen. Schließlich, wer ein so hohes Alter erreicht, der muß auch den Verlust vieler Freunde, Mitstreiter und Kollegen (wie Schiller) erleben.

Der Lebensbaum (die Mondknoten-Achse) vervollständigt in markanter Weise ein Horoskop.

So zeigt die Verwurzelung (absteigender Mondknoten) sehr deutlich das Interesse Goethes für die Astrologie, ja für die Geheimwissenschaften schlechthin. Denn diese Interessenausrichtung findet man im achten Haus, dem Haus der Grenzen, über die wir stets hinwegstreben sollten, um zu tieferen Erkenntnissen zu kommen. Die älteste Erfahrungswissenschaft der Welt sollte uns dies wert sein. Bei Goethe kann man davon sprechen, daß diese Ausrichtung tief in ihm verwurzelt war, also wie selbstverständlich in seinem Innersten lebte.

Das wird verstärkt durch die Anwesenheit von Mond und Uranus im vierten Haus der archetypischen Herkunft und des archetypischen Erbes. Der aufsteigende Mondknoten unterstreicht mit seiner Ausrichtung zum eigenen Selbstwert die Stellung der Sonne hoch oben in der Kulmination (Durchgang eines Gestirns durch den Meridian) an der Himmelsmitte.

So sollte man bei der Deutung des Horoskops immer beachten, in welchem Verhältnis der aufsteigende Mondknoten zur Sonne steht, wie auch der absteigende Mondknoten zusammen mit dem Mond betrachtet werden sollte.

Die Gründe dafür haben wir vorne ausführlich geschildert, als es um die Finsternisse ging. Die Zusammenschau ist stets das A und O. Sie muß ständig geübt werden. Am Anfang entsteht daher selbstverständlich nur ein mosaikartiges Raster; später fällt es jedem leichter, diese Mosaiksteinchen zu einem aussagefähigen Gesamtbild zu fügen.

Bleibt uns noch, die Aspekte zu untersuchen, die die beiden Mondknoten Goethes empfangen.

Es ist nur ein Planet, der zu diesen Schnittpunkten der Ekliptik Aspekte aussendet. Doch es ist ein sehr wichtiger Planet, nämlich Saturn, der – symbolisch gesehen – Goethes Leben bereits ab der Geburt mitregiert hat. Saturn ist nun auch direkt am Lebensbaum beteiligt. Da der aufsteigende Mondknoten vom Schicksalssymbol der Astrologie ein Sextil empfängt, muß der absteigende Mondknoten ein Trigon empfangen. Umgesetzt heißt dies, daß ein Venus- und ein Jupiter-Aspekt an diesem Baum mitwirken, also das Musische und das Entfaltende.

Besser kann der Lebensbaum von Goethe kaum charakterisiert werden. Aber auch hier: Sextile und Trigone stellen keine Herausforderungen dar, auch keine pflichtgemäße Ergänzungssuche, sondern sie schaffen nur Voraussetzungen für eine gute Ausnutzung von Qualitäten, die in einem Menschen wohnen.

Werden diese Voraussetzungen in Aktivitäten umgewandelt, dann wird dieser Mensch eine große Ausstrahlung haben, ein respektvolles Ansehen genießen und echten Erfolg verzeichnen. Vor allem kann er sein Leben sehr vorteilhaft nutzen.

Werden solche Wegweiser nicht beachtet oder nicht einmal gesehen, dann liegen die Talente und Gaben brach. Man kann formulieren:

Dann wenden sich die Glücksgöttinnen ab.

Damit haben wir auch die Achse der Mondknoten untersucht, die das Bild dieses genialen Mannes gut abrundet.

Wir sind mit der Deutung eigentlich am Ende. Aber nun sehen wir uns das Horoskop doch noch einmal insgesamt an.

Viele Mosaiksteine haben wir uns angeschaut und jetzt geht es um das Gesamtbild.

Hier sei aber noch einmal betont: Was die Deutung betrifft, geben wir nur Anregungen. Jeder kann und soll langsam, aber sicher seine eigene Methode entwickeln. Wir begründen das noch ausführlich im folgenden Kapitel.

Der erste Blick: Was sagt uns ein Horoskop, diese „Landschaftskarte der Seele", spontan? Das ist mit Sicherheit sehr wichtig, denn dieser erste Blick entscheidet über unsere Deutungsrichtung. Es ist so etwas wie Sympathie oder Antipathie, über die auch meist in den ersten Sekunden entschieden wird. Dabei darf uns allerdings kein Horoskop widerwärtig sein, denn wir weisen nochmals darauf hin: Es gibt kein gutes oder schlechtes Horoskop, keine harmonischen oder disharmonischen Aspekte usw. usw.

Blicken wir – auf der Suche nach einer guten Strecke in den Urlaub – auf eine Landkarte, in der ein Automobilclub die Staugefahren eingezeichnet hat. Sofort erkennt jeder für sich die Grundrichtung seines Weges. Den einen kümmern die rot eingezeichneten Stauzonen nicht, der andere sucht spontan Nebenwege, wobei er große Umwege vermeiden will, während sich ein Dritter urplötzlich fragt, ob er nicht doch besser nachts fährt. So entscheidet auch jeder, der ein Horoskop zum ersten Mal erblickt, ganz individuell.

Versuchen wir also, Goethes Geburtsbild „wie zum ersten Mal" zu sehen! Schnell erkennbar ist beispielsweise die Ballung um das M, die Himmelsmitte, und die Ballung um das A herum. Folgerung: Die Höhe und das Ich sind maßgebend, beide geben die Richtung der Schicksalsgestaltung an. Da die Sonne über alle anderen Planeten strahlt, auch über den Wegweiserpunkt M, hat der Geborene von den Schicksalsgöttinnen sehr viel Wohlwollen in die Wiege gelegt bekommen. Was er dann daraus macht, das liegt einzig an ihm. Daß er die Kraft für seinen (gut getarnten) Machtanspruch hat, erkennt man daraus, daß es Pluto ist, der (neben Venus) die meisten Aspekte anzieht. Das heißt klassisch gesehen: Pluto ist mit fünf Planeten verbunden, er kann also auf große Hilfe der anderen symbolischen Kräfte rechnen.

Genauso glanzvoll ist die Venus zu betrachten, so daß hier – banal ausgedrückt – den Dichter und Denker sicher viele Musenküsse beglückt haben.

Aber auch die anderen Planeten (bis auf Uranus mit „nur" einem Aspekt) haben drei (Mond), sonst alle vier Aspekte. Das ist schon sehr wesentlich, weil es zeigt, daß hier alle symbolischen Kräfte vielfältig aufeinander abgestimmt sind.

Das erste Zeichen, das von Planeten besetzt ist, ist der Abschnitt Krebs, in dem am Ende Neptun zu finden ist. Die Frühlingszeichen sind also kaum besetzt, um so mehr die Zeichen oder Abschnitte des Sommers (3 + M), des Herbstes (2 + A) und des Winters (4). Nach alten klassischen Regeln weist dies auf ein hohes Lebensalter mit voller, intensiver, schöpferischer Kraft hin. Um die Deutung am Anfang nicht zu komplizieren, haben wir so gut wie ganz auf die Kräfte im Hintergrund verzichtet. Diese Kräfte werden durch die Sektorenfärbungen markiert.

Wir wollen das an dieser Stelle nachholen.

Saturn im Abschnitt Skorpion steht im Waagesektor, also mit einer nicht so harten Färbung, und gab wohl daher überhaupt die Chance zum Leben. Die Venus half wohlwollend nach.

Die Sonne steht nun auch in einem Merkursektor, nämlich im Sektor Zwillinge, was dem bewußten Lebenskern schon eine gute Denkkraft mitgibt, so daß Goethe damit eine starke Merkurergänzung im Hintergrund hat, ohne die seine naturwissenschaftlichen Arbeiten wohl kaum möglich gewesen wären.

Der Mond dagegen, der im Abschnitt Fische steht, bekommt durch den Löwesektor im Hintergrund doch auch einen königlichen Anspruch, der von der Seele ausgeht.

Merkur im Wassermannsektor des Löweabschnitts zeigt dagegen im Denken und Handeln eine sehr betonte Einfallskraft und Intuition, die zu höchst bemerkenswerten Denkvorgängen führte.

Mars im Steinbockabschnitt befindet sich im Venussektor, was dem Antrieb nicht nur eine härtere saturnische, sondern auch eine vermittelnde weichere Venusfärbung mit auf den Weg gibt.

Jupiter im Fischezeichen und im Wassermann-Sektor bekommt auch eine intuitive Entfaltungsfärbung, zumal er mit Merkur in der Wassermann-Färbung (Sektor) durch ein Quincunx verbunden ist. Dieser Quincunx-Aspekt wird durch die Färbungen der beiden Wassermann-Sektoren recht gut intuitiv geprägt, was der Inspiration sehr zugute kam.

Wenn wir uns das astrologische Intuitions-Symbol anschauen, dann erkennen wir, daß Uranus – der Planet mit nur einem Aspekt – im Skorpionsektor steht, aber doch in dem Zeichen Wassermann, in dem er die ihm gemäße Kleidung findet. In Seminaren wird immer wieder gefragt, warum die Kleidung der Planeten so wichtig sei, was wir ja schon betont haben. Aber vielleicht ist es hier noch einmal angebracht, darauf hinzuweisen.

Jeder Planet symbolisiert eine Kraft. Jede Kraft benötigt jedoch, um voll wirken zu können, die ihr am besten passende Kleidung. Ein Soldat ist in ziviler Kluft längst nicht so gut gerüstet wie in einer Uniform, die auf die Umgebung – denken wir einmal an Gebirgsjäger – abgestimmt ist. Er kann seine Pflichten gar nicht voll erfüllen. Das gilt für alle Berufe, für Förster, Rennfahrer oder Taucher etc.

Napoleon und andere sind in Rußland untergegangen, weil es an der passenden Kleidung gefehlt hat, weil die Truppen falsch eingekleidet waren.

So gibt es also Kleidungen, die hindern oder nutzen und deswegen sind sie so wichtig, obwohl der Kern der Menschen oder der Kräfte sich dadurch nicht ändert.

Uranus findet als Symbol der Intuition seine ihm passende Ikaruskleidung und im Hintergrund auch die notwendige Kleidung, um in dunkle Tiefen abzusteigen, die Skorpionkleidung. Damit gewinnt die Intuition – hier im Falle Goethes – eine Möglichkeit, die Tiefe voll auszuschöpfen.

Neptun steht im Abschnitt Krebs, jedoch im Wassermann-Sektor. Damit bekommt der Lebensinstinkt zusätzlich zur Krebskleidung auch eine Wassermann-Ausrüstung, so daß der Lebensinstinkt die Fähigkeit hat, sich intuitiv hoch hinauf in die Lüfte zu bewegen. Oder anders: Der Lebensinstinkt ist sehr intuitiv, zur Inspiration kommt die Intuition, was mit Sicherheit eine große zusätzliche Gabe darstellt. Bleibt von den Planeten der Pluto. Er steht im Fischesektor des Abschnitts Skorpion, folglich ist die getarnte Machtdurchsetzung in der Grundlebensauffassung auch recht instinktiv.

Die rechnerischen Punkte: Der Aszendent findet sich – wie erwähnt – im Skorpionsektor des Skorpionabschnittes, hier gibt es also keine weiteren Differenzierungen; im Gegensatz zum Du-Punkt, weil hier die Stierfärbung doch auch skorpionischen Hintergrund hat, was zum Beispiel die Grenzüberschreitungen der Liebe in puncto Seelenverwandtschaft zu Frau von Stein besser aufschlüsselt.

Das M finden wir im Jungfrauabschnitt mit Stier- also Venusfärbung, während das I im Abschnitt Fische mit Venusfärbung steht. Viel Musisches also in puncto Herkunft und Ziel.

Die Mondknoten sind wenig auf den Tierkreis auszurichten, wie schon geschildert. Wenn überhaupt, dann auf die Sektoren hin. Das wäre hier jeweils der Waagesektor, also auch im Hintergrund das Grundmusische des Lebensbaumes.

Damit haben wir das Horoskop des Johann Wolfgang von Goethe von vielen Seiten betrachtet, es steht aber jedem frei, die Deutung mit anderen Betrachtungsweisen vorzunehmen. Es führen viele Wege nach Rom – aber leider noch mehr Wege an Rom vorbei. Dies gilt auch für die Astrologie. Beschränken Sie sich also auf das, was Sie als wesentlich erkannt haben.

Wie geht es weiter?

Wer dieses Buch durchgearbeitet hat, ist auf dem besten Weg, Astrologie zu lernen, vielleicht eines Tages selbst Astrologe zu werden.

Immer wieder taucht die Frage auf: *Wie werde ich Astrologe?*

Nun, das Angebot, Astrologie zu lernen, ist groß. Sehr groß – zu groß. Warum?

Weil viele Schulen sich als Ausbildungsstätten anbieten, viele Astrologen Anfänger ausbilden und viele Astrologiebücher auf dem Markt sind.

Das Angebot der Schulen und Lehrer ist heute fast unüberschaubar.

Da gibt es anerkannt gute Schulen, in anderen wieder ist das Lehrangebot nicht gerade berauschend. Die einzelnen Lehrer zu beurteilen, fällt noch schwerer. Nur eines ist sicher: Das Schulangebot ist so verschieden, wie es verschiedene Astrologen gibt.

Eine einheitliche Schule haben wir nicht. Zum Glück! Es gibt auch zu viele astrologische Methoden, die sich gegenseitig im Wege stehen. Das würde nichts ausmachen, aber jede Schule erklärt, daß sie die einzig richtige Methode lehrt. Und das stimmt eben nicht.

Das Problem sind die Schüler selbst. Sie besuchen eine Schule, zahlen insgesamt oft eine mehr als fünfstellige Summe, um Astrologie zu lernen. Haben sie dann ein Diplom bekommen, das genau betrachtet gar nichts besagt und kaum etwas wert ist, auch nicht, wenn ein Verband dahinter steht, dann meinen sie: Aha, ich bin geprüft, nun kann ich anfangen! Und sie verlassen sich völlig auf das System, das man ihnen vorgesetzt hat. Erst später erfahren sie, daß es auch andere Methoden gibt. Aber darum kümmern sich die meisten nicht. Sie probieren die anderen Systeme nicht einmal aus, geschweige denn, daß sie sich ernsthaft damit auseinandersetzen. Das ist aber notwendig. Auch der Autor arbeitet heute anders als vor vierzig Jahren.

So kommen dann die vielen Astrologen zu keiner individuellen Ausrichtung ihrer Arbeit.

Sicher ist es richtig, sich erst einmal für eine Schule, einen Lehrer, einen Autor zu entscheiden, aber dann muß differenziert werden, müssen andere Methoden studiert werden.

Wer sich ein Auto kauft, sucht sich auch nicht das erste beste Auto aus und er wechselt danach oft seine Marke. Gut, dieser Vergleich ist ein wenig banal, aber er trifft den Kern.

Deswegen empfehlen wir: Lernen Sie Astrologie autodidaktisch. Studieren Sie allein, ohne sich bevormundet zu fühlen. (Literaturhinweise finden Sie am Ende genügend.)

Dann besuchen Sie Kongresse, sprechen Sie unvoreingenommen mit anderen Astrologen oder Kollegen. Besuchen Sie Seminare als Ferienkurse oder an Wochenenden, bilden Sie sich so allein weiter. Jagen Sie nicht nach Diplomen, das sind leere Versprechungen, die nur eine scheinbare Sicherheit geben. Man braucht sie nicht. Einst waren sie vielleicht noch berechtigt, als es darum ging zu prüfen, ob jemand ein Horoskop richtig ausrechnen kann, aber heute übernehmen dies Computer. Und ob man richtig und hilfreich berät, ist nicht zu prüfen.

Bleiben Sie flexibel, sehr tolerant und aufgeschlossen, vor allem wählen Sie Ihren ganz eigenen, individuellen Weg, dann kommen Sie Ihrem Endziel schnell näher. Und haben Sie Geduld. Es braucht einige Zeit – individuell sehr verschieden –, ehe Sie sich an die ersten Beratungen gegen Entgelt wagen dürfen. Üben Sie vorher in der Verwandtschaft und Bekanntschaft. Bilden Sie einen Freundeskreis Gleichgesinnter und üben Sie dort. Dann entwickelt sich alles von allein.

Der Autor dieses Buches hat zwar in seinem Haus Unterrichtsräume, in denen er Kurse abhält. Auch werden hier für Anfänger und Fortgeschrittene astrologische Grundkenntnisse vermittelt, aber er hat keine eigene Schule. Die wird es auch nicht geben. Er gibt Anstöße und Anregungen und vermittelt grundsätzliche Erfahrungen und Erkenntnisse. Aber er gibt keine Diplome aus. Dafür gibt er seit Jahren Kurse und leitet Seminare bei mehreren Veranstaltern. Zwei Veranstalteradressen finden Sie unten. Zunächst die Adresse des Autors:

Bernd A. Mertz, Altheimstr. 5 in 60431 Frankfurt a.M.
Tel.: 0 69-51 33 22

Veranstalter:
Rota Organisation Leni Pohlmann, Eckenerweg 3 in 40764 Langenfeld bei Düsseldorf. Tel.: 0 21 73-7 35 35
Sauter Organisation, Hauptstr. 110 in CH-8280 Kreuzlingen.
Tel.: 00 41-72 72-15 72/3

Wenn Sie ein exakt berechnetes und gezeichnetes Horoskop benötigen, fragen Sie bitte:

Astrodienst Zürich AG, Dammstr. 23 in CH-8702 Zollikon
Tel.: 00 41-13 92-18 18 nach den Mertz-Horoskopen.

Literaturverzeichnis

Gerhard Gadow: Die Feen an der Wiege. Fischer 1979

Horst W. Geissler: Astrologie. Sanssouci Verlag 1988

Walter Lang: Die Astrologie im heutigen Weltbild. Arkana 1986

Dr. Otto Lankes: Das Weltbild der Astrologie. Huber 1946

Bernd A. Mertz: Alles übers Horoskop. Falken 1991

Bernd A. Mertz: Das Orakel der Sterne. Falken 1984

Bernd A. Mertz: Das Horoskop – seine Deutung und Bedeutung. Ebertin Verlag 1981

Bernd A. Mertz: Die Esoterik in der Astrologie. Bauer 1988

Bernd A. Mertz: Das Grundwissen der Astrologie. Ariston 1990

Bernd A. Mertz: Das Handbuch der Astromedizin. Ariston 1991

Bernd A. Mertz: Schicksalspunkte im Horoskop. Astrodata 1991

Bernd A. Mertz: Liebe – Opfer – Magie. Astrodata 1993

Bernd A. Mertz: Paracelsus und seine Astrologie. Astrodata 1993

Bernd A. Mertz: Folgt dem Stern. Heyne 1994

Lain Nicolson: Die Erforschung der Planeten. Delphin 1970

H. H. Schöffler: Goethes Leben aus den Sternen. Astrodata 1989